JN296069

ボートフィッシング と 釣果料理 の集大成

釣って食して楽しさ 石川皓章の 10 倍

石川皓章 著

［釣行写真］石川皓章、舵社　　［料理写真］石川敏章　　［イラスト］宮崎華代

目次

2　はじめに

フィッシング編

6　タックル選びとボート釣りの基礎知識

12　ターゲット別 釣り方解説

14　[春] クロメバル／カサゴ／イシモチ／マコガレイ／マダイ／シロギス

38　[夏] イサキ／マゴチ／マルイカ／ムギイカ／マダコ／カマス

58　[秋] アジ五目／タチウオ／青もの五目／アオリイカ／クロソイ／キジハタ／イイダコ

82　[冬] カワハギ／アマダイ／ヒラメ／深場の根魚五目／ヤリイカ

釣果料理編

104　揃えておきたい調理器具

108　釣果料理の基礎知識

116　体形別 魚のさばき方

はじめに

数々ある趣味のなかでも、マイボートフィッシングは、非常に幅広く、奥深く、そして味わいのあるものです。

釣行に出かける前は、材料を揃えて仕掛けを作ったり、タックルの準備をしたり、ねらった魚が釣れそうなポイントを吟味したりと、準備、計画の段階から夢が膨らみます。その時点で「気分はすでに海の上」といった感じで、年期の入ったベテランでも、前の晩はウキウキ気分でなかなか寝付けないという方も多いのではないでしょうか。

そうして準備したのちに、いざ出航となるわけですが、ボートを操船して釣りに出かけること自体に旅の要素がありますし、たとえ釣果に恵まれなくても、大海原を走る爽快感は格別で、自然とのふれあいに心が癒されます。好天に恵まれた朝の、美しい日の出を眺めながらの第一投は、釣り人で

釣果料理レシピ集

【刺身】 126

マダイの姿造り／イナダ、アジとの三種盛り／マゴチの洗い／タチウオの刺身／カツオの土佐造りとたたき／ワカシ、イナダの刺身 ネギ油風味／アジのたたきと刺身盛り合わせ／カワハギの薄造り／モンゴウイカ、スミイカの刺身／シロギスの笹漬け／アマダイの昆布締め／スルメイカの塩辛／ウツボのたたき／締めサバ

【揚げ物、焼き物】 138

ホウボウのから揚げ姿造り 甘酢あんかけ／シロギスの天ぷら／シロムツとサバの竜田揚げ／シイラのピリ辛中華風揚げ／アジの南蛮漬け／タチウオの骨せんべい／イシモチのさつま揚げ／イサキの塩焼き／タチウオの塩焼き／シイラの和風ホイル包み焼き／ヤリイカの杉板焼き／カマスの干物／興津鯛の一夜干し

【蒸し物、煮物】 148

カンコの蒸し物 ピリ辛オイルがけ／クロソイの姿蒸し／アラの信州酒蒸し／アカムツの白ワイン蒸し煮／マルソウダのなまり節／マンビキの煮びたし／関東風メバルの甘辛煮／メバルの沢煮／イシモチの焼き煮／ハゼの甘露煮と昆布巻き／イイダコと大根の炊き合わせ／スルメイカの姿煮

【鍋物、ご飯物、汁物】 158

根魚五目の寄せ鍋 外道魚のつみれ入り／カワハギのちり鍋／マダコのしゃぶしゃぶ／ヒラメの寿司懐石／マダイのタイ飯／アオリイカのゲソ丼／イカめし／ひゅうがめし／カサゴの味噌汁／スミイカのスミ汁／アジの水なます／カレイのあらで作る味噌汁／マダイの潮汁

釣魚図鑑 168

なければ知り得ない最高の気分といえるでしょう。さらに、運よく大物がヒットしてサオがグイ、グイーッと引かれたときには、なにものにも代え難い興奮が味わえますし、目的の魚を釣り上げたとき、満足な釣果をクーラーに納めて帰路につくとき、家で待つ家族に自慢するときと、楽しさが連続します。そして、新鮮な魚を料理し、食すという楽しみにつながるわけです。

自分で釣った魚をいろいろと工夫して楽しむ釣果料理は、アフターフィッシングの大きな楽しみです。そうして作った料理を、家族や近所の親しい方々、釣り仲間に食べてもらい、「おいしかった」と褒め言葉をもらったなら、釣り人冥利、料理人冥利に尽きるというものです。

本書では、マイボートフィッシングにおける基礎知識と、季節／ターゲットごとの釣り方、そして、釣果料理の基本的なテクニックと、51種の釣果料理のレシピをご紹介しています。また、巻末には、釣りで出合う対象魚をまとめた釣魚図鑑も添えていますのでご活用ください。

　　　　＊

釣行の計画を立て、道具を準備し、目的の魚を釣り上げる。そして、その釣果を料理する大きな楽しさ、味わう喜びで締めくくることで、マイボートフィッシングはまさに、「釣って食して楽しさ10倍」となることでしょう。

石川皓章

最大搭載人員 グ編

大海原で自らボートを操り
四季折々の魚をねらう

フィッシン

遊漁船用とは少々異なる道具立て

ボート釣りのためのタックル選び

ボート釣りでは、シーズンと場所、海域を選べば多彩な魚がねらえ、釣りの対象となっている魚なら、なんでも釣ることが可能です。

ただし、1種類のタックル（道具立て）ではねらえる魚が限られるため、いくつかのタックルを揃えておく必要があります。

ここでは、ボート釣りのために揃えておきたいタックルについて、入門用を中心に解説します。

ボート釣りを大別すると、エサ釣り、ルアーフィッシング、トローリングの三つに分けられますが、マイボートでしばしば海に出向くようになると、いずれの釣りもひととおり経験するのが自然かもしれません。

たとえば、エサ釣りで底ものをねらっているときに、思わぬところで海鳥（カモメ）がたくさん舞っているトリヤマを見つけたり、海面に大物が跳ねるのを見かけたり、大型魚に追われた小魚が作るナブラに出合ったりするもの。

そんなとき、エサ釣りであれば、オモリなどを付けないフカセ仕掛け（イトにハリを直結した仕掛け）を流しすと思わぬ遊魚が釣れますが、ルアーをキャストしてみたくなる人もいるでしょうし、場合によっては、ヒコーキ（集魚板の一種）にタコベイトを付けたルアーや弓ヅノを曳いてトローリングを行うこともあるでしょう。

このようにいろいろな釣りを経験する過程で、自分が一番好きなスタイルがはっきりし、よりボート釣りにハマっていくことと思いますが、まずはエサ釣りからスタートすると、イトの結び方、タックルの種類と名称、その使い方や役割など、釣りそのものを基本からマスターできるのでおすすめです。

そこでまずは、比較的手軽に始められる、小〜中型ねらいのエサ釣り用に絞ってタックルを揃えるとよいでしょう。

ボート釣りではまず、シロギス釣りを入門と考え、最初のサオはシロギス用（ほとんどが2本継ぎ）、2本目を買うならワンピースでオモリ負荷10〜30号程度のサオを揃えましょう。

ちなみに、近年の流行からいっても、狭いボート上で使うための取り回しのしやすさからいっても、サオは基本的に短めのものが有利です。

なお、釣りではビギナーズラックという言葉をよく聞きます。入門用のタックルを使っていても、同行者にある程度経験を積んでいる仲間がいれば、マゴチ、マダイ、ワラサといった、ボート釣りで出会える価値ある魚を手にできることもあります。

このような機会があると、釣りの魅力、ダイナミックさを肌で感じることとなり、すっかり釣りの虜になっていくことでしょう。

入門に適した シロギス用タックル

ボート釣りに限らず、海（沖）で釣りをするためには、もっともポピュラーなシロギス用のタックルから揃えると、いろいろな釣りに対応できます。

サオは、1.8メートル前後、オモリ負荷10〜15号程度のもの。ウルトラライト〜ライトタイプのルアーロッドでも十分使えます。

これに小〜中型のスピニングリールをセットします。

ミチイトはPE（ポリエチレン）ラインなら1.5〜2号100メートルを、フロロカーボンなどのナイロン系なら3号100メートル巻いておけば十分でしょう。微妙なアタリが取りやすいということで、近年はミチイトにPEラインを使う方が多いようです。

このタックルが一組あれば、ミチイトの先端につけたスナップ付きヨリモドシ（サルカン）に、さまざまな仕掛けをつなぎ変えるだけで、シロギスはもちろんのこと、マゴチやヒラメなど水深30〜40メートル程度までの砂地底エリアでの釣りにも、アジ釣りや浅場の根物釣り、浅場の回遊魚ねらいまで対応できます。

使用する仕掛けは、テンビン仕掛けと、サビキに小さなコマセカゴを組み合わせたサビキ仕掛けがメインとなりますが、エギやテンヤをつないでのアオリイカ、スミイカ、浅場のマルイカ、イイダコなどの釣りも可能です。

また、ミチイトに直接ハリスとハリのみをつなぐという、極端にシンプルな仕掛けを用いた、完全フカセ釣り（NS釣法＝ナチュラルシンキング）を楽しむこともできます。この釣り方は、オマツリをあまり気にせずに済むボート釣りだからこそ楽しめるもので、近年人気が高まりつつあり、シーズンと釣り場を選べば、マダイやイサキ、夏過ぎから初冬にかけてはいろいろな青もの（回遊魚）もねらえます。

さらには、ルアーをつないでキャスティングすることもでき、1キロ前後のイナダ、ソウダなら間違いなく取り込めますし、テクニックが上達すれば3キロ前後のカツオやシイラでも釣り上げられます。

つまり、このタックル一つで、ボート釣りのジャンルの50％程度までを楽しめるのです。なお、大物ねらいの場合には、大きめのタモが必需品となります。

まず最初にそろえたいのが、小型のスピニングリールとボート用のシロギスザオ。これらがあれば、浅場の幅広い釣りに対応できる

サオの調子と使い分け

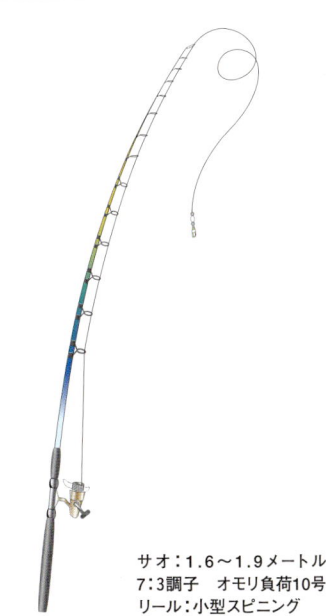

サオの曲がり具合を「調子」といい、その違いによって以下のように分類され、釣り方や対象魚によって使い分けます。なお、ボート釣りでは、あまりに長いサオは扱いにくいため、長くても2.4〜2.7メートル前後がお勧めです。

① 8:2調子（先調子）　←20%→

8:2調子ザオは、カワハギ釣りのように細かなアタリを明確に捉える釣りに適している

② 7:3調子（中間調子）　←30%→

7:3調子ザオはもっとも一般的。アタリが取りやすく、魚の強いヒキに対しても十分な曲がりで対応しやすい

③ 6:4調子（胴調子）　←40%→

6:4調子ザオはムーチングタイプとも呼ばれ、細かなアタリは取りにくいものの、ハリのエサを口にした魚に対し、違和感を与えることなく食い込ませることができる

シロギス用タックル

サオ：1.6〜1.9メートル
7:3調子　オモリ負荷10号
リール：小型スピニング

小～中型の両軸受けリールにライトタックル用ロッドがあれば、釣りの幅がグンと広がる。小型電動リールもあれば、アジ釣りから中深場のアマダイ釣りまで対応可能だ

ステップアップしたら ライトタックル

シロギス用タックルで物足りなくなったなら、近年、遊漁船の釣りでも大流行しているライトタックルの釣りに対応したものを揃えるとよいでしょう。

サオは片手で持って扱える、長さ1.7～2.1メートル程度のものが最適です。

これに、ミチイトとしてPEラインの1.5～2号を100～200メートル巻いた小型の両軸受けリールをセットすれば、釣りの幅が広がります。

ライトタックル用のサオには、オモリ負荷の表示がないものも多いと思いますが、実質的には20～30号程度です。しかし、調子は胴までつなぎのないワンピースタイプなので、穂先からリールシートまで軟らかく、たとえ大ダイやワラサなどがヒットしても十分対応できる強度を持っています。

このサオに組み合わせる仕掛けは、中型テンビンとコマセカゴを組み合わせ、ハリス、ハリをつないだ、いわゆる片テンビンのコマセ釣りスタイルです。

対象魚は、マダイ、イサキのほか、イナダ、ワラサなどの青ものと幅広く楽しめます。

もちろん、サビキ釣りを楽しんだり、ラバージグを使ったジギング系の釣りにも使えます。

ライトタックル

サオ：1.9～2.2メートル　ムーチングタイプ　オモリ負荷25～30号
リール：小型両軸受け（手巻き）または小型電動

臨機応変なタックルの使い方で 自由にボート釣りを楽しむ

釣りにはいろいろなジャンルがあり、それぞれに合わせた専用タックルが多数売られています。

たとえばプロアングラーのように、自分の釣りのジャンルを決めて本格的に取り組むのであれば、それぞれの系統の専用タックルを揃えていけばよいでしょうが、ボートアングラーの多くは、エサ釣りを楽しむ一方で、ときにはルアーやトローリングにも挑戦するというスタイルではないでしょうか。

よって、最低限必要なタックルを用意しておき、それを自由に使い分け、臨機応変に釣りを楽しむのが、アマチュアアングラーのスタイルだと私は考えています。

たとえば、沖に出ていてトリヤマやナブラに出合ったときに、ルアーをキャストしてみるのもいいでしょう。そんなときに、本来なら専用のキャスティングロッドが欲しいところですが、スピニングリールつきのシロギスザオでも代用可能でしょう。

反対に、ルアーアングラーがエサ釣りをするという場合には、ライトなルアーロッドに小型のスピニングリールがあれば、各種のエサ釣り仕掛けをつないで、いろいろな釣りを楽しむことが可能です。

また、ミディアムクラスのルアーロッドがあれば、大型の回遊魚らいの釣りや、オモリの重い深場の根魚釣りにも対応できるほか、太めのラインとヒコーキや潜行板、擬似エサをつないで、沖を走るときにライトトローリングを楽しむこともできるのです。

イトとイトとをつなぐ

ミチイトとハリスを結ぶなど、異なる種類のイト同士をつなぐ結び方としては、電車結びがポピュラーですが、結び目が滑りやすいPEラインでは解けることがあるので、より強固なブラッドノットもぜひ覚えましょう。

A.電車結び
イトとイトとをつなぐ際の一般的な結び方。ナイロン同士、フロロカーボン同士の結びに適する。

① まず、片方のイトの端を、もう片方のイトに巻き付けるようにする

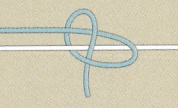

② 巻き付けを2度繰り返し、結び目を作る

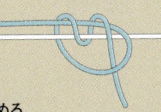

③ ②の結び目をきつく締める

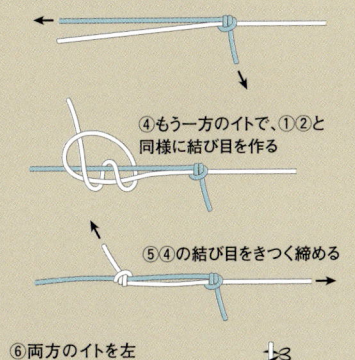

④ もう一方のイトで、①②と同様に結び目を作る

⑤ ④の結び目をきつく締める

⑥ 両方のイトを左右に引いて結び目を隣り合わせ、余ったイトを切る

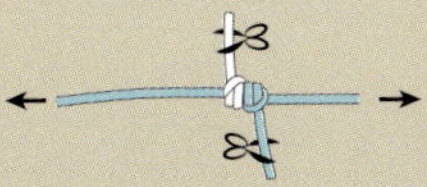

B.ブラッドノット
PEライン同士をつなぐ、またはPEラインとナイロン／フロロカーボンラインをつなぐ場合の結び方。

① イトとイトを交差させ、片方のイトの端をもう一方のイトに5〜7回巻き付ける。巻き付けられる方のイトは強く張った状態を保つ

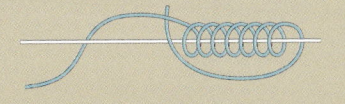

② 巻き付けたイトを締め、巻き終わりのイトの端を、イトを交差させた部分に挟み込む

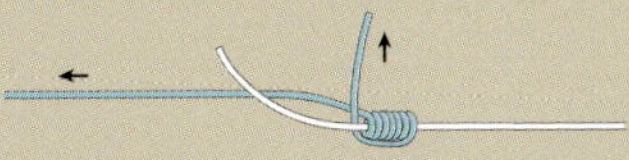

③ もう一方のイトを①②に巻き付け、イトの交差部分の輪に端を通す

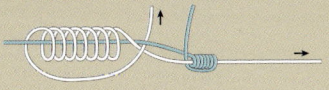

④ 両方のイトを左右に引きながら、交差部分の輪に通した2本の端も同時に引っ張り、結び目全体を締め込んだら余った端を切る

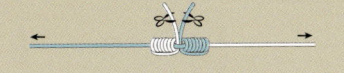

ハリにハリスを結ぶ

楽しい釣りのためには、仕掛けの作り方を覚えることも大切。自分で工夫を凝らした仕掛けで大物をゲットしたときの嬉しさはひとしおです。ボートフィッシング基礎講座の第1回はハリの結び方を説明します。ハリにハリスを結ぶのは一番神経を要するところ。しっかり覚えたいものです。

A.漁師結び
一番簡単で早く結べる結び方。慣れると暗闇の中でも結べるようになる

① 輪を作ったら、ハリのチモトに巻くように被せる

このあたりを左手で押さえる / 1つめの輪

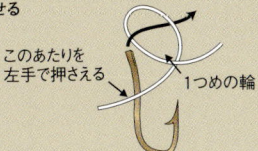

② 1つめの輪を絞めたら2つめの輪を作り、同じくハリのチモトに巻くように被せる

2つめの輪 / 1つめの輪 / しっかり絞める

③ 2つめの輪をしっかり絞めたら、そこを押さえながらハリを右手に持ち替える。続いて、大きめの輪を作る

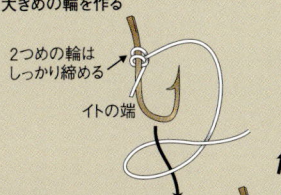

2つめの輪はしっかり締める / イトの端

④ 大きめの輪へハリのフトコロとイトの端を通し、イトの端と元、ハリのフトコロとイトの元の順に引き締め、最後に余ったイトの端を切る

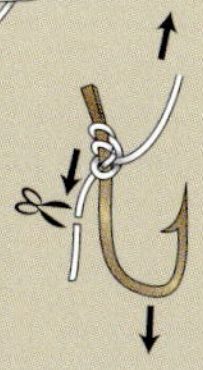

B.外掛け結び
きれいな結び目を作れる結び方。比較的結びやすい

① 最後にイトの端を通すので、この部分が輪になるように余裕を残しておく

② イトの端を、ハリの軸に6〜7回巻き付ける

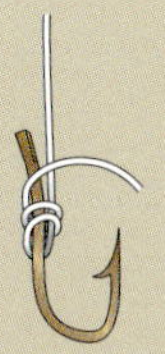

③ 巻き終わったら、イトの端をハリの軸とイトの間に挟むようにする

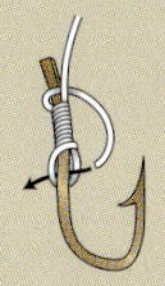

④ 最初に残しておいた輪の部分にイトの端を通し、イトの端と元を引いて最初に作った輪を引き絞り、ハリのフトコロとイトの元を引き締め、最後に余ったイトの端を切る

イトとサルカンをつなぐ

仕掛け作りのさまざまな場面で、金具とイトをつなぐ必要が出てきます。チチワでは不便な場合もあるので、サルカン結びも覚えておきましょう。

A.チチワの作り方
金具にイトをつなぐ際の簡単な結び方。できたチチワを金具にくぐらせるようにしてつなぐ

① イトの端を7〜8センチほど折り返す

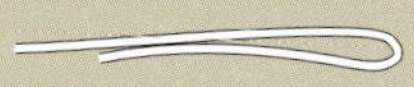

② 折り返した部分を二重にしたまま大きめの輪を作り、そこへ折り返した先端部分（チチワになるところ）を2度くぐらせる

③ チチワの大きさを決めて結び目を引き絞り、余ったイトを切る

B.サルカン結びの一例
金具の輪に直接イトを結ぶ方法

① イトの端を金具の輪に通して折り返す

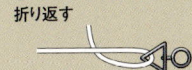

② イトの端を、元に2回巻いて2つの輪を作り、その輪に端を通す

③ 結び目を強く引き絞り、余ったイトを切る

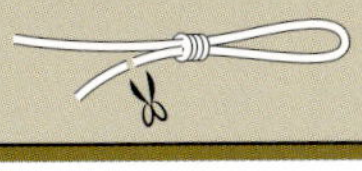

④ チチワを金具の輪に通し、金具をくぐらせてつなぐ

タックル選び

ライトタックル

基本的な仕掛けの形と釣り方

基本となる仕掛けの形は、シロギス釣りやマダイ釣りで使う片テンビン仕掛けと、アジ釣りなどで使うコマセカゴをつけたサビキ仕掛けの二つです。サビキ仕掛けに近い形に、コマセを使わないドウヅキ仕掛けがあり、これは根掛かりの多い岩礁帯でカサゴやメバルをねらう釣りに有利な仕掛けなどについて解説します。

ここでは、仕掛けごとの釣り方について解説します。

① 片テンビン仕掛け
（浅場～中深場の釣り）

シロギスや浅場のカサゴをテンビンを使ってねらう場合は、俗にシロギステンビンと呼ぶ、長さ10～15センチのものを選び、これに10～20号のオモリを付け、仕掛け（ハリス、ハリ）をつなぎます。

仕掛け自体は単純なものなので、慣れてきたら自分で針をハリスに結び、5～6組は用意して出かけましょう。

ハリスの太さ、長さ、ハリはいろいろな種類がありますが、概要は左のイラストを見てください。

シロギステンビンを使う釣りは、基本的に底（海底）ねらいです。

シロギス釣りの場合は、スピニングリールを使い、仕掛けを20メートルほど前方に投げ、仕掛けが着底したことを確認したら、イトフケ（イトのたるみ）を巻きとってミチイトを張り、アタリを待ちます。

どんな釣りでも、ハリに付けたエサを魚にアピールするため、サオの操作で少しずつエサを動かす「誘い」が必要です。シロギスのようにキャストする場合には、リールを巻いて仕掛けを徐々に手前に引いてくる、カサゴなどはボートの下をねらうなら50～100センチほどサオ先をゆっくり上げ下げする、といった誘いをかけながらアタリを待ちます。

イサキ、イナダ、マダイやアジなどをテンビン仕掛けでねらう場合は、テンビンは長さ30～40センチ程度で、直径1～2ミリ、長さ30～100センチのクッションゴムを介してハリス、ハリとつなぎます。オモリはコマセカゴについているもの、カゴの下に別付けするものがありますが、どちらも同じです。

オモリは30～80号程度で、水深によって使い分けます。サオはワンピースタイプのショートロッド、または、ややしっかりしたルアーロッドも使えます。

片テンビン仕掛け

● シロギス仕掛け
ハリス
オモリ
ハリス

● マダイ仕掛け
クッションゴム
コマセカゴ

② サビキ＆ドウヅキ仕掛け

サビキ仕掛けにはコマセカゴを組み合わせますが、東日本では仕掛けの上にコマセカゴを付け、下にオモリを付けるのに対し、西日本では、サビキの下にオモリつきのコマセカゴをつけた釣り方が主流です。この西日本でのスタイルを、東日本では逆サビキと呼び、あまりなじみがありません。

仕掛け自体は、ミキイトに複数のエダスとハリが付いていて、ハリのチモト部分に魚皮（擬似）が付いているのが特徴で、付けエサを付けないのが一般的です。仕掛けの全長やハリ数、魚皮の種類などは、ねらう魚の種類や大きさ、水深によって異なり、アジサビキ、カマスサビキなど、さまざまな種類が市販されていて、これら市販仕掛けのなかから目的にあったものを購入するのが一般的です。

なお、オマツリなどで駄目になりがちなので、3～4組は用意しておきましょう。

サビキ釣りでは、仕掛け（オモリ）をいったん海底に着けたらただちにリールを2～3回巻いて底を切り（海底から離し）、アタリを待ちます。

この仕掛けを使うのは、根掛かりが多い岩礁帯がメインで、うっかりしていると根掛かりでオモリ、仕掛けをなくしてしまいます。よって、常にオモリが海底から離れている状態をキープするよう、十分注意してください。

サビキ釣りでねらう魚は、岩礁に群れる魚ですが、海底から1～3メートル、ときに中層まで群れが上がるので、その群れが

サビキ＆ドウヅキ仕掛け

● サビキ仕掛け
コマセカゴ
魚皮付きハリ
オモリ

● ドウヅキ仕掛け
エダス
エダス
オモリ

タックル選び

仕掛け

タックル選び

サオ掛け　尻手　カゴ　オモリ　テンビン　クッション　ツノ　各種市販仕掛け　ミチイト　ハリス　ハリ　テンヤ　エギ　スナップ＆サルカン

仕掛け

る層（タナ）を早くつかみ、以後はそのタナで仕掛けを止めて釣るのが理想です。

釣り方は、サオを1～1.5メートルシャクって（上下にあおって）コマセを撒き、魚を寄せます。このとき、ハリのチモト部分に付いている魚皮（擬似）が動くことで誘いとなるので、シャクリは絶対に必要な操作です。シャクリ方、誘いのスピードは魚種によりやや異なるので、詳細は魚種別の解説を見てください。

ドウヅキ仕掛けは、基本的な形はサビキ仕掛けと同じですが、ハリにはサビキのような魚皮は付いておらず、サバやイカを短冊状に切った身エサか、シコイワシなどの小魚などをエサとしてハリに刺して使い、コマセカゴは使わないのが一般的です。

やや水深のある岩礁帯での釣りが多く、オモリも50～120号（ときに、さらに重いオモリ）を使い、海底すれすれからせいぜい3～4メートル上をねらいます。深場のカサゴ、ムツ、アカムツ、アラなどの釣りが一般的です。

11

ターゲット別 釣り方解説

日本の海にはさまざまな魚が生息しており、それぞれに釣期を迎える季節が異なります。つまり、海のなかにも四季があるわけで、春のマダイにはじまり、夏から秋にかけて釣れる青もの(回遊魚)、冬は根魚と、一年中おいしい魚がねらえ、グルメアングラーにとってはまさに魚天国です。ボートで海を駆け巡るだけでも楽しいものですが、いろいろな魚のポイントを覚えてサオを振り、満足な釣果を得られれば、こんなに楽しいことはありません。マイボートフィッシングは、まさに最高の趣味。
さあ、仲間を誘って、ダイナミックな釣りに出かけましょう!

春
クロメバル
カサゴ
イシモチ
マコガレイ
マダイ
シロギス

夏
イサキ
マゴチ
マルイカ、ムギイカ
マダコ
カマス

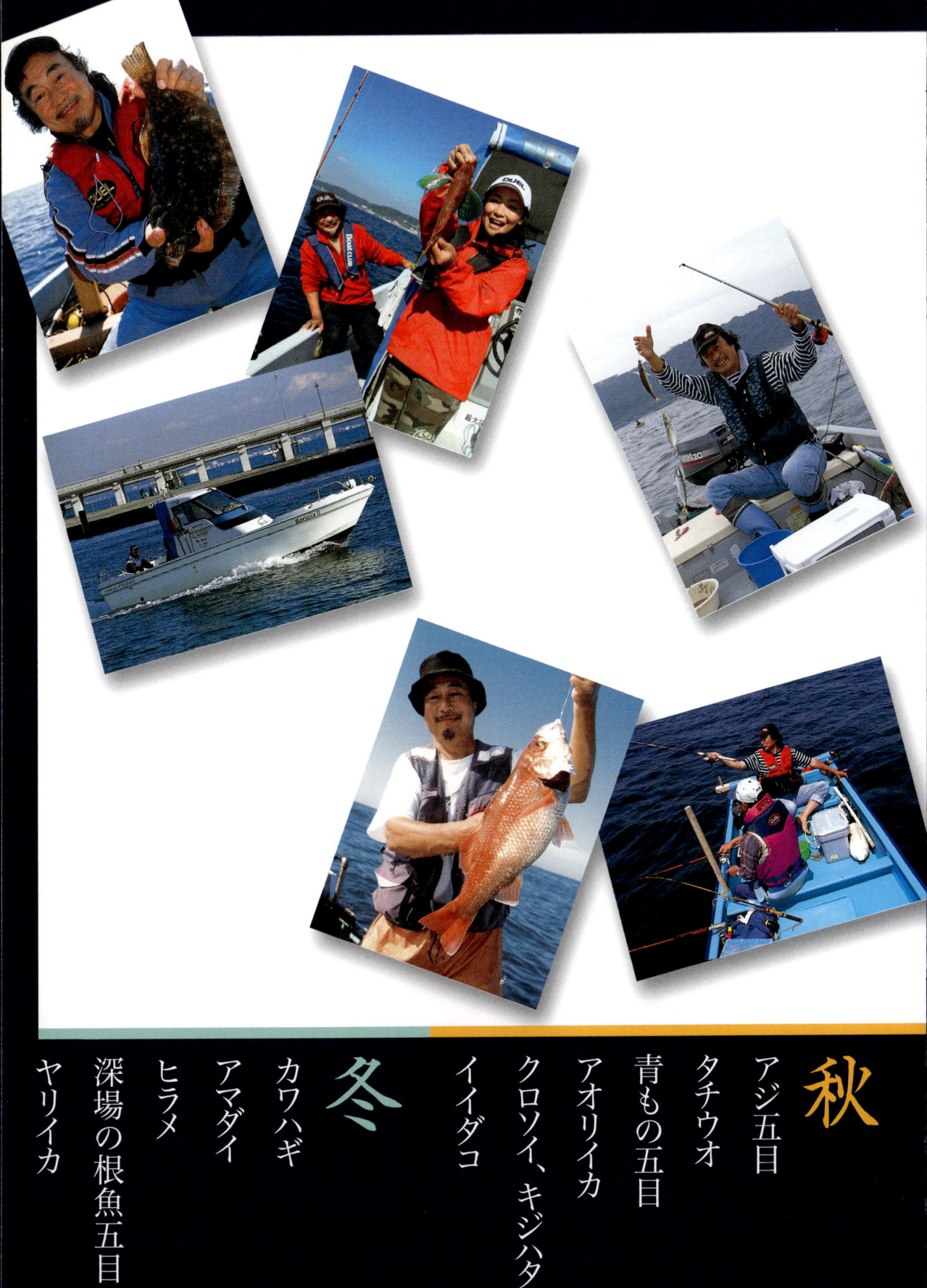

秋
- アジ五目
- タチウオ
- 青もの五目
- アオリイカ
- クロソイ、キジハタ
- イイダコ

冬
- カワハギ
- アマダイ
- ヒラメ
- 深場の根魚五目
- ヤリイカ

クロメバル

春　さまざまな釣り方でねらえる春告魚

おもなポイント ▶ 水深3～20メートル程度の岩礁周りなど

多彩なメバルの仲間のなかでも、もっとも手近なところに生息しているのがクロメバルです。コマセを使うシャクリ釣りやサビキ釣りのほか、イワシメバル釣り、ドジョウメバル釣り、エビメバル釣りといった、エサによる釣り方の違いもあり、それぞれ趣きも異なります。浅い海域をねらうので、ボートフィッシングの格好のターゲットです

クロメバルは周年釣れる魚ですが、春告魚として知られているように、早春の釣りものというイメージがあります。東京湾の遊漁船では、2月ごろから、生きエサにイワシを使った「イワシメバル釣り」や、藻エビエサを使った「エビメバル釣り」が始まります。

イワシメバル釣りは透明度の高い海域で通用する釣り方で、いくつかのメバル釣りのなかでも、独特の釣り味が楽しめ、比較的良型がそろうので、人気ある釣り方です。生きた小ぶりのカタクチイワシ（シコイワシ）を入手しなければなりませんが、近年は釣り場に近い街道沿いの釣りエサ店で入手できたり、港のイケスから購入できたりすることも少なくありません。また、ポイントの近くでサビキ仕掛けでイワシが釣れることもあります。イワシが入手出来ない場合、生きたドジョウを使ってもそれなりの釣果が得られます。仕掛けが細い上に、外道も含め、思わぬ大型に出合うこともあるので、かならずタモを準備しておこう

ときに30センチを超える良型に出合うこともある。

エビエサはどんな海域でも通用するエサです。同様に、潮に濁りがあるときや、朝夕の時間帯は、アオイソメなども効果を発揮します。

コマセを使うシャクリ釣り、サビキ釣り仕掛けでイワシが釣れ

魚図鑑
クロメバル
[カサゴ目フサカサゴ科]

クロメバルには、東京湾、伊勢湾、瀬戸内で見られる銀色っぽいもの、相模湾に多い黒色が非常に濃く金色がかったもの、外房や伊豆方面で見られる赤味がかった褐色のものがいて、以前から別種の可能性が指摘されていたが、近年、DNA分析で3種に分類され、別々の標準和名が付けられる方向になった。ここでは、発表前（08年7月現在）なので、A、B、C型として解説する。

なお、ヒレの条数は、種の同定に使う材料だが、十1程度の違いが見られるので、絶対的なものではない。

クロメバル3種は、多彩なメバルの仲間のなかでももっとも沿岸性が強く、磯や堤防周りのごく浅いエリアから、やや沖合の水深30メートル程度の岩礁域に生息する。早春の産卵時期（卵胎生魚なので、直接、子魚を産み落とす）には、藻が茂る岩礁周りの海域に集まる。一般には体長25センチ程度までのものが多いが、時折35センチを越えるものもいる。

沿岸性の強いクロメバルに対し、沖に生息し、俗にオキメバルと呼ばれるトゴットメバル、ウスメバルなどがいるが、これらはまったく別の種が異なる。体色が赤味を帯びるウスメバルと、クロメバルA型の赤みが強いものとは、ともにアカメバルという別名が使われるが、まったくの別種。

ビキ釣りは、やや濁りのある海域での釣りに適しており、ときに入れ食いが楽しめます。

クロメバルはこんな海域をねらう

クロメバル釣りのポイントは、沿岸の磯場に続く岩礁帯と、その周りの海藻が茂るエリアとなります。特に、春の産卵期には、周りに藻が茂っている岩礁帯がベストポイントとなります。水深は3〜30メートル程度で、透明度のよいところなら、水深10メートル程度の海底まで、目視で判断できます。

浅場の岩礁帯でねらうクロメバル釣りでは、生きエサを使うと有効だ。なお、「メバルは凪を釣れ」という格言があるだけに、釣行時の天候の見極めが重要になる

ボートを潮に乗せ、ポイントを外さないようにして釣るのがベストですが、ポイントが比較的狭いことも多いので、その中心にボートを止めるようにアンカリングすると釣りやすいでしょう。

アンカリングする場合は、近くにいるボートに迷惑をかけない程度にロープを長めに出しておくと、風や潮でボートが左右に振れ、広くポイントを探れるので有利です。例えば、水深10メートルのところでロープを25メートルほど延ばせば、かなり広い範囲を探れることになります。

春は海藻が茂って海面近くまで伸びていることもありますが、そんな海域の海藻の脇ギリギリのところに仕掛けが落ちるようにするとよく当たります。

クロメバル釣りの仕掛けと釣り方

メバルは、岩礁帯を好んで生息しています、低活性時には岩礁についてあまり動かないことがありますが、高活性時にはけっこう活発にエサを追って泳ぎ回ります。その遊泳層にはかなり幅があり、中層以上まで上がってくることもあります。

よって、ドウヅキ仕掛けやサビキ仕掛けのように、ある程度長さがある仕掛けを使うか、シャクリ釣りのように撒きエサで上へと誘いながらねらうと効果的です。

生きイワシを使ったイワシメバル釣りでは、早合わせは厳禁。メバルが一気にイワシを飲み込むとはめったにありません。メバルがイワシをくわえると、まず、サオ先にモゾモゾッとした小さめのアタリが現れますので、このとき、エサに刺したハリは、まだメバルの口の外にあります。このとき合わせると、メバルはパッとイワシを吐き出してしまうので、ほとんどハリ掛かりしません。

よって、最初のアタリが出たら、決してメバルに違和感を与えないよう十分注意し、5〜20秒ほど待ちます。すると、メバルがエサを完全に飲み込み、一気に海底に

の動きを妨げないという点からも、細く、ある程度長いハリス（あまりに長すぎると絡みやすいので50〜80センチ程度が理想）が有利です。

いずれの釣り方でも、海底まで仕掛けを落としたら、直ちにリールを巻いて底立ちを取り、1〜3メートルほどタナを切ります（オモリを海底から離す）。仕掛けがメバルの遊泳層に合っていれば、やがてアタリが出ます。

一方、生きエサを使った釣りでは、メバルは目が非常によいので、ハリスは細いほど有利となります。また、エサに生きイワシや生きた藻エビを使った場合、そのエサが元気よく泳いで逃げまどったほうがメバルに対してのアピール度が高くなるので、エサ

【クロメバル C型】
3種のなかでもっとも明るい体色で、銀色に近く、背の模様が一番目立つ。シロメバル、ギンメバルと呼ばれ、東京湾の観音崎周辺から北のエリアはほとんどがこの型。胸ビレの軟条数は17本

【クロメバル B型】
体色は黒味が非常に濃く（黒色系）、緑色がかったものもおり、アオメバルとも呼ばれる。黒色が濃くてもかなり金色に輝くためにA型と区別しにくいものもいる。胸ビレの軟条数は16本

【クロメバル A型】
褐色（茶色系）または金色（金色系）がかった、赤味の強い体色で、俗にアカメバルとも呼ばれる。かなり黒味が強いものもいるなど、個体差が激しく、見極めは難しい。胸ビレの軟条数は15本

クロメバル釣りの海底イメージ

水深3〜20メートルの岩礁帯

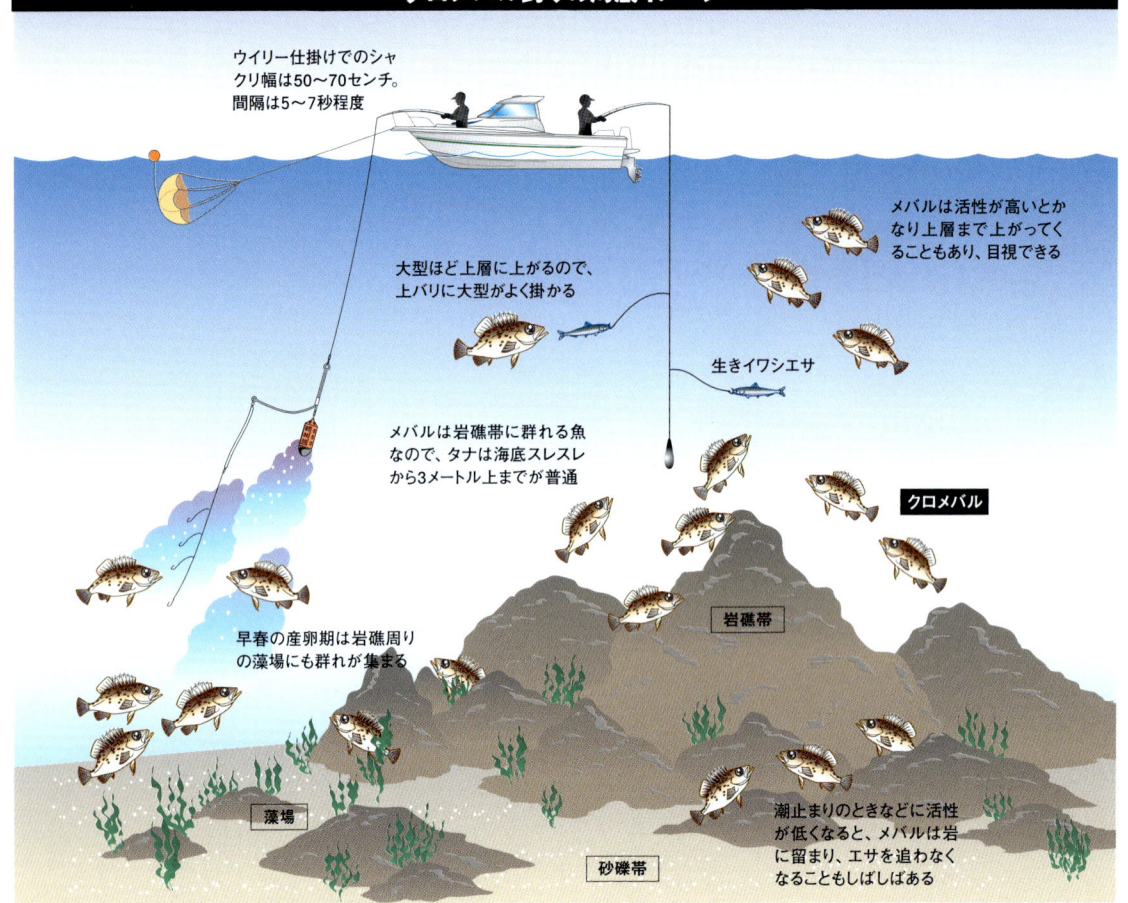

- ウイリー仕掛けでのシャクリ幅は50〜70センチ。間隔は5〜7秒程度
- メバルは活性が高いとかなり上層まで上がってくることもあり、目視できる
- 大型ほど上層に上がるので、上バリに大型がよく掛かる
- 生きイワシエサ
- メバルは岩礁帯に群れる魚なので、タナは海底スレスレから3メートル上までが普通
- クロメバル
- 早春の産卵期は岩礁周りの藻場にも群れが集まる
- 岩礁帯
- 藻場
- 砂礫帯
- 潮止まりのときなどに活性が低くなると、メバルは岩に留まり、エサを追わなくなることもしばしばある

クロメバルは、沿岸近くの岩礁域に生息し、ボートフィッシングの対象魚として理想の魚。周年ねらえるが、早春のころからが産卵期で、もっとも沿岸近くに集まる。ポイントはやや険しい岩礁域を中心としたその周りの砂礫帯で、カジメ、ホンダワラなどが茂る藻場にも集まる。活性が低いと岩礁に止まるようにしてあまりエサを追わないが、潮が動くと中層までが行動範囲となる。根掛かりが多いエリアなので、高活性時は中層ねらいのつもりで釣ると能率よく釣れる。エサを口にすると一気に海底に向かって走るので、小型魚のわりにヒキ味は抜群。

ウイリーシャクリは、メバルを効率的に釣る良い方法。活性が高いと2尾、3尾と針掛かりすることもある

シャクリ釣りでは、ウイリー仕掛けを使うのが普通です。タナを決めたら直ちにサオを小さく（70〜100センチ程度）キューンとシャクり、その直後にリールを1・5回転ほど巻いて、同時にサオを水平に戻します。5秒ほど待って再び同じ動作を繰り返し、やがてビシ（仕掛け）が海面下に見えて来たら、すぐにタナまで落とし込み、同じシャクリを繰り返します。2〜3回繰り返すとビシカゴの撒きエサが空になるので、エサを詰め替えて再投入します。

ゴクンというアタリが来たと、すぐにグ、グ、グゥーっとサオを絞り込みます。シャクリ釣りやサビキ釣りでは、マアジ、サバ、ときにカサゴといった具合に、いろいろな魚に出会う五目釣りとなることが多々あります。

なお、ここまで解説したエサのほか、生きエサが入手できないときは、ワカサギ10センチ未満のものや冷凍エサ（小型のシコイワシ

の）や冷凍エサ（小型のシコイワシて少しずつ上へとタナを変えき回らないので、軽い誘いを兼ねキの場合は、海底でそれほど動なお、藻エビ、アオイソメ、サビせん。ぐにリーリングしてハリにかかるまこうアワセでハリに入ってかまいまりも同様で、いずれもほとんど向サビキ仕掛けを使った場合のアタます。アオイソメを使った場合やり、グ、グ、グーっとサオを絞ってきにエサを口にするので、いきな藻エビエサを使った場合は、一気にエサを口にするので、いきな立て取り込みましょう。海面に現れたら、スーッとサオをるので、あわてずにリーリングしてく強いヒキとが連続して伝わってきます。あとは小気味いいヒキと、にサオ先を上げてアワセを入れ向かって泳ぎ出すので、このとき

釣り方解説

春

クロメバル

16

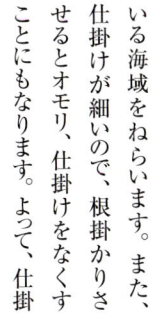

ウイリーの色は、ピンク、茶、グリーン、白などを、好みの組み合わせで使う。ただし、その日の状況によりヒットカラーがあるので、場合によってはヒットカラーを2つつけることもある

イワシエサはすぐに弱るため、バケツにとるのは一度に4～5尾のみとする(上)。下顎からハリを抜くようにして、エサ付けもできるだけ手早く行うこと

クロメバル釣りの
ワンポイントアドバイス

クロメバルは、根掛かりしやすい、険しい岩礁域や藻が生えている海域をねらいます。また、仕掛けが細いので、根掛かりさせるとオモリ、仕掛けをなくすことにもなります。よって、仕掛けを投入し、オモリの着底を確認したら、直ちにオモリを1～3メートル上げてタナ取りをすることが大切です。根掛かりには十分注意し、素早い操作、対応を心がけましょう。

また、生きエサを使うときは、エサを弱らせない気配りも必要で、エサが弱ったら元気なものに取り替えることも大切です。

なお、クロメバルは20～25センチ程度が中心となりますが、ときに30センチをゆうに超える大型にも出合うほか、思わぬ大物が釣れる可能性があります。しかも、細仕掛けを使うので、バラすことのないよう、大物の取り込みに備え、必ずタモの用意をしておきましょう。

やキビナゴ)、サンマやサバの切り身エサ(幅8ミリ、長さ5センチ程度)、イカの短冊、アジ釣りで使うイカの赤タンを使うと効果があることもよくあります。

メバルはいろいろなエサに反応する魚です。オキアミも含め、何種かのエサを使い分けるのもおもしろいでしょう。

クロメバル釣りの仕掛け

●ドウヅキ仕掛け
サオ:2.7～3.0mメバル専用(胴調子)、オモリ負荷10号
リール:小型両軸
ミチイト:PE2号、100メートル
ミキイト:フロロカーボン1.5号
エダス:フロロカーボン1～1.5号
ハリ:メバルまたはヤマメ 7～8号
オモリ:10～15号

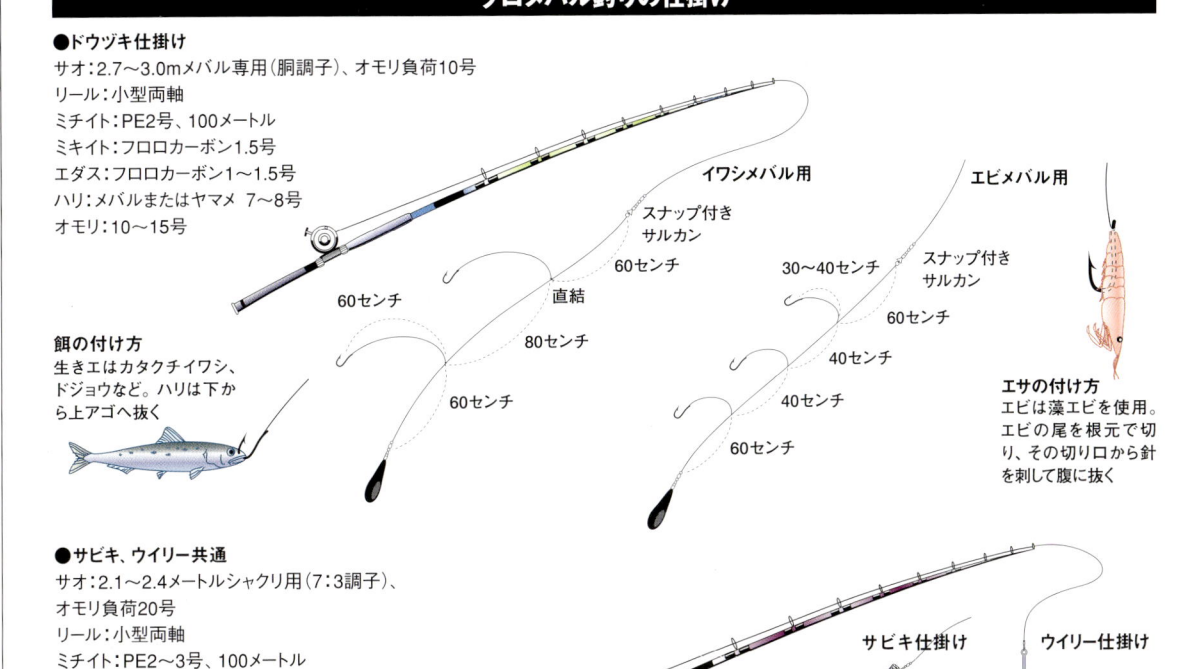

餌の付け方
生きエはカタクチイワシ、ドジョウなど。ハリは下から上アゴへ抜く

イワシメバル用
スナップ付きサルカン
60センチ
直結
80センチ
60センチ
60センチ

エビメバル用
スナップ付きサルカン
30～40センチ
60センチ
40センチ
40センチ
60センチ

エサの付け方
エビは藻エビを使用。エビの尾を根元で切り、その切り口から針を刺して腹に抜く

●サビキ、ウイリー共通
サオ:2.1～2.4メートルシャクリ用(7:3調子)、オモリ負荷20号
リール:小型両軸
ミチイト:PE2～3号、100メートル

●サビキ仕掛け
小型コマセカゴ(アミエビ用)
ミキイト:2～3号×エダス:1～1.5号
バケ:ハモ皮、スキンなど
ハリ数:6～8本(仕掛け全長はサオと同等)
エダス:8センチ

●ウイリー仕掛け
コマセカゴ:プラスチックカゴ
(Mサイズ、オモリ30～40号)
テンビン:片テンビン(40センチ)
クッションゴム:1.5ミリ 20～30センチ
ミキイト&エダス:フロロカーボン2号
ハリ数:4～5本(仕掛け全長3メートル)

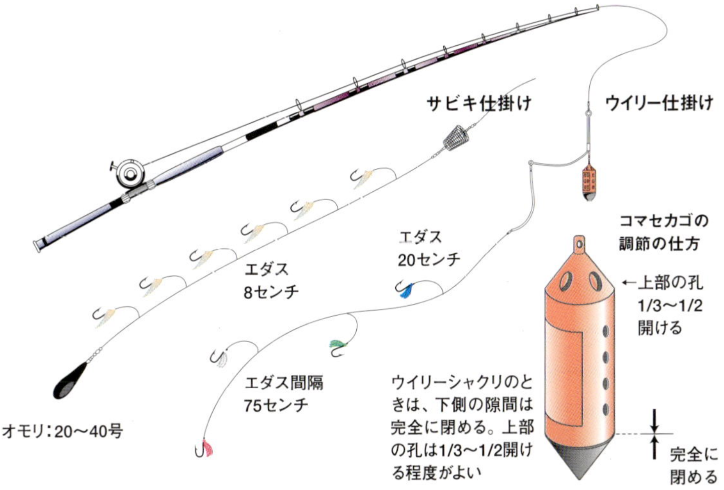

サビキ仕掛け
エダス 8センチ
エダス 20センチ
オモリ:20～40号

ウイリー仕掛け
エダス間隔 75センチ

コマセカゴの調節の仕方
←上部の孔 1/3～1/2 開ける
ウイリーシャクリのときは、下側の隙間は完全に閉める。上部の孔は1/3～1/2開ける程度がよい
完全に閉める

カサゴ

春 多彩な種類を周年ねらえる

おもなポイント ▼ 水深5～150メートルの岩礁周りなど

カサゴの種類は多彩で、日本沿岸だけで10種以上も存在します。標準種のカサゴが中心となる水深数メートルの浅場から、人気のオニカサゴをねらう水深100メートル以上の深場までが釣り場となり、釣り方もさまざま。いずれも、釣期も長く、釣りとしてはやさしいほうで、食味も抜群。ボートフィッシングのターゲットとして人気の魚です。

一般にカサゴというと、沿岸近くの比較的浅い岩礁底に生息するスタンダード種のカサゴ(標準和名：カサゴ)が知られていますが、少し沖に行くと、これによく似たウッカリカサゴ、アヤメカサゴやフサカサゴがいます。

より沖側の水深50～200メートルでは、釣りの世界で通称オニカサゴと呼ばれる一番人気の種(標準和名：イズカサゴ)が釣れます。これは、あまり険しくない岩礁域や砂礫底にいるので、深くても釣りやすいカサゴです。

さらに深い海域には、通称ノドグロと呼ばれるユメカサゴがいます(新潟、北陸では、ノドグロというとアカムツを指します)。

このほか、標準和名でいうオニカサゴ、コクチフサカサゴ、イソカサゴ、ヒレナガカサゴ、ヒオドシなど、カサゴの仲間は実に多彩です。詳しくは図鑑ページも参照してください。

カサゴの釣り方いろいろ

カサゴねらいの仕掛けの形としては、海底スレスレを釣るための片テンビン仕掛けと、岩礁帯をねらうためのドウヅキ仕掛けの二通りがあります。

浅場のカサゴ釣りでは両方の仕掛けを使いますが、かなり険しい岩礁域を釣るので、根掛かりのことを考えるとドウヅキ式がやや有利といえます。

カサゴは根を釣れという教えがあるように、根掛かりを覚悟

魚図鑑 カサゴ[カサゴ目フサカサゴ科]

カサゴはポピュラーな魚で、その仲間はいずれも美味だが、これほど分類が複雑でわかりにくい仲間もない。

スタンダード種のカサゴは、全長15～30センチ程度のものが多いが、40センチ、1キロ前後になるものもいる。クロメバルのようにかなり強いものもいる。褐色や赤みがかなり強いものもいる。スタンダード種に大変よく似ているのがウッカリカサゴ。全長60センチ、3キロ程度まで育つ。体側の小点模様に縁取りがある点がスタンダード種との違い。この2種のカサゴの違いをソ連(現ロシア)の研究者が遺伝子などの調査で明確にし、1978年に同国の学会誌に発表。これを知った我が国の研究者が「ウッカリして気づかなかった」と発言し、80年近くになってから新しい標準和名をウッカリカサゴとして登録した。

また、中深場釣りで人気のオニカサゴ(通称)の標準和名はイズカサゴ。全長40～50センチのものが多い。

一方、標準和名がオニカサゴという別種も存在し、こちらは全長35センチ程度で、磯に続く水深5～20メートルの岩礁域に生息。沿岸性で、深場釣りでは出合わない。

なお、カサゴの仲間はいずれもヒレ先に毒を持つ。特にイズカサゴ、オニカサゴ類は強毒を持つので、その扱いには十分に注意しよう。

カサゴはこんな海域をねらう

スタンダード種のカサゴの生息域は、浅場の険しい岩礁域で、水深は堤防周りのごく浅いところから、やや沖の水深30～40メートルが中心です。根の存在を的確につかむ難しさがありますが、これさえできれば、釣り方は難しくありません。

岩礁域が広いところなら、ボートを流して釣れますが、ボートがすぐに岩礁域から外れるような海域なら、アンカリングしてもよいでしょう。この場合、アンカーロープはやや長めに伸ばし、風や潮流でボートが左右に振れるようにすれば、20×10メートル程度のやや広範囲を探れます。ボートの振れは、アンカーを打ったままロープの出し入れで調節します。ただし、近くに他のボートや漁船、釣り船がいるときは、ロープを伸ばす長さをほどほどにしましょう。

スタンダード種のカサゴに近似のウッカリカサゴは、水深20～100メートル以上の岩礁域に生息し、深場ほど大型が釣れます。スタンダード種のカサゴも、ときにかなり深いところにもいて、両種が混ざって釣れることもあります。両種は漁師や専門の研究種のカサゴよりも海底にピタリと付いていることが多いので、海底スレスレをマメに誘い、ときにはエサを海底で引きずるような誘いも有効です。オニカサゴが生息している海底は、浅場のカサゴのそれに比べ、岩礁域でも丘のようなフラットに近い海域や、砂礫の混ざる砂地底にもいるため、根掛かりは比較的少なく、テンビン仕掛けが絶対有利です。

いずれのカサゴ釣りでも、海底スレスレか、海底からその上2メートル程度までを、仕掛けをゆっくり上げ下ろしして誘うのが基本です。

テンビン仕掛けでは、ハリのエサがオモリの下となるので、根から離れるのがワンテンポ遅れ、その分、根掛かりする確率が高くなります。しかし、深場のオニカサゴ（イズカサゴ）は、スタンダード種のカサゴよりも海底にピタリと付いて釣るテクニックが必要です。仕掛けを根にはわせているとすぐに根掛かりしてオモリやハリを取られるので、オモリで根を叩きながら、誘いを兼ねてこまめにタナ取りを繰り返し、ハリのエサを海底すれすれでゆっくり踊らせるようにしてカサゴにアピールするのが基本です。浅場にいるカサゴは、活性が高まると海底から1～2メートル上までエサを追うので、ドウヅキ仕掛けでも十分対応できるわけです。

種のカサゴよりも海底にピタリと付いていることが多いので、海底スレスレをマメに誘い、ときにはエサを海底で引きずるような誘いも有効です。オニカサゴが生息している海底は、浅場のカサゴのそれに比べ、岩礁域でも丘のようなフラットに近い海域や、砂礫の混ざる砂地底にもいるため、根掛かりは比較的少なく、テンビン仕掛けが絶対有利です。

ハリへの刺し方は、端の部分をチョン掛けにします。

切り身エサの大きさは、浅場なら1×6センチ、深場なら1・3×10センチ程度がよいでしょう。

そのほか、エサ持ちのよさという点では、アナゴの切り身や、市販のサケの切り身の皮などがお勧めです。

凍でも可）、オニカサゴならやや大きめのカタクチイワシや小型のヤリイカも有効です。

30センチ級の良型カサゴ。カサゴ類の仲間はヒレに毒を持つものが多い。スタンダード種のカサゴも、それほど強くはないものの毒を持っているため、取り扱いには十分注意したい

根掛かり防止のために底立ちを取りつつ、ときどき大きくサオをあおる。この動作は誘いをかける意味もあり、カサゴ釣りでの重要なポイントとなる

【イズカサゴ】
東日本以南、以西の、水深35～200メートルの岩礁周りや、その近くの砂礫底などに生息する。この近似種に、フサカサゴとコクチフサカサゴがいるが、この2種の判別も非常に困難

【ウッカリカサゴ】
カサゴよりやや深い海域を好み、水深150メートル付近までの岩礁域に生息。水深20メートル前後ではカサゴと混生していることもあり、浅場のカサゴ釣りで本種が混じっても気づかない人も多い

【カサゴ】
北海道南部以南、以西各地の、沿岸の岩礁域に分布。堤防周りの浅いところから、やや沖の水深100メートル前後まで、幅広い海域に生息する。大型のものほどウッカリカサゴとの区別が難しい

カサゴ釣りの海底イメージ

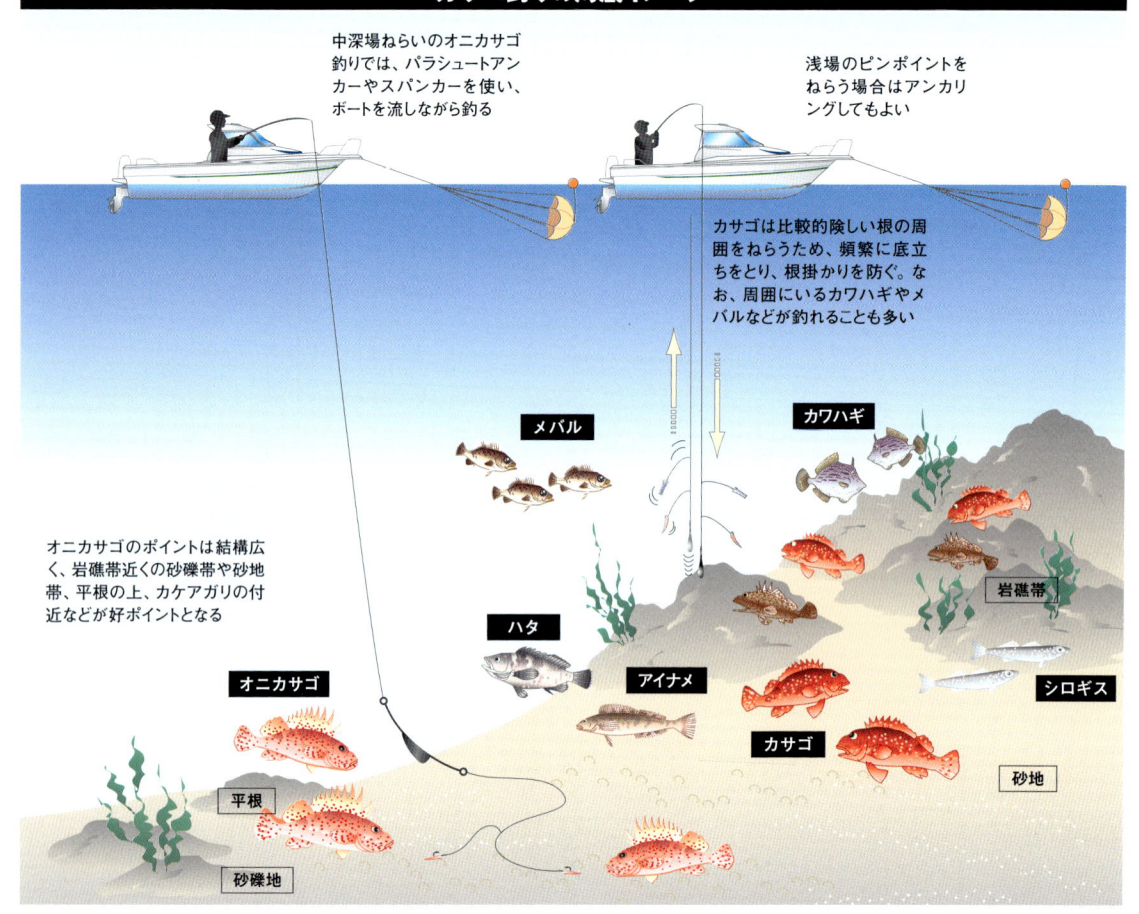

(水深　カサゴ：5～40メートル、オニカサゴ：50～150メートル)

中深場ねらいのオニカサゴ釣りでは、パラシュートアンカーやスパンカーを使い、ボートを流しながら釣る

浅場のピンポイントをねらう場合はアンカリングしてもよい

カサゴは比較的険しい根の周囲をねらうため、頻繁に底立ちをとり、根掛かりを防ぐ。なお、周囲にいるカワハギやメバルなどが釣れることも多い

オニカサゴのポイントは結構広く、岩礁帯近くの砂礫帯や砂地帯、平根の上、カケアガリの付近などが好ポイントとなる

メバル　カワハギ　ハタ　アイナメ　カサゴ　シロギス　オニカサゴ　平根　砂礫地　岩礁帯　砂地

カサゴの種類は多彩で、沿岸近くにいるスタンダード種のカサゴからウッカリカサゴ、中深場のオニカサゴと呼ばれるイズカサゴの仲間、さらに深場にはノドグロと呼ばれるユメカサゴなどがすみ分けている。

仕掛けには、ドウヅキ、テンビンがあるが、釣り方としてはやさしいほう。

「カサゴは根を釣れ」という教えがあるように、険しい岩礁帯をねらうカサゴ釣りでは、根掛かりを恐れてはいけない。

しかし、これを防ぐためと誘いを兼ねて、仕掛けをマメに上げ下げすることが重要となる。

釣り方解説　春　カサゴ

者でも見間違えるほど似ており、同じ海域に生息しているためにバリと、ともに仕掛けとしては交雑個体も存在するので、より単純なものです。分類が難しい魚といえます。

なお、食味はスタンダード種のほうが上。ウッカリカサゴはやや身が硬いので、刺身で食すには薄造りがお勧めです。

深場のオニカサゴは、浅場のカサゴよりも根掛かりの少ない岩礁域、砂礫地にいるため、ボートを潮に乗せる流し釣りが威力を発揮します。

オニカサゴ釣りの平均水深は100～150メートル程度ですが、釣り場によっては水深50メートル前後で釣れたり、ときには200メートル程度でよく釣れる場所もあります。

カサゴ釣りの仕掛けと釣り方の注意

浅場でのスタンダード種のカサゴ釣りの仕掛けはドウヅキ2本バリ、深場のオニカサゴ釣りのにボート釣りでは、周りの釣り人とのオマツリの心配も少ないので、重さで対応可能です。特場合は、水深の4～5割程度のりますが、PEラインを使用するよって、潮の流れによる差はあたわけです。

魚のヒキもより強く感じられるこれによりアタリが明確になり、ックルの普及ということですが、軽くできます。いわゆるライトタ太さのものを使うことが主流になってきました。ミチイトが細くなると、水中で潮の流れを受けにくくできます。そのぶん、オモリも高強度のPEラインが普及し、従来のナイロンラインの半分程度のら70～80号程度となります。号程度、水深100メートルなたとえば水深20メートルなら15程度を基準に決めてきました。

しかし、近年はミチイトとして釣りのおもしろさが倍増しから、オモリの重さは水深の7割オモリは、ポイントの水深に見合った重さを使います。昔か

仕掛けはテンビンを介した2本

ライトタックルはますます普及するでしょう。

さて、浅場、深場、いずれのカサゴ釣りでも、大切なのはタナ取りです。とくに岩礁域では刻々と水深が変化します。そして根掛かりも心配になります。根掛り防止のためにも、たえずオモリで海底を叩くようにしつつ、水深に合わせた誘いをかけながら釣りましょう。

浅場でも深場でも、アタリは明確で、向こうアワセでハリ掛

型がよいと初めのアタリは、ゴク、ゴクッと強く出て、ヒキも鋭いのですが、スタンダード種のカサゴやウッカリカサゴは水圧の変化に弱いため、途中から暴れなくなってヒキがなくなり、ただ重いだけになります。

一方、深場のオニカサゴは水圧変化に強く、途中で弱ることなく何度も鋭いヒキ、抵抗を見せてくれます。海面に浮いてもひと暴れしてバレる恐れもあるので、ハリの掛かり具合をよく確認し、上アゴにきちんとハリが貫通していればそのまま抜き上げますが、脇に掛かっていたり、皮一枚にかろうじて掛かっているような場合には、タモを使って慎重に取り込んでください。

カサゴの仲間のなかでも、やや深い海域に生息するオニカサゴは、中深場釣りでの人気のターゲット。ヒレに強い毒を持っているので、取り扱いには十分注意したい

カサゴ釣りの仕掛け

●カサゴ（浅場）用
サオ：1.8〜2.1メートル　カワハギザオ（硬めのシロギスザオやルアーロッドでも可）
リール：中型両軸受け
ミチイト：PE1.5〜2号　100〜200メートル
ハリス、エダス：フロロカーボン2〜3号
ハリ：ムツ9〜11号、またはセイゴ9号、チヌ2号など

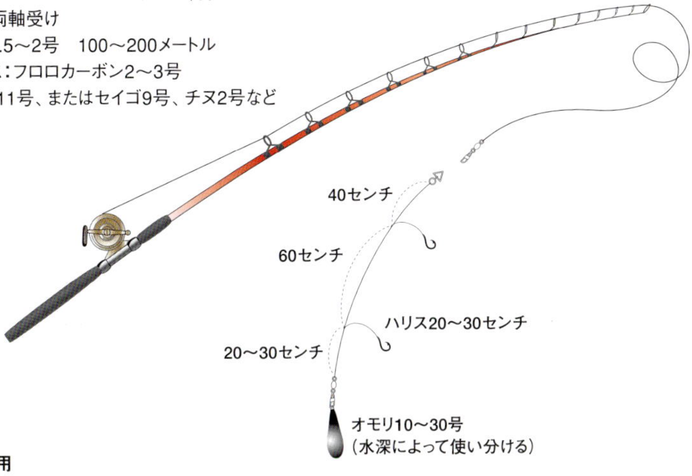

40センチ
60センチ
ハリス20〜30センチ
20〜30センチ
オモリ10〜30号（水深によって使い分ける）

●オニカサゴ用
サオ：2.1〜2.7メートル（7:3調子）、オモリ負荷50〜80号
リール：中型電動リール（中型両軸手巻きでも可）
ミチイト：PE4〜5号、300〜400メートル
テンビン：おもり鋳込みタイプか、別付きの大型片テンビン
オモリ：60〜100号
ハリス、エダス：フロロカーボン6〜8号
ハリ：ネムリ（ムツ）14〜15号、2本バリが標準
クッションゴム：2ミリ×50センチ

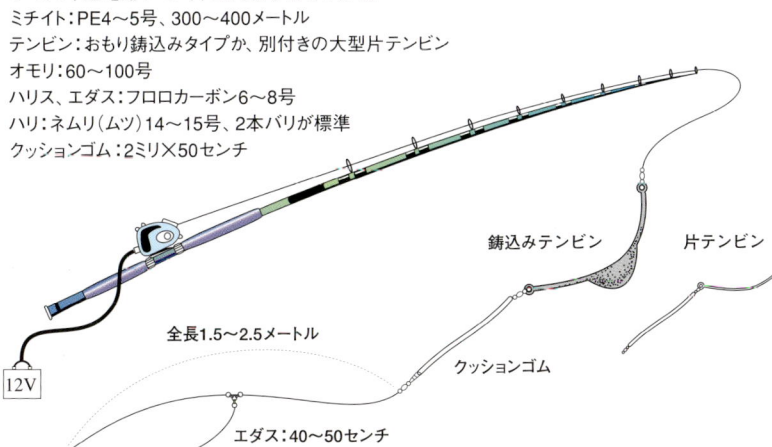

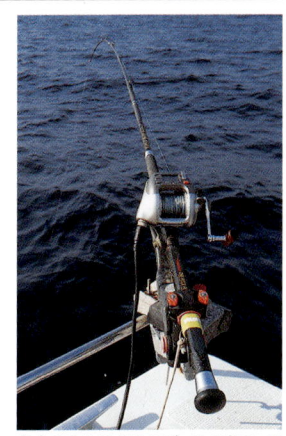

鋳込みテンビン
片テンビン
全長1.5〜2.5メートル
クッションゴム
エダス：40〜50センチ

多少のうねりがあれば、サオをロッドホルダーにセットして、置きザオにしても十分誘いになる。アタリがあったら、ていねいにリーリングして、慎重に取り込もう

カサゴねらいのエサは、サバとイカの短冊を組み合わせて使ってもよい。イカは切れ込みを入れていない先端を、サバは皮が外側に向くように、それぞれハリにチョン掛けにする。オニカサゴねらいでは、蛍光のビニールベイトを併用してもよい

春

浅場でねらえる手軽なターゲット

イシモチ

おもなポイント ▶ 水深5～40メートル程度の砂地底

釣りでも鮮魚店でもおなじみのイシモチとは、シログチとその近似種であるニベのことを指します。2魚種とも沿岸の砂地を棲息域としていますが、シログチがやや水深のあるところに棲むのに対し、ニベは波打ち際でも釣れるより沿岸性の魚です。ともに夜間活発に活動するため、日中の釣りでは潮の濁りが強い日が釣りどきとなります。

イシモチ（シログチ、ニベの通称名）の釣期は、シログチが冬を中心とし秋から初夏のころまで、ニベが初夏から秋の海水温が高くなるころまで、となります。以下では、シログチ、ニベそれぞれの釣り方を説明していきましょう。

イシモチはこんな海域をねらう

シログチはやや水深のある砂地の海域を群れで行動していますが、どこにでもいる魚ではなく、毎年決まったエリアが釣り場となり、同じ砂地帯にいるシロギスなどと比べると釣れるポイントは限定されます。砂地でも、カケアガリや近くに平根があるなど、海底に変化がみられるところが好ポイントとなります。

季節ごとの移動もかなり大きいことがあり、秋から初冬はやや深場が有利となることが多く、冬から春の海水温が低い時期には浅い海域（といっても水深20～25メートル）がおもな釣り場となります。東京湾を例にとると、大津海岸の手漕ぎボートでねらう釣り場は有名です。

前述のとおり、夏の海水温が高い時期はシログチの釣期がそろそろ終盤となりますが、初夏以降にはニベねらいが盛期となってきます。ニベは大きな河口などの汽水域に入ってくることもあり、砂浜の広がる海岸でも、川が流れ込む両サイドなどが好ポイントです。

シログチもニベも半夜行性の魚

魚図鑑 イシモチ
[スズキ目ニベ科]

シログチとニベなどの仲間を総称したイシモチという呼び名が定着しているが、単にイシモチという標準和名の魚は存在しない。イシモチというと、船釣りではシログチ、サーフからの投げ釣りではニベを指しているが、釣りでも、鮮魚店でも、料理の世界でも、両魚ともあまり区別することはない。

シログチは身が柔らかいので焼き物、煮付けに向いており、ニベは身がしっかりしているので刺身にもできる。

なお、最近、駿河湾では近似のクロニベ（地域名・メイゴ）と呼ぶやや大型のイシモチが太刀魚釣りの際に釣られている。

シログチは、ニベに比べやや深い砂地に生息し、明るい銀白色の体色をしている。浮き袋を使って「グー、グー」と鳴き、大きな群れでいるときなど、互いに愚痴をこぼしているように聞こえるので、グチという別名を持つ。これはイシモチと呼ばれる魚の共通した特徴。東日本の有名な釣り場としては、東京湾の神奈川県沿岸（横浜から南の海域）がある。

ニベは、イシモチの仲間の標準種とされ、サーフからねらう格好のターゲット。大きさ、形ともシログチにそっくりで、見間違えることもあ

で、特に浅い海域が釣り場となるニベは、潮が澄んでいるときは極端に釣果が落ちてしまいます。逆に、大雨が降ったあと、川から強い濁り水が入ったときに、河口周りの海域でよく釣れます。

ニベは、浅場のシロギスの釣り場とも重なりますが、豪雨のあとや台風で時化たあとなど、強い濁りがある日には、ニベねらいがおもしろくなります。

ニベはおもに砂浜からのサーフ・キャストの釣りでねらう魚ですが、夜釣りがメインとなります。これは、暗くなると澄み潮でもよく群れを追うからで、日中に行うマイボートフィッシングでは、強い濁りの入ったときがチャンスとなります。ポイントは思いっきり海岸に寄った浅い海域をねらうのがおすすめです。

イシモチ釣りの仕掛け

シログチ、ニベとも、片テンビン仕掛け、ドウヅキ仕掛けのどちらでも釣れます。

シログチ、ニベのいずれも、シロギス、メゴチ、カレイなどの棲息する海域にいますが、これらの魚より群れを作る度合いが大きく、ときに大きな群れで行動しています。

シログチ、ニベとも、片テンビン仕掛け、ドウヅキ仕掛けのどちらでも釣れます。

ボートから少し離れたポイントを釣るのが有利です。したがって片テンビンを主とした仕掛けで投げ釣りとするのがおすすめです。

ニベは浅い海域をねらうため、活性が高いと海底から50〜100センチほど離れてエサを追うため、こんなときはドウヅキ仕掛けが威力を発揮します。したがって、片テンビンにドウヅキ仕掛けを組み合わせた仕掛けも好結果につながります。

シログチとニベで異なる釣り方

シログチはやや水深のある海域を釣るので、ボート下にドウヅキ仕掛けを沈めてねらいます。

一方のニベは浅い海域でシロギス釣りを兼ねて釣ることも多いので、仕掛けを軽く投げてねらいます。投げ釣りではドウヅキ仕掛けの部分が長いと投げにくいため、ドウヅキ一本バリにテンビン仕掛けの組み合わせ、または片テンビン仕掛けだけでも構いません。

イシモチは、活性が高いと海底から少し離れた宙層にいて、そうした棚などの近くも好ポイントとなる。ただし、ノリ棚などの近くも好ポイントとなる。うした漁業施設の周辺では、くれぐれもマナーを守り、細心の注意を払う。ブイなどへの係留も厳禁

写真のように、比較的岸近くの海域がシログチの棲息エリアとなる。また、ノリ棚などの近くも好ポイントとなる。ただし、こうした漁業施設の周辺では、くれぐれもマナーを守り、細心の注意を払う。ブイなどへの係留も厳禁

サオはオモリが10〜20号と軽いため、シロギスザオが流用できます。しかし、ゆっくりとエサを食わせて向こうアワセさせる釣り方となるので、あまり先調子のサオだと、ハリのエサを口にしたとき、アタリの割にハリ掛かりしにくくなります。よって、やや胴が軟らかな7：3調子のサオが使いやすいでしょう。

リールは、シログチ釣りではボート下の水深のあるところを主にねらうので小型の両軸受けリールを、ニベ釣りでは浅い海域で仕掛けを軽く投げてねらうスピニングリールを使います。

通称名・イシモチには、シログチとニベの2種類がいる。秋から初夏までが釣期となるシログチは、毎年ほぼ決まった場所が好ポイントとなる

【ニベ】
東北地方以南、以西の砂浜に近い沿岸に生息。波打ち際から、せいぜい水深30メートル程度までが生息域。シログチに比べると、体色が全体にやや黒みがかっている

【シログチ】
東北地方以南、以西の各地の沿岸に生息。水深15〜70メートルのところの海底近くに群れを作る。普通見られるものの大きさは30センチ前後だが、最大で40センチ程度まで育つ

るが、体色は本種のほうがやや黒味を帯びる。これは、ウロコに小さな黒点があるためで、よく見ると背から斜め前方に流れる線模様に見える。イシモチの仲間は夜行性が強く、サーフの釣りなど夜によく釣れる。日中でも大雨のあと、河口付近の海が濁るとよく釣れる。ボートでねらう場合は、そのような日に河口沖の浅場を選ぶとよい。クログチとも呼ばれるが、標準和名のクログチ（前記）も存在する。

春 イシモチ

イシモチ釣りの海底イメージ

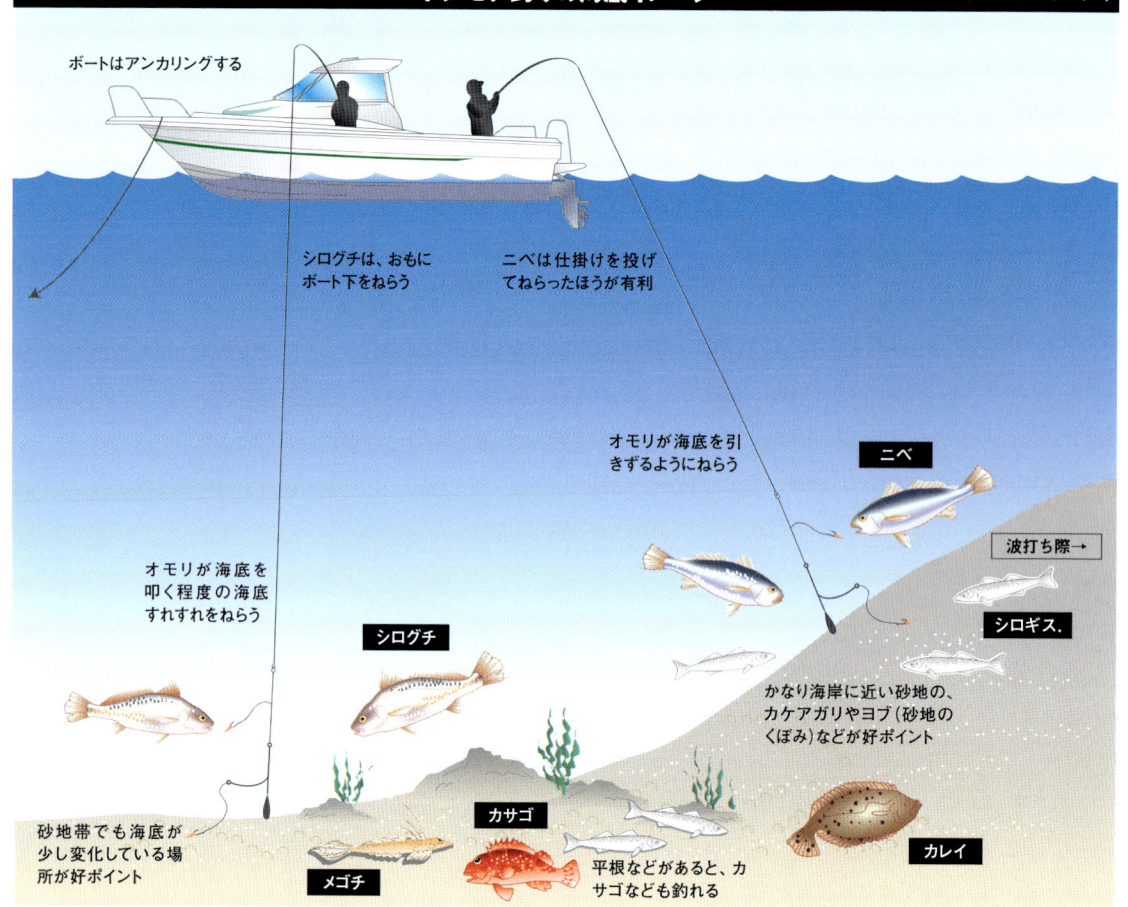

(水深 シログチ：20〜40メートル、ニベ：15〜15メートル)

- ボートはアンカリングする
- シログチは、おもにボート下をねらう
- ニベは仕掛けを投げてねらったほうが有利
- オモリが海底を引きずるようにねらう
- ニベ
- 波打ち際→
- シロギス
- オモリが海底を叩く程度の海底すれすれをねらう
- シログチ
- かなり海岸に近い砂地の、カケアガリやヨブ（砂地のくぼみ）などが好ポイント
- 砂地帯でも海底が少し変化している場所が好ポイント
- メゴチ
- カサゴ
- 平根などがあると、カサゴなども釣れる
- カレイ

比較的平坦な砂地のヨブ（海底のくぼみ）など変化あるところや、岩礁の際の砂礫が混ざるところなどに群れるイシモチ（シログチ）は、釣りやすい魚といえるが、シロギスのように広い範囲がポイントとはならず、季節ごとに移動して、毎年同じエリアに集まってくるので、経験を積み、実績の上がったポイントを知ることが重要となる。低水温期は比較的浅いところ、夏秋はやや深場のほうがよく釣れる。

ニベはより沿岸性の魚で、夏〜秋に、波打ち際のすぐ沖などが好ポイントとなる。

ボートの真下をねらう場合は、サオを2本用意し、一方を置きザオとすると効率的。サオはシロギスザオでもよいが、ハリ掛かりしにくいこともあるので、7：3調子の軟らかめのものが最適とした2〜3本の房掛けが良いでしょう。

イシモチのアタリはゴク、ゴクッと明確にサオ先に出ます。ただし、タラシが長い場合には、早アワセをするとハリ掛かりしにくいことも多く、アタリの出たときに違和感を感じさせないよう数秒待つと、サオ先をさらに大きく引き込んでくれます。いわゆる向こうアワセでハリ掛かりするため、無駄なアワセは行わないようにします。エサだけ食いちぎられることが続いたら、エサのタラシを4〜5センチとし、細めのイソメなら3本の房掛けにするとハリ掛かりがよくなります。

底から50〜100センチほど離れたところを群れで行動するので、ボート下をねらうときなど、オモリを50センチほど海底から浮かせてねらうと好結果につながることもあります。言いかえれば、仕掛けをゆっくりと上下に動かす誘いも有効です。

エサはイソメ類やサバ、サンマなど光りものの切り身が使えますが、生きのよいアオイソメが最良のエサとされます。ハリへの刺し方は、タラシを5〜6センチ程度大きく引き込んだらハリから

魚探で反応を探りながらポイントを探す。一度好ポイントを見つければ、その後も良好な釣果が望めるので、その場所はきちんと押さえておきたい。同じポイントでは、シロギスやアジ、カサゴやアイナメなどが混じることもある

釣り方解説 春

【イシモチ】

24

や仕掛けを引っ掛けないような、アンカリングのテクニックが必要です。風や潮流の変化でボートの向きが変わったりすることも十分考慮し、漁業施設、漁業者に迷惑のかからない釣りを心がけてください。エリアによってはこれらの施設の周りの釣りを禁止しているエリアでも、釣り人(マイボート)のアンカリングをしていないエリアもあります。禁止していないエリアでも、釣り人(マイボート)のマナーの悪さによって、釣り禁止という新たなルールを作られてしまうこともあります。釣り場のローカルルールもよく知って、マナーの良い釣りを心がけ、これ以上、釣り場をなくさないようにみんなが心がけたいものです。

東京湾の場合、シログチはノリ棚、ワカメ棚、イケス周りなどが好ポイントとなる海域も多く、それらの近くではアンカリングしたほうがよく釣れます。好ポイントと、よく釣れるエリアをつかんだら、ボートをアンカリングしてポイントを流して釣っても好結果につながらないことがあります。イシモチはポイントが限定されることも多く、広範囲でボートを流して釣っても好結果につながらないことがあります。イシモチはポイントが限定されることも多く、広範囲でボートを流して釣っても好結果につながらないことがあります。好ポイントと、よく釣れるエリアをつかんだら、ボートをアンカリングしたほうがよく釣れます。

周りのブイからは、海底に向けて斜めにロープが張り巡らされているので、これにアンカーロープが外れることの少ない魚なので、ゆっくりとリズミカルにリーリングして魚を浮かせ、海面まできたらスーッと抜き上げます。

海岸近くのニベ釣りでは、ときに海水浴場のすぐ沖側がポイントとなることもあります。夏にこうした場所で釣る場合は、十分に海水浴客の安全を考慮することも大切なマナーです。アンカーを打たずに釣っていると、気づかないうちにボートが岸寄りに流されることもよくあるので、必ずアンカリングして、ボートを止めて釣りをしてください。

仕掛けは、ドウヅキもしくは片テンビン、あるいはこの2つを組み合わせたものいずれでも良い。エサは房掛けにしたアオイソメか、短冊にしたサバなどの身エサを使う

イシモチ釣りの仕掛け

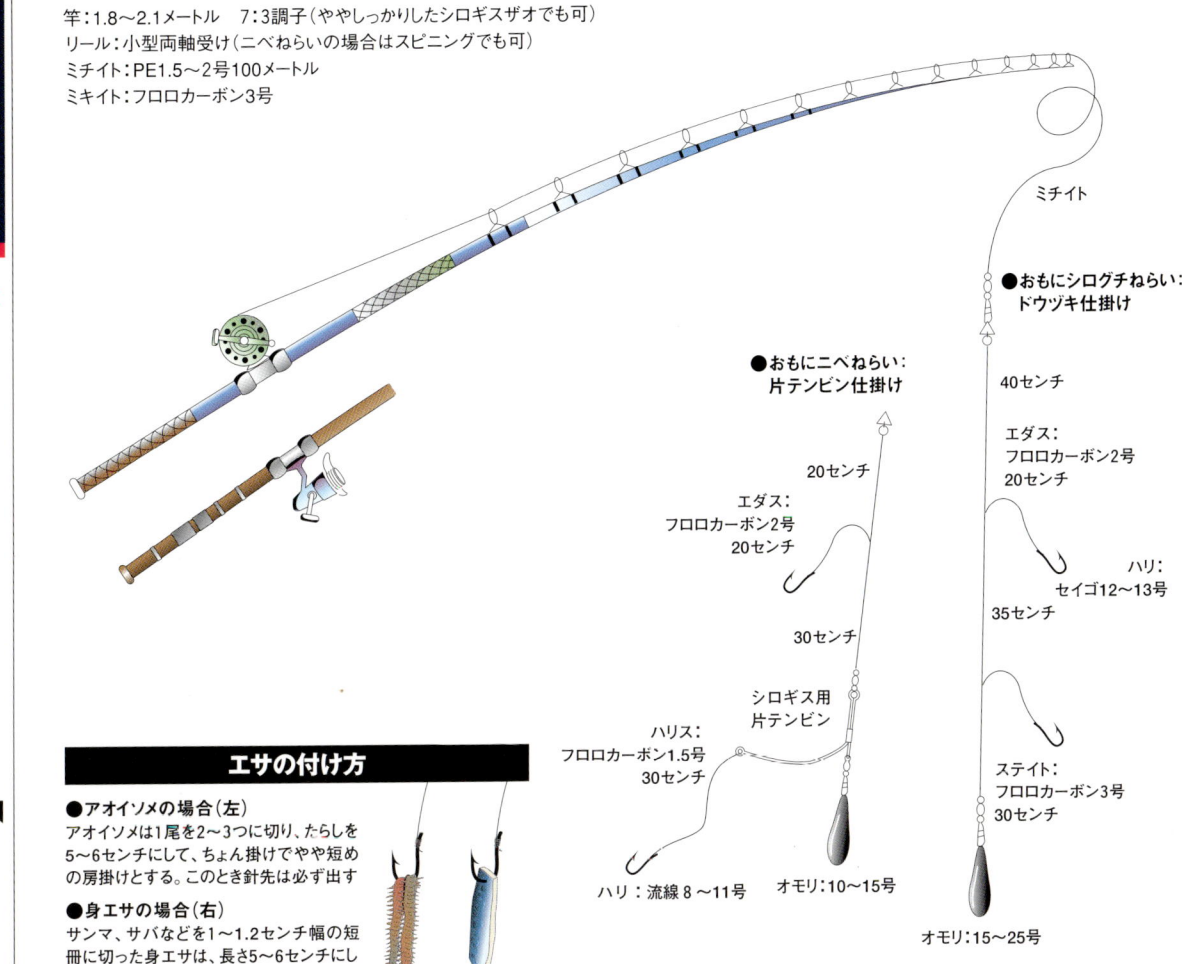

竿：1.8〜2.1メートル　7:3調子（ややしっかりしたシロギスザオでも可）
リール：小型両軸受け（ニベねらいの場合はスピニングでも可）
ミチイト：PE1.5〜2号100メートル
ミキイト：フロロカーボン3号

ミチイト

●おもにシログチねらい：
ドウヅキ仕掛け

40センチ

エダス：
フロロカーボン2号
20センチ

ハリ：
セイゴ12〜13号

35センチ

ステイト：
フロロカーボン3号
30センチ

オモリ：15〜25号

●おもにニベねらい：
片テンビン仕掛け

20センチ

エダス：
フロロカーボン2号
20センチ

30センチ

シロギス用
片テンビン

ハリス：
フロロカーボン1.5号
30センチ

ハリ：流線8〜11号　オモリ：10〜15号

エサの付け方

●アオイソメの場合（左）
アオイソメは1尾を2〜3つに切り、たらしを5〜6センチにして、ちょん掛けでやや短めの房掛けとする。このとき針先は必ず出す

●身エサの場合（右）
サンマ、サバなどを1〜1.2センチ幅の短冊に切った身エサは、長さ5〜6センチにして、ちょん掛けとし、針先は必ず出す

春　ポイント選びが釣果を決める

マコガレイ

おもなポイント ▶ 水深5〜20メートルの砂泥底

カレイの種類は多彩ですが、なかでも食味が最高とされるのがマコガレイです。関東エリアでは、春から初夏にかけてと、秋から初冬のころにかけての二度、釣期を迎えます。しかも、沿岸近くの浅場で釣れるものもおり、ボートフィッシングの対象魚としても最高です。40センチ、1キロを超えるものもおり、

カレイ科に属する魚、やや北方系のものが大半ですが、マコガレイはかなり南の地方に生息し、東京湾や瀬戸内方面にも多く生息する種です。ちなみに、日本一おいしいとされ、全国的にも有名な大分県の名産、シロシタガレイも本種です。

周年釣れる魚ですが、春と秋の二度、釣りどきが訪れます。なかでも晩春から初夏にかけては、産卵後の体力回復のため、活発にエサを追うので釣りやすく、特に4月ごろからはグンと肉厚になって、食べておいしい時期となります。

なかには、産卵期を迎える冬を釣りの旬とする向きもありますが、産卵直後は身が痩せて、味も落ちてしまいます。

マコガレイはこんなポイントをねらう

マコガレイは、カレイの仲間のなかでも、もっとも沿岸近くの浅い海域に生息しているため、水深4〜5メートルの浅いエリアから、深いところでも水深30〜40メートル、砂泥地や砂礫の混ざる砂地がベストポイントとなり、ねらいやすく、ボート釣りの対象としては格好の魚です。

特にワカメ棚や定置網の近くは、棚や網から小さな虫類が周りに落ちるため、カレイの寄りやすいところですが、このような海域はボートの乗り入れに十分な注意が必要で、可搬艇のような小型ボートで釣るのに向いています。とはいえ、漁業施設の

魚図鑑
マコガレイ
[カレイ目カレイ科]

カレイ目にはカレイやヒラメなどが属し、種類も非常に多い。カレイ目の最大の特徴となるのがその体形で、左右非対称で両眼が体の片側に寄り、裏、表がある。ただし浮遊期の稚魚は、眼が左右に分かれた普通の魚型で、成長とともに片側に移動し始め、表が褐色、裏が白色の体に変わる。

成魚の眼は、腹を手前にして表を上にしたとき、カレイは右側、ヒラメは左側につくが、カレイの仲間でも、ダルマガレイやヌマガレイのように、目が左にくる種類もいる。

カレイ科のなかで一番有名なのはマコガレイで、重要産業魚でもあり、食味も一番よいとされている。体長は20センチ前後から40センチオーバーまでとさまざま。40センチ前後の大型を中心にねらえるエリアがある反面、小型が中心のエリアでは数をねらう場合もあるが、大型を釣った方がはるかに面白く、アフターフィッシングの楽しみも多い。

なお、釣りの世界では、マコガレイに次いでおなじみなのがイシガレイ。東京湾では昔から三浦半島側がマコガレイ、千葉県側にはイシガレイが多いといわれている。しかし、近年はイシガレイの生息数は減ってしまっている。

マコガレイはシロギスの釣れるようなエリアに生息していますが、シロギスに比べると生息絶対数がはるかに少なく、そんなに数を釣る魚ではありません。

好ポイントには、マコガレイが毎年同じ時期に必ずやって来ます。見つけるのはやや難しいものの、経験を積めばつかめるので、そのようなところを見つけたら、必ずヤマダテをして、しっかりと覚えておきましょう。

5～6尾で群れていることがよくあるので、1尾釣れたらそこを集中して攻めるようにしてください。

マコガレイは意外に潮の動きに敏感で、潮がよく通っていることが絶対条件になるなどの特徴があり、潮の変わり目に集中して釣れるという、かなりシビアな特徴があります。よって、あまり移動せず、実績のあるポイントでじっくりと時合を待つのが得策です。

マコガレイは雌雄ペアでいたり、晩春から初夏に大型が釣れるものも意外に大型が多く、ときに40センチオーバーの1キロ級も釣れます。1日で4～5枚も釣れば十分に満足できるはずです。

また、マコガレイは意外に潮の

周りの釣りは、とかくトラブルの元となりやすいので、マナーを守って釣りをしてください。"定置網の回り200メートルは釣り禁止"など、その海でのローカルルールが決められている場合もよくあります。そうした条件もあらかじめきちんと知った上で、トラブルを起こさない楽しい釣りをしましょう。

このほか、緩やかなカケアガリのところや平坦な砂地のなかにあるちょっとしたくぼみ(いわゆるヨブ)、平たい根などが点在している付近がねらい目です。

一番浅いところに来るのは産卵のときで、その後は深くても20メートル前後、三浦半島方面では10メートルくらいのところが好ポイントとなっています。

40センチオーバーの見事なマコガレイ。写真の釣行で行った神奈川県の金田湾は、ジャンボカレイの釣れる絶好のポイント

釣り方解説　春

マコガレイの釣り方は投げと小突きの二通り

マコガレイの釣り方は、大きく分けて二通りです。

一つはシロギスと同じように、スピニングリールを使って行う投げ釣りです。この場合はボートをアンカリングして行う場合と、パラシュートアンカーなどを入れて行う流し釣りとに分かれます。流し釣りは、広い範囲にカレイが散っているところでは好結果につながりますが、ワカメ棚や定置網が設置されている近くでは、アンカリングして釣る方が釣りやすいでしょう。なお、イケ

すなど漁業施設の方向に仕掛けを投げるときは、ロープなどに仕掛けが引っ掛からないように注意してください。また、施設のブイやロープにボートをつないで釣りを行うのはマナーに反しますので、絶対にやめましょう。

もう一つの釣り方は、昔から伝わる伝統的な釣法でもある"小突き釣り"です。カレイ専用テンヤを使い、これで海底を叩くようにして釣ります。叩くことで海底の砂が舞い、あたかもそこで虫が暴れているように見えるので、それを見たカレイが寄ってくるわけです。

この釣り方は、ボートを潮に

マコガレイのポイントは7～10メートルの浅い海域。近くには定置網やワカメ棚などがある場所も多いので、アンカリングと仕掛けの投入には十分注意する

乗せての流し釣りが向いています。カレイテンヤは、近年入手がやや困難です。普通の片テンビンを使っても構いませんが、この場合はハリス長は30センチと短めにします。これは、砂煙の近いところにハリに付けたエサがあったほうがよいためと、ハリスの絡

【イシガレイ】

日本全国に分布しており、マコガレイと混生していることもある。体長は最大では60センチを超える。食味はかなりおいしいが、やや磯くさいという人もいる

【マコガレイ】

北海道南部以南、以西の各地の沿岸の比較的に浅い砂地底が生息域で、冬の産卵のころに一番浅い沿岸に寄る。最大で55センチ、2キロ前後まで育つとされる

【マコガレイ】

マコガレイ釣りの海底イメージ (水深5〜20メートル)

0.5秒間隔で、サオ先を上下に10〜15センチ動かす

パラシュートアンカーを使い、潮に乗せてボートをゆっくり流すのが理想

潮流

シロギス

ヨブ(海底のちょっとした窪み)

カレイには、砂煙が立つとエサが動いていると思い、寄って来る習性がある

ゆるいカケアガリ

オモリを10センチほど上下に動かして海底を叩く(小突く)

マコガレイ

カレイ釣りでは、ヒトデもよくハリに掛かる

砂地

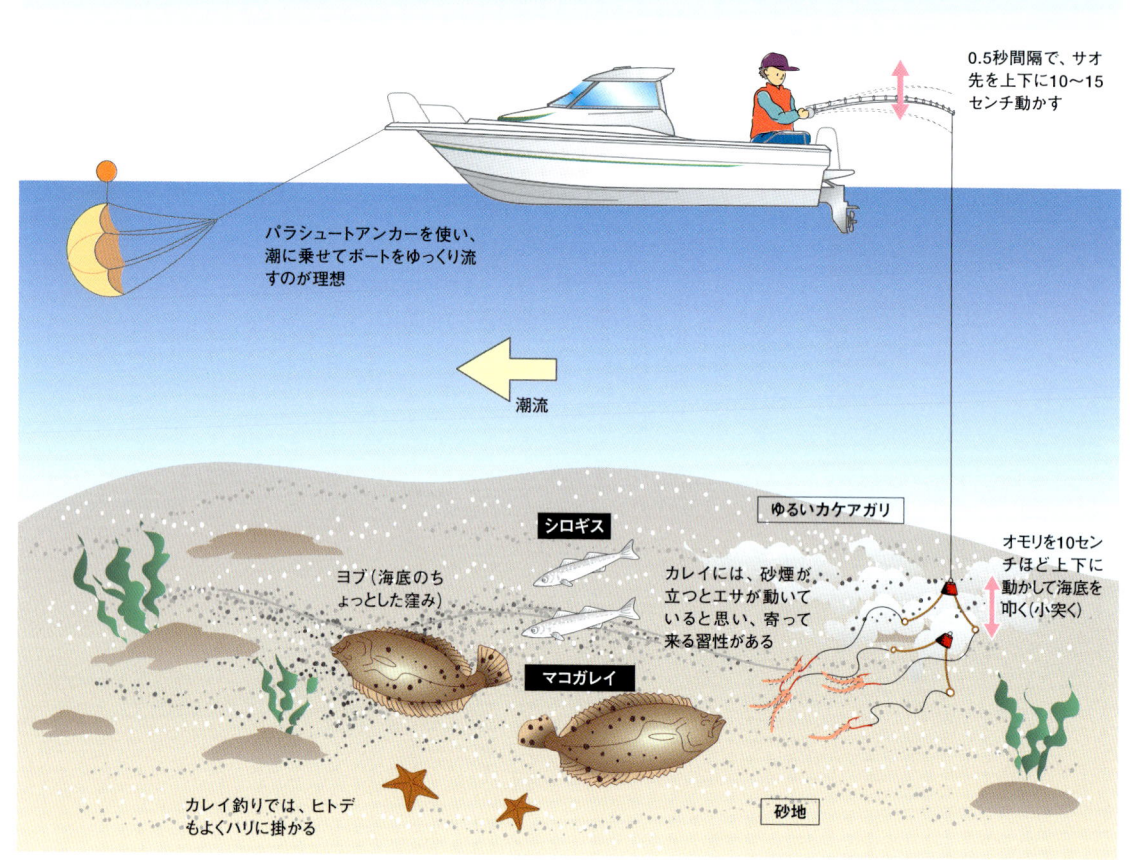

カレイは砂地帯にいる魚だが、ゆるいカケアガリやヨブ(海底の窪み)などがある変化のある場所、少数の平根が点在しているところの周りなどによく集まる。カレイは活性が低いときは砂に潜って目だけを出している。また、ペアでいることも多い。

なお、小突き釣り仕掛けを使った場合の釣り方は、サオを細かく上下に動かし、0.5秒間隔程度で海底のオモリが砂を叩くようにする。

エサは青イソメ、イワイソメ、ゴカイ、コガネムシ、イワイソメなどの環虫類を使います。これを長めにし、しかも2本房掛けにしてよく目立たせるほうが有利です。

カレイ釣りの場合は、仕掛けを入れたらオモリを海底につけたまま、ミチイトを張ってアタリを待ちます。カレイ釣りは待ちの釣りといわれますが、少しずつエサを動かした誘いも好釣果につながります。特に糸がたるむようなときは、少しずつリールを巻いて誘うようにします。

アタリは、初めに強く現れることが少ないようです。カレイは一気にエサを飲み込むことがまれで、エサを見つけるとこれを口にするので、絶対に早合わせをしてはいけません。アタリを感じたら3〜5秒ほど待って、少しサオを立ててみます。このとき、グイッ、グイッというヒキや、根掛かりのような重みを感じたら、やや大きめに合わせると、それと同時にかなり強いヒキが伝わってくるはずです。

40センチ級ともなるとヒキ味は強烈で、サオ先が海面下に引きずり込まれることもあり、無理をするとハリスを切られます。こんなときはリールを逆転するか、ドラグを上手に使ってやり取りし、海面にカレイが浮いたら必ずタモですくい取ります。

ボートでのマコガレイねらいでは、アンカリングしての投げ釣りが一般的

テンヤを使った小突き釣りには、竹製の和ザオがよく似合う

シロギスと同じマコガレイの仕掛け

マコガレイの投げ釣り仕掛けは、ボートの標準的なシロギス仕掛けと同型で、違いはハリスの太さとハリの大きさです。カレイ釣りでは1.5〜2号の2本バリが標準ですが、40センチを超える大型が釣れるようなポイントでは、ハリスをもう1ランク太めの2〜3号を使ったほうが無難です。

(上)大型のマコガレイを取り込む際には、タモを使おう
(下)好ポイントで時合いが良いと一荷釣りもある

オモリは釣り場の水深、潮流によって使い分けますが、12号が標準です。

カレイの口は、形がおちょぼ口で、比較的に小さいため、ハリは流線など細身タイプが適しています。

リールに巻くミチイトは、近年、PEラインが主流となっていますが、ミチイトの伸びのあるナイロンのほうが有利とする釣り人もいます。PEラインを使用する場合は、違和感を感じさせないよう、サオはなるべく柔らかなものを使い、早合わせを慎んだサオさばきを行うとよいでしょう。

小突き釣りはカレイテンヤを使うのが理想です。イラストの仕掛け図に示したものは、昔からよく使われている江戸前の伝統的なものですが、地方によっていろいろな形のものがあります。

この釣りはいかに上手に海底を小突いて、カレイにエサがいるような状態を演出するかで釣果に大きな差が出ます。

小刻みな動きをテンヤに与え、カレイを誘います。

カレイもその生態を利用した釣り方の一つです。カレイは目立つものによく反応するともいわれます。小突き釣りもその生態を利用した釣り方の一つです。

なお、針のチモトにカラフルなビニールチューブを付けたり、蛍光玉や金色の玉などを付けても効果があるようです。これらの飾りは、クサフグなどがたくさんいる場合には、ハリスを切られることも多く逆効果です。こんなときは、最近よく使われるブラックハリスを使用するとよいでしょう。

エサの種類は前述のとおりで、ハリにはチョン掛けで刺し、タラシは6〜8センチとします。アオイソメやゴカイなら2〜3本の房掛け、イワイソメ、コガネムシなどの太い部分ならば、1本掛けでよいでしょう。

なお、アオコガネはやや入手が難しいかもしれませんが、ハリに刺したあとの動きがよく、特エサとしてお勧めです。

マコガレイ釣りの仕掛け

サオ：1.6〜2.1mカレイ専用 オモリ負荷8〜10号。
　　シロギスザオでも可(投げ釣りの場合は7:3調子)
リール：小型スピニング(小突き釣りの場合は小型両軸でも可)
ミチイト：PE2号、100メートル(ナイロン3号3メートルのサキイトをつけても可)
ハリス：フロロカーボン1.5〜2号
ハリ：カレイ9〜10号、流線10〜12号
オモリ：10〜15号

ミチイト
スナップ付きヨリモドシ
シロギス用中型片テンビン
オモリ
エダス：10センチ
ハリス：60センチ

小突き釣り仕掛け
カレイテンヤ10〜15号
15センチ　25センチ
ハリス：1.5〜2号

右が江戸前のカレイテンヤを使った小突き仕掛け。左は片テンビンを使った投げ仕掛け

エサは、イワイソメやアオイソメを大きめの2本掛けにする

春

マダイ

"海の王者"をねらうには、コマセが肝心

おもなポイント ▼ 水深30〜60メートル程度の岩礁周りなど

マダイほど日本人に好まれる魚は、ほかに見当たりません。釣り人にとっても、姿、釣り味、おいしさの三拍子がそろった好ターゲットとして、常に高い人気を誇る、あこがれの魚です。

以前、船でのマダイ釣りは、置きザオ釣法が主流でしたが、近年は、手持ちのライトタックルで、よりダイレクトなヒキを楽しむスタイルが人気です。

マダイ釣りの歴史は古く、日本各地に伝統的な釣り具、釣り方がいろいろとあります。

伝統釣法を楽しむボートアングラーも少なくありませんが、初心者からベテランまで一番確実に釣れるという点では、1980年代に流行して以来人気の置きザオ釣法と、近年主流となってきたライトタックルのマダイ釣りの二つがお勧めです。

いずれも片テンビンを使ったコマセ釣りで、撒きエサにはオキアミかアミコマセを使います。ただし、エリア（海域）によって許可されている撒きエサの種類に規定があるので、これらのルールはボートでも遵守しましょう。

長めのサオを使う置きザオ釣法は、風や波、うねりによるボートの適度な揺れを利用し、これがサオに伝わることでコマセが撒かれ、誘いにもなり、これに寄ってきたマダイをハリに掛けるという、"不精釣り"ともいえる釣り方です。

しかし、ボートの上で仲間とのんびり釣り談義にふけっているときに、置きザオが海面に突き刺さるような強いアタリがなり現れると、ドキッとするような興奮に体内のアドレナリンが一気に吹き出します。その後、サオを手に取って強いヒキと、小気味よい感触を味わうのも、マダイ釣りの最高の楽しさです。

一方のライトタックルのマダイ釣りは、タックルも仕掛けも小ぶりで軽いので、手持ちで釣るのが基本となり、誘ってマダイをハリ掛

魚図鑑
マダイ
「スズキ目タイ科」

タイと名のつく魚は多彩だが、タイ科に属すものは少なく、我が国の近海には十数種しか存在しない。なかでもマダイは一番人気で、古くから慶事に欠かせない魚とされてきた。評価が高い産業重要種のため、養殖（市場に出すまで人工飼育する）も盛んだが、これとは別に、栽培漁業（6〜7センチまで人工的に育てたマダイを夏過ぎに自然界へ放流する）が全国的に行われ、準天然ものとしてマダイ資源確保に貢献。沿岸で漁獲あるいは釣られるマダイの半分近くが、準天然ものであると推測されている。養殖ものは黒みが強く、尾ビレなどが型崩れしており、価格も安いが、準天然ものの（放流物）は市場では天然物との区別なく扱われ、食味も区別できない。

一般には外洋に面した海域にいるが、時期によっては湾内にも入り込み、小型ボートで釣れることもある。マダイは、釣り上げられた直前、腹ビレ、尻ビレなどがブルーに輝き、体側にたくさんの青い点が目立ち、目の縁が青色のアイシャドウを施したように見え、素晴らしく美しい。

近似のチダイ（ハナダイ）はマダイに大変よく似ているが、その違いは、マダイの尾ビレの縁が黒く縁取られている点。ただし、この特徴は大型になるほど薄れてくる。

りさせるという攻めの釣りです。ヒットさせたときの喜びは、置きザオ釣法以上に大きいもので、「釣った！」という実感がストレートに味わえます。

マダイはこんな海域をねらう

マダイは、岩礁帯付近やその近くの砂礫底になっている海域のなかでも、特にに変化のある場所の海底近くに生息しています。地域や季節によっては、驚くほど大きなマダイが10メートルを切るような浅いところまでやってくることもありますが、釣りではおもに水深15〜60メートル程度をねらいます。水温が上がる初夏から秋は比較のの浅いところ、水温が下がる冬には60〜100メートルあたりがポイントになります。水温が13度を切ると食いが極端に落ちますが、近年の温暖化で、関東以南、以西では、年間を通して釣れる魚となっています。

3〜4年魚までは、ある一定海域を回遊したり、ときに群れで一定海域に散っているので、思わぬポイントでも出合いま

す。また、マダイもフィッシュイーターなので、イワシや小アジ、小型のマルイカ、ムギイカが集まるポイントも、好ポイントです。

ただし、春から初夏の産卵期には、中〜大型のマダイが比較的浅い岩礁域に集まってきます。これを乗っ込みといい、1年のなかでも一番のねらいどきです。このシーズンは、大ダイが釣れる可能性がもっとも高まるほか、食味の面でも一番おいしい旬を迎える時期でもあり、関東周辺を例に取ると、乗っ込みは駿河湾の御前崎から3月中旬ごろから始まり、相模湾、房総方面では4月にその中心を迎えます。

乗っ込みで集まるポイントは各地にあり、水深の30〜50メートルの概してやや険しい岩礁周りとなりますが、毎年一定の場所ですので、一度ポイントを探り当てたら、ぜひGPSでポイントを登録するか、正確にヤマダテを覚えるかすれば、毎年その時期が楽しみになるでしょう。

そのほかの時期のマダイは、もう少し広い範囲に散っているの

マダイ釣りのタックルと仕掛け

コマセを使った釣りの基本というと、だれもが「撒きエサに魚を寄せること」と考えがちですが、アジ、イサキ、イナダなどを釣るのと同じコマセの撒き方をすると、能率よくマダイを釣ることはできません。

マダイはほかの魚と食性が異なり、撒きエサに集まって狂ったコマセを食べることはしません。一方、コマセを使っていると、マダイ以外のいろいろな小〜中魚がたくさん寄って来てしまいます。もちろん、マダイも寄ってはきますが、その数は寄って来た魚の総数の100分の1程度、つまり、外道が100尾いたらマダイは1尾という程度だと考えるべきでしょう。

たくさんの魚が群れで集まって、撒きエサを狂ったようについばんでいると、マダイはその群れの外側を悠然と泳ぎ、漂ってきたコマセや小魚を捕食します。コマセを撒けば撒くほど小魚中心の群れが大きくなるため、

ようにエサを食べることはしません。一方、コマセを使っていると、マダイ以外のいろいろな小〜中魚がたくさん寄って来てしまいます。もちろん、マダイも寄ってはきますが、その数は寄って来た魚の総数の100分の1程度、つまり、外道が100尾いたらマダイは1尾という程度だと考え

春の乗っ込みシーズンンは、1年のうちでも特に大ダイがねらえる。秋〜初冬には、全長50センチ前後、重さ2キロ前後の、もっともおいしいとされる中ダイがよく釣れる

【キダイ】
関東沿岸以南、以西に分布し、チダイよりやや深い海域に生息する。最大で40センチ程度。通称レンコダイと呼ばれる。マダイ、チダイに似ているが、体色が黄色みを帯び、体形はやや丸い

【チダイ】
分布や生息海域はマダイに近いが、やや浅いところの砂地底にも群れる。エラの縁に、あたかも血が滲んでいるような赤い線があるのがこの名の由来。マダイほど大きくならず、最大で40センチ前後

【マダイ】
北海道南部以南、以西の全国に分布。沿岸近くからやや沖の水深10〜150メートルの岩礁域や変化のある砂礫底の海底近くを好んで生息。最大で1メートル、10キロを超える

マダイ釣りの海底イメージ

（水深15〜60メートル）

表層にイワシがいるとトリヤマができ、イワシの群れの下には中〜大型の青ものが集まる

- トリヤマ
- ナブラ
- サバ
- カツオ類
- ソウダガツオ
- シイラ
- イナダ
- メジマグロ
- 小魚の群れ

ボートは根際を流すようにするか、アンカリングする

ビシダナはハリス分＋1メートルが基本

マダイ

小さな根にも小魚はいる

水深40〜80メートルの、根からちょっと外れた砂地には、アマダイ、イトヨリもいる

岩礁

マダイは、平根や砂礫地、カケアガリなどや海底に少し変化のあるところにいる

カケアガリ

アマダイ

イトヨリ

険しい岩礁の上には小魚が多く、マダイもいるがエサ取りが多く能率が上がらない

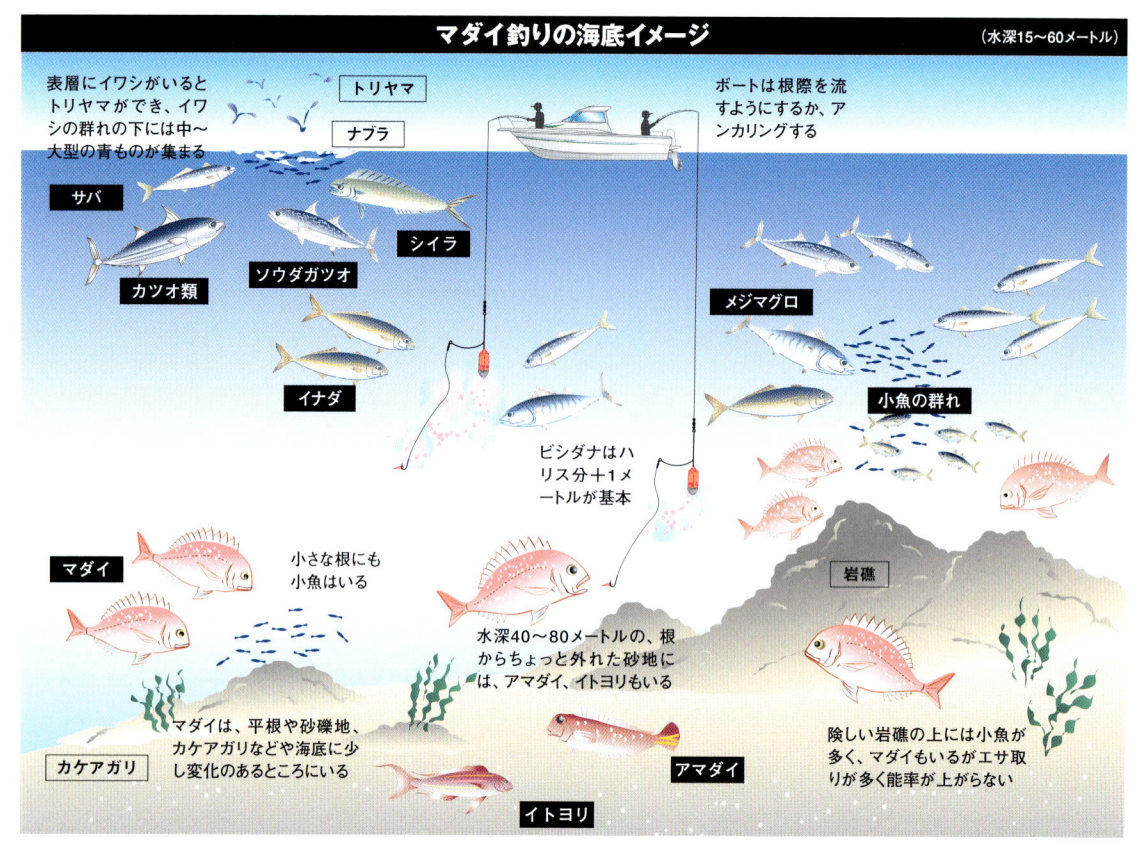

マダイの釣期は長く、ほぼ1年を通してねらえるが、海水温が13度以下になると活性が落ち、釣りにくくなる。春、水がぬるみ水温が19度前後となると産卵行動を起こし、エリアによる差はあるが、早いところでは3月の彼岸ごろ、遅いエリアでも5月には、比較的浅い岩礁周りなどに大きな群れが寄る。これを乗っ込みと呼び、マダイの一番の釣期となり、特に大ダイ（3キロ以上）が釣れる確率が、年間を通して最も高くなる。

まだ水温が低い早春は水深60〜100メートルに集まるが、乗っ込みに入ると水深50メートル前後からさらに浅いエリアへ移動する。

マダイねらいでは、水温が高め（25度以上）だと不利だが、いれば20〜30メートルの浅場がポイントとなる。秋に入り、水温が22度程度に落ち着くと、水深40〜70メートルの少し沖のポイントに集まり出す。

険しい根の上はとかく小魚の群れが大きく、すぐエサを取られて能率が上がらないので、根の際や、根から少し離れた海底に変化があるエリアをねらうとよい。また、コマセを少しずつ撒き、小魚を避ける工夫をする。

秋に中層でマダイをねらうと、カツオ類やメジなどの青ものが釣れる。アマダイやイトヨリが釣れてきたら底質が砂泥のエリアに入った証拠だ。

マダイ釣りでのコマセワークのコツ

- コマセカゴはあまり派手に振らない
- フグが多いときは、ハリス、クッションゴム、ミチイトを切られるので要注意
- コマセの煙幕はあまり大きくしないよう心がける
- コマセの出し過ぎに注意
- 長いハリス（8〜12メートル）
- マダイは、ハリにエサが付いていなければ絶対に食ってこない。なるべく長い時間、ハリにエサ（オキアミ）が付いているようにすれば、マダイのヒット率が高まる

マダイは小魚が多くいるところに寄るが、その群れの周りを悠然と泳いでいる。コマセを撒きすぎると、外道の小魚が集まりすぎてしまい、これらの小魚にハリのエサがすぐ取られてしまう。よって、コマセを撒きすぎないよう注意し、小魚の群れを小さくして、ハリのエサが小魚の群れの外にあるようにする

ハリのエサはあっという間に外道に取られてしまい、その結果、マダイがハリの近くにやって来たときには、ハリにはエサがないという状況になってしまうのです。

マダイをハリ掛かりさせる確率を高める上で大切なことは、少しでも長い間、ハリのエサをマダイがいるタナに漂わせつつ、これを外道に取られないようにすることです。マダイ仕掛けのハリスが長いのはそのためで、短いほど撒きエサが散る付近にハリが漂い、すぐにエサを取られてしまいます。ハリス長3メートルのときに1分でエサを取られるとしたら、6メートルにすれば2分以上は持っているはずです。撒きエサを撒き過ぎないことも大切です。コマセを撒きすぎて煙幕が大きければ、それだけ外道をたくさん集めてしまうこととなり、ハリのエサが早くなくなってしまうため、コマセは、一度に大量に撒くのではなく、少しずつポロリ、ポロリと撒くのが理想です。置きザオ釣法が有利なのは、コマセが少しずつ撒かれる理想的な状態となる点です。ただし、ボートの揺れはいつもすぐにエサを取られてしまいます。

適度な波があれば、置きザオでボートの揺れに任せてコマセを撒く程度で十分。ベタ凪の日はサオが揺れないので、ときどきサオをあおり、誘いをかける。サオは、写真のようにゆるやかに曲がる胴調子がベスト

ライトタックルの釣りでは、いくら曲げても胴のハリ、強度が十分に保たれる、細く軟らかいサオを使う。このようなサオなら、大ダイやワラサといった大物にも耐え、これらを釣り上げたときは最高の楽しさを味わえる

も同じとは限らないので、時化気味で揺れが大きくなる日は長めでかなり柔らかいサオを、凪で揺れがやや小さい日はやや短く固めのサオを使いましょう。な お、べた凪ならば、ときどき誘いを兼ねてサオをゆっくりあおる動作も必要です。

一方、ライトタックルを手持ちで釣る場合、特に初心者は、かなり派手にサオをあおってしまう傾向があります。手持ちでねらう場合でも、たえずコマセの出方に注意しながら、理想的なコマセワークを心がけてください。

なお、マダイはたとえ40～50センチの中ダイでもヒキは強烈で、鋭い3段ビキを見せてくれます。大ダイがヒットした場合、ヒキの強さはなおさらですし、外道とはいえ、ときにワラサやカンパチ、ハタなどの大物がヒットすることもあります。いずれの場合もサオが大きく弧を描き、釣りにおける最高の醍醐味を味わえます。ヒキに合わせてうまくドラグを効かせたり、サオの弾力でかわしたりといったやり取りは、マダイ釣りにおける最高のクライマックスといえるでしょう。

ただし、ハリスもそれほど太くなく、ハリを伸ばされてバラしてしまう失敗もよく見かけます。やり取りは常に慎重に行い、魚を浮かせてきたら、かならずタモを使って取り込みましょう。

マダイ釣りのタックルと仕掛け

●置きザオ釣法の場合
サオ：3.0～3.6メートル　オモリ負荷50号（ムーチングタイプ）
　　　（2.1～2.4メートルの手持ち用ワンピースロッドでも可）
リール：中型両軸受け
ミチイト：PE4号　300メートル
ハリス：フロロカーボン3～4号
　　　　8～12メートル
ハリ：チヌ5号1本

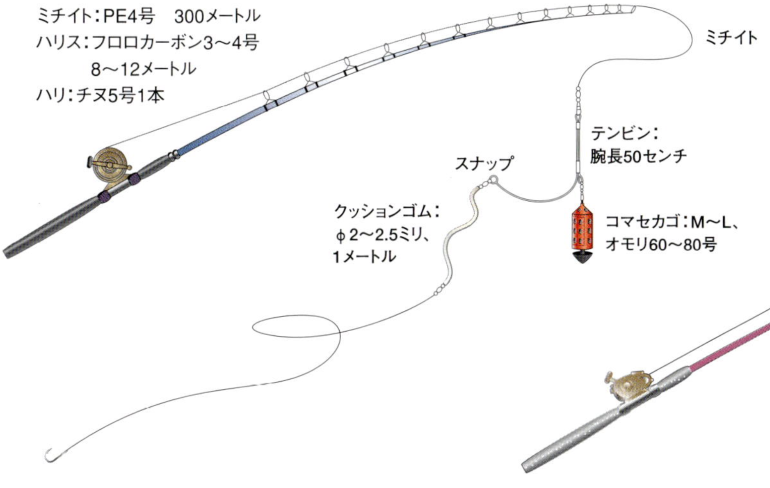

ミチイト
テンビン：腕長50センチ
スナップ
クッションゴム：φ2～2.5ミリ、1メートル
コマセカゴ：M～L、オモリ60～80号

●ライトタックルの場合
サオ：1.9～2.2メートル
オモリ負荷25～30号
（ショートタイプのムーチングロッド。ライトマダイ用のワンピースタイプ）
リール：小型両軸受け（手巻き）、または小型電動
ミチイト：PE1～2号　200メートル
ハリス：フロロカーボン3～3.5号
　　　　6～8メートル
ハリ：チヌ4～5号

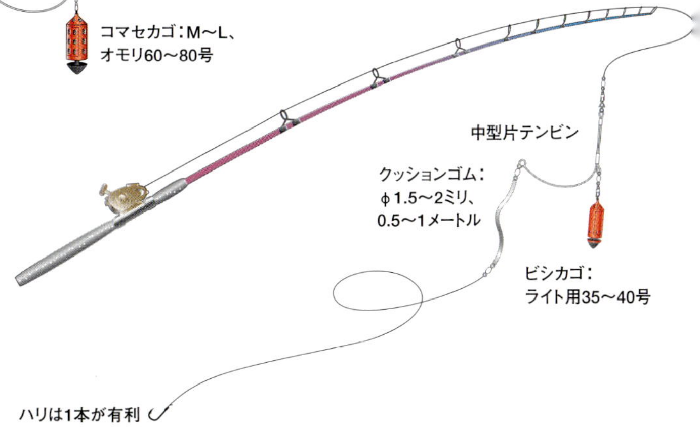

中型片テンビン
クッションゴム：φ1.5～2ミリ、0.5～1メートル
ビシカゴ：ライト用35～40号

ハリは1本が有利

●オキアミの付け方
尾を付けておくほうが外れにくい
尾は切り取る
2尾腹合わせ（マダイ専用）
1尾付け

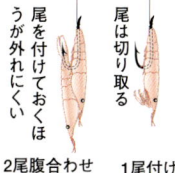

●コマセの詰め方
コマセの種類やカゴのサイズは、ローカルルールに従おう。なお、コマセはカゴに8分目程度に詰め、少しずつ出るよう穴の開き具合を調整する

●ビシカゴの調節
地域により、コマセの使用可・不可、あるいは使えるコマセの種類が異なるので要注意。アミエビの場合は上部の孔と下の隙間を2～5ミリ程度とする。オキアミの場合は、上部の孔は全開、下の隙間は7～10ミリ程度が目安

上部の孔
下の隙間
ライトタックル用はオモリの部分が小さいのが特徴

シロギス

春

ボート釣りの基本を学べる定番対象魚

おもなポイント ▼ 水深5〜25メートル程度の砂泥底

ボート釣りの対象魚としてもっともポピュラーな魚といえば、なんといってもシロギスでしょう。

ポイント選びも簡単で、初心者にとってもやさしいこの釣りは、ボート釣りを学ぶのに最適な、基本中の基本ともいえます。

しかし、ポイントの選び方やテクニックによっては、俗に"ヒジタタキ"と言われる、25センチ超のジャンボギスを効率よく揃えることもできる、奥深さがあるのも魅力です。

シロギスは、ビギナーからベテランまで広く愛される、ボート釣りの定番ターゲットです。15〜25センチ程度の小さな魚ですが、パールピンクの姿かたちが美しく、小型のわりにシャープなヒキを味わわせてくれます。また、料理法も多彩で、食味は文句なく三つ星がつけられることもあり、海の女王とも称されます。昔は子どもが生まれたときにお祝いの魚として送ると大変喜ばれたため、"鱚"（喜ばしい魚）という字が当てられたとされています。

さて、シロギスは、海底が砂泥地となった水深5〜25メートル程度のエリアならどこでも釣れるといえるほどで、そのポイントは広く、たくさんあります。よって、シロギスが集まるエリアをつかみ、そのうち半数前後が25〜30セン

チ〜中型のものが中心となり、25センチを超すようなジャンボギスは、釣果全体の5％にも満たないというのが実状です。

そこで、ピンポイントをねらえるという小型のプレジャーボートならではのメリットを生かし、大型のシロギスが集まるポイントを見つけてそこを集中的に攻めれば、遊漁船とはひと味もふた味も違ったシロギス釣りが楽しめます。これにより、数の面では半分ほどになるかもしれませんが、

スパンカーやパラシュートアンカーを使ってボートを流しながらねらえば、次々にシロギスが釣れるわけです。こうした釣り方は、たくさんの釣り人が乗る遊漁船向きですが、15〜20センチクラスの小

魚図鑑
シロギス
[スズキ目キス科]

我が国に存在するキス科の魚は、シロギス、アオギス、沖縄方面に生息するモトギスとホシギスの4種。

シロギスは釣りの対象魚としてもっともポピュラーな魚。波打ち際の水深1〜2メートルから30メートル程度に生息するが、ときに水深50〜70メートルのアマダイが生息しているエリアにいることもある。内海を好み、砂地に潜むゴカイ、イソメなど環虫類や小エビなどを好んで食べる。海底スレスレから、せいぜい50センチほど上までを、小数の群れで行動する。

ボート釣りでもっともねらいやすく、周年釣れるが、旬は晩春から夏で、食味もそのころがよい。秋から初冬は数が釣れる落ちギス釣りのシーズンとなる。"落ち"という言葉は、ハゼなどでは、冬が近づいて次第に深い海域に集まることを指すが、シロギスなどでは、夏に東京湾などの奥で釣れ盛っていた群れが、次第に南下し湾口付近の海域へ移動することを指す場合もある。

アオギスは、1930年ごろまでは東京湾東岸の干潟でもわずかながら生息が確認されていたが、これが絶滅した現在では、大分県北部付近の干潟の、水深が浅い海域に生息しているのみとなってしまった。シロギスに比べ体色が青みを帯びるのでこの名があり、最大で40センチに育つ。

34

チだったというような釣果も夢ではないのです。

ジャンボギスはこんなポイントをねらう

ジャンボギスは、沿岸近くの海底が砂泥地となった海域のなかでも、特に潮通しのよい岩礁帯や根の周りにいます。ただし、根の釣りでは、風や潮流の影響で流し釣りでは、風や潮流の影響ですぐにポイントがずれ、岩礁際ならばどこでもよいというわけではなく、たとえば、

○3方向を険しい岩礁に囲まれた、潮の流れが渦を巻くような小さな砂地
○沖からカケ上がったところに一段平らな砂地があり、そこが岩礁で囲まれているところ
○両サイドに岩礁帯が迫る細い砂地の通路上の地形で、しかもS字やくの字のように変化があれば岩礁帯と砂地帯との違いを簡単に判断できます。とはいえ、魚探がなくても、実際に近辺での釣行を重ね、根掛かりの具合や釣れてくる外道魚の種類で判断することも可能です。

もっとも参考になるのがベラの仲間で、ササノハベラが釣れるところは岩礁帯、その近くでキュウセンが釣れてきたら砂地帯に入った証拠、といった具合に地形や底質を判断できます。

そのほか、岩礁帯ならばカサゴ、メバル、アイナメ、ネンブツダイ、スズメダイが、砂地に入っていれば、ホウボウ、ヒメジ、カレイ、メゴチ、マゴチなどが釣れてきます。ヒラメも基本的には砂地帯にいますが、小魚を追ってかなり険しい岩礁のなかにも入ってきます。

カワハギは岩礁帯から近くの砂地帯にかけてを回遊しますが、ホウボウやヒメジなどに交ざってカワハギが釣れるところであれば、ジャンボギスの好ポイントである可能性が高いといえます。

なお、フグ類は、岩礁帯、砂地帯の両方で釣れるので、判断の対象にはなりません。

○平根の広がる岩礁帯のなかに、5〜10メートル程度のプールのような砂地帯があるところなどが挙げられます。

いずれも、ポイントとしてはかなり狭いところで、そこを集中的に攻めるわけですから、流し釣りでは、風や潮流の影響ですぐにポイントがずれ、岩礁帯の上に入ってしまったりするため、能率が上がりません。よって、根際の砂地をねらいやすい位置にボートをアンカリングしてねらいます。

ヒットしやすい水深は、地域と季節、年ごとの海の状況によってかなり変化しますが、春は深場から釣れ始まり、夏が近づくと浅い海域に上がってきて、秋から冬にかけて深場へ移動するというのが普通です。平均すると、ポイントの水深は10〜20メートル前後がよく、これより浅い海域では小型が多くなり、逆に深いところではトラギスなどが多くなったりします。

ポイントを見つけるには、魚探

シロギス釣りのタックルと仕掛け

シロギス釣りでは、ボート上で仕掛けを軽くキャストするために、小型のスピニングリールをセットしたタックルを用意します。

サオに、1.6〜1.9メートルと短めのサオに、小型のスピニングリールをセットしたタックルを用意します。

以前は、ナイロンのミチイトが一般的でしたが、近年ではPEラインが主流です。PEラインは伸び率が低く、強度もナイロンの3倍ほどあるので、より細い号数が使用でき、魚のアタリやヒキを強く伝えてくれ、釣りの楽しさを

パールピンクの美しい魚体が魅力のシロギスは、手軽に釣れる釣りものだが、小型ながらも鋭いヒキを味わえ、ボートフィッシングでは人気の高い定番ターゲットだ

シロギス釣りの外道魚の一例。近くに岩礁地帯、両方の魚が釣れるので、砂地帯、岩礁帯、両方の魚が釣れるので、砂地帯のほか、カワハギ、ハゼ類、マルアジ、トラギスのほか、カワハギ、ハゼ類、ヒメジ、ササノハベラ、フグ類などが顔を見せる。夏場はイカスッテのサオを出すとマルイカも期待できる

反面、魚にしてみれば、ハリのエサを口にしたときにイトが張っていると、ナイロン以上に違和感を感じ、食い渋りどきなどはすぐに吐き出すので、ハリ掛かりしにくいという欠点もあります。

そのため、より軟らかな穂先

【アオギス】
現在は大分県北東部にわずかに生息するのみ。最大で全長40センチ程度。体型はシロギスに似るが、体色がやや青味を帯びるほか、口先がやや長く、ヒレは黄色味が強い 

【シロギス】
北海道南部以南、以西の沿岸の比較的浅い砂地底の海に生息。最大で全長35センチ程度まで育つが、一般的には25センチ以下、20センチ前後のものが多い 

釣り方解説 春

シロギス

シロギスりの海底イメージ

（水深5〜25メートル）

※シロギスの好ポイントとなるところ
①→⑤の順で、①がもっとも大型のものが釣れる。②や④のようなポイントも大型がよく混ざる。⑤のように群れが広く散っているエリアでは、数釣りができるポイントもあるが、①〜④よりは型が小さくなる。マゴチやヒラメなど外道の大物は、①〜③などのポイントでよくヒットする

一般的には、好ポイントを見つけ、アンカリングしてねらうのがよい

岩礁帯にはササノハベラやスズメダイが、砂地帯にはキュウセンやヒメジ、メゴチがいる。こうした外道を目安にして、海底が岩礁か砂地かを判断することができる

- スズメダイ
- メゴチ
- キュウセン
- ササノハベラ
- ヒラメ
- ヒメジ
- キュウセン
- マゴチ

⑤広い砂地（群れが集まるポイントがある）
④ヨブ（海底のへこみ）
③カケアガリ（もっともねらいやすいポイント）
②平根の点在する砂地
①岩礁に囲まれた砂地（大型シロギスねらいには最高のポイント）

シロギスは4〜5尾、ときには20〜30尾程度の群れで行動している。アジのような大きな群れを作ることはない

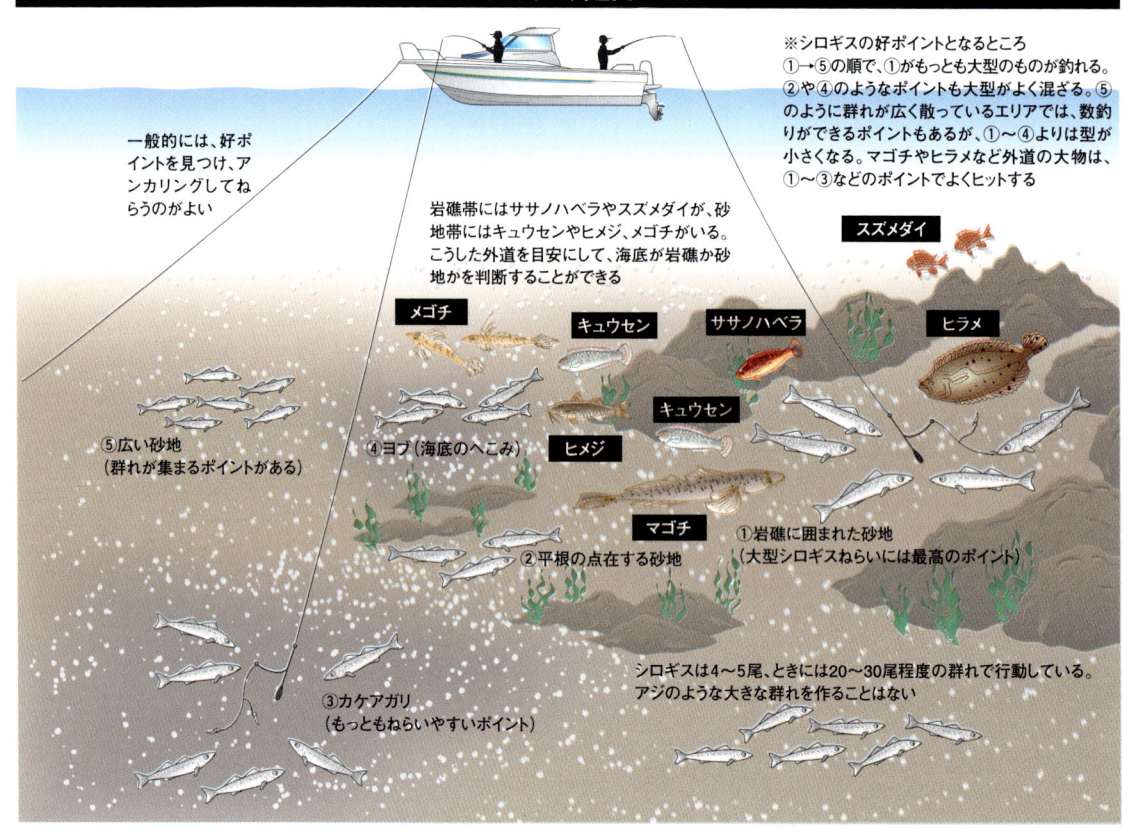

シロギス釣りのベストポイントは、根際の近くの砂地帯。特に、岩礁に囲まれた小さな砂地には、大型が集まりやすい。水温や潮流によって生息場所が変化するので、ホームグラウンドの釣り場へ徹底的に通い詰め、早く状況をつかむことが好結果につながる。

シロギス釣りの外道としては、メゴチの仲間、ベラの仲間、カワハギ、ヒメジ、アナゴ、ヒイラギ、ウミタナゴ、マダイ（チャリコ）、イイダコ、小型のマダコなどが定番で、海水温が低いとホウボウ、カナガシラもよく顔を見せ、ハゼの仲間もいる。潮次第ではアジ類やイワシの仲間、サバなどに出合ったり、潮に濁りがあるとニベ（イシモチ）がよく釣れる海域もある。

これらの魚はシロギスと同じ仕掛けで釣れるので、五目どころか十目以上を目標とした釣りも楽しめる。ハモノザオを出せば、ヒラメやマゴチがねらえ、初夏まではモンゴウイカ、それ以降、海水温が高くなるとマルイカも同じポイントにやってくる。

ボートでのシロギス釣りでは、仕掛けを軽くキャストする。力任せに投げると、ハリスがテンビンに絡む原因となり、同乗者にも危険が及ぶので、厳に慎もう

先にかけた状態でキャストするため、くり返し使っていると先端がすれて弱くなりがちです。そこで、ラインの先端部を30センチほど折り返して撚っておくと、強度が増すので安心です。

仕掛けは、沖釣り仕掛けの基本形ともいえる片テンビン仕掛けです。片テンビンには対象魚に合わせてさまざまなサイズがありますが、シロギステンビンと呼ばれるものは、小型ながらいろいろな釣りに使えます。

シロギスねらいのハリスは、フロロカーボン1号が基準。長さは食いのよさにほとんど影響しないので、扱いやすさを考えると80センチ未満がよいでしょう。その中間から8センチのエダスを出した2本バリとします。なお、ハリスが細いぶん、傷みやすく、よじれなども出やすいので、1日当たり一人5〜6組は用意しておき、常にきれいなものを使いましょう。

ハリはシロギスの小さな口に合わせ、細身の早掛けや流線が適しています。

エサはアオイソメ、ジャリメなどの環虫類が一般的で、これに優

なお、PEラインは細いほど沈みが早くて潮の流れの影響を受けにくく、アタリも明確に伝わるので、慣れた人は0.8〜1号を使う場合もありますが、慣れないうちは細いミチイトだと使いこなすのが難しく、絡んだ場合に直しにくくて苦労することもあります。よって、1.5〜2号のイトを使うことをお勧めします。また、ラインの先端近くをサオ

シロギス

メゴチは、見た目に反してその味は上々。うれしい外道の定番外道だったが、最近ではそのシロギス釣りの数が少なくなった感がある。浜値も上がり気味だとか

シロギスの釣り方

ボートでのシロギス釣りでは、基本的にアンカーリングして、仕掛けを軽く前方にキャストします。

キャストしたとき、風向き（向かい風）や投げ方が悪いと、テンビンやミチイトにハリスが絡みやすくなります。絡むと絶対に釣れないので、テンビンからハリスが下がっているのをよく確認し、無理に

投げることは慎みましょう。オモリをちょっとアオり、ミチイトのたるみをセーブすると絡むこともなくなります。

オモリが着水したと同時にサオをちょっとアオり、ミチイトのたるみをセーブすると絡むこともなくなります。

オモリが着底するまでは、リールをフリーにしてミチイトを送り、仕掛けが着水地点の真下に下りるようにします。

着底を確認したら直ちにリールを巻いてミチイトを張り、アタリが取れる状況にします。あとは手前に探るように、そして誘うようにボート下までゆっくりリーリングします。潮や風の状況ならやや早めに、絶えず張り気味でミチイトがどんどんたるむようならゆっくりとリーリングしてアタリを待ちます。

シロギスのアタリは、初めククッと小さく出て、活性が高いとすぐにググッ、ブルルルーッとサオに伝わってきます。アタリが強く出たときはたいがい向こうアワセでハリ掛かりしているので、あとはヒキを楽しむように、一定のスピードでリーリングし（速すぎは禁物）、シロギスが海面まで来たら速やかに抜き上げ、ボート上に

取り込みます。小さなアタリは出るものの、なかなかハリ掛かりしない、ということもよくあります。活性が低いためエサを一気にのみ込まず、ちょっとくわえて首を振り、エサを食いちぎろうとしているときです。こんなアタリが続くときはアワセをちょっと遅らせたり、エサをくわえたとき違和感なくのみ込めるよう、サオをわずかに下げて一瞬ミチイトをたるませ、その後、軽くサオを立ててアワセるテクニックも有効です。

なお、シロギス釣りでは、手首を軽く立てる程度の小さめのアワセが理想で、強いアワセは不要です。大アワセすると、ハリ掛かりしなかったときに近くにいるシロギスを脅かしてしまい、近くにいるほかのシロギスも散らしてしまいます。シロギスは必ず複数で行動しているため、ハリ掛かりしないときや、ハリ掛かりしてもすぐバレたときなどは、もう一つのハリにまだエサが残っていることを信じ、そのままミチイトを張った状態で待つと、2回目、3回目のアタリが来ることも多いはずです。

シロギス釣りの仕掛け

サオ：1.6～1.9メートル前後　シロギスザオ（ライトクラスのルアーロッドでも可）
リール：小型スピニング
ミチイト：PE1.5～2号　100メートル（サキイトとしてフロロカーボン3号3メートルを付けても可）
テンビン：片テンビン（シロギステンビン）
オモリ：10～15号
ハリス：フロロカーボン1号　全長80センチ
エダス：フロロカーボン1号　8センチ
ハリ：流線または早掛け7～8号（2本バリが標準）

スナップ付きサルカン

40センチ

8センチ

40センチ

イソメの付け方
食い渋り時はやや長めにし、イソメの尾にあたる柔らかい部分を主に使うとよい。食いが立っているときは、タラシは2～3センチでOK

サキイトの工夫
ミチイトにPEラインを使用したときは、食い込みを向上させ、ハリ掛かりする率をアップさせるために、ナイロン系のサキイトを使用してもよい。なお、仕掛けを投げる際に擦れやすいサキイトの先端部分は、イト切れを防ぐ工夫として、イトを二重にしておくとよい

イサキ

夏

オモリを使わない"完全フカセ"でねらう

おもなポイント ▼ 水深20～30メートル程度の岩礁帯

一般に、イサキはコマセマダイ仕掛けに近い片テンビン仕掛けでねらいますが、ハリのエサを魚のいるタナに自然に漂わせる完全フカセ釣法でねらうと、ハリ掛かり後の魚のヒキや動きがダイレクトに伝わる素晴らしい釣り味が楽しめます。完全フカセ釣法は、タナにうまくハリのエサを漂わせる難しさがありますが、オモリやテンビンなど邪魔のものがないぶん、魚がエサを口にしやすい釣り方です。

完全フカセ釣法の仕掛けは、釣りの原点ともいえるシンプルなもので、潮の動き、流れによって、いろいろと工夫を凝らす必要があるなど、難しさはあるものの、魚のヒキをダイレクトに楽しめるおもしろさがあります。

この釣り方では、潮になじんだイトが60～45度くらいの角度で沈み、ねらったタナにハリのエサがうまく入るのが理想ですが、海の条件はさまざまで、なかなか思うようにいかないこともあります。

1日のなかで潮の状態は刻々と変わり、好条件となるのはほんのひとときかもしれません。この時合や潮時と呼ばれるタイミングを逃さないように粘ることは、どんな釣りでも大切ですが、完全フカセ釣法は時合に対してもっともシビアで、これを逃すと仕掛けがタナに入りにくくなります。

潮の流れが速い場合は、昔から沼津方面でマダイを釣る方法として有名な、マキコボシ釣りを併用するのも一法です。この釣り方は、仕掛けがタナに入るまで石のオモリを使い、あとは完全フカセ釣法と同じ形にするというものです。

完全フカセ釣法でイサキをねらうには、旬を迎える初夏のころが最適です。釣り場やその日の条件によっては、マダイ、メジナ、マアジ、

魚図鑑
イサキ
[スズキ目イサキ科]

イサキは比較的沿岸近くの水深10～100メートルの岩礁帯に群れで生息している。周年釣れる魚だが、入梅ごろを中心とした初夏から盛夏にかけて、産卵のため浅い沿岸の岩礁帯に大きな群れを作る。

この時期はもっとも活性が高まり、腹には真子、白子が入って食べても一番おいしい旬を迎える。俗に"梅雨イサキ"とも呼ばれ、この時期しか釣らないという釣り人も多い。

一般には30センチ前後のものがおもだが、ときには45～50センチも釣れ、最大では2キロを超えるものもいる。生後1年未満の若魚は、体側にクッキリとした褐色の縦縞模様が4～5本入り、イノシシの子の模様に似ているので、ウリンボウと呼ばれる。成長とともにこの縞模様は薄くなり、大型のものにはまったくなくなる。

イサキはなじみのある魚だが、良型が釣れるのは伊豆半島周辺や伊豆諸島、駿河湾が中心で、相模湾や東京湾の湾口付近ではウリンボウが多くなる。

小型のイサキは基本的にリリースしたいところだが、死んでしまったものを料理する場合は、から揚げにして南蛮漬けにするのがおすすめ。

で、オモリはほどほどにします。

手釣りで行えば、イトとハリ以外の道具は必要ありませんが、サオとリールを使ったほうが手返しもよく、魚とのやり取りもより楽しめます。

サオは2～2.5メートル程度の軟らかなものが適し、イトを送り出すときのスムースさを考えると、ガイドが大きい、ライトクラスのルアーロッドが最適です。リールはスピニング、ベイトタイプどちらでも使えますが、アタリを取るときのおもしろさは絶対にスピニングのほうが上です。ミチイトにはナイロン系で目立つ色のものを使います。イトを何メートル送り出したかの確認も大切で、カウンター付きベイトリールならすぐわかりますが、スピニングを使う場合はミチイトに5メートルごとに印をつけておきましょう。ここに透明なハリスを3メートル直結し、これにハリを結ぶだけです。イトの太さは釣りものによって異なりますが、イサキねらいなら3～4号を使います。

なるべく自然にエサを漂わせるため、ハリは軽めのものが理想で、チヌ3号程度が適します。

マキコボシ釣りは、本来手釣りで行うもので、仕掛けを早くタナに沈めるために石を使います。

産卵時期の6～7月が旬で、釣りでも最盛期を迎える。ダイレクトなヒキが楽しめる完全フカセ釣りに最適な釣りものだ

けというもので、魚を釣るのにそれ以上簡単なものはありません。ハリを2～3本付ける人もいますが、私はいつも1本バリです。オマツリしてもバラシが少なく、より自然な状態でハリのエサが海中に漂うからです。

完全フカセ釣法では、仕掛けをハリとエサの重さで自然に沈ませるので、タナまで届くのにある程度時間を要します。ここはじっくりと待つ辛抱が大切です。

ただし、潮の流れが速いとイトがどんどん斜めに流されてタナに届きにくいので、カミツブシオモリを付けることもあります。が、早く沈めようとオモリを大きくすると、上から少しずつ撒くコマセの沈み具合と異なったところにハリのエサが行ってしまうの

サバなどが釣れて五目釣りとなることも多く、それはそれで楽しいもの。ダイレクトに伝わる魚のヒキを堪能してください。

なお、イサキは夜のほうが活性が高まり、海面まで来てエサをとりますが、日中は岩礁帯の中層にいます。日中釣りでは潮に濁りが入っていないと釣れないことがある、比較的目のよい魚です。そのため、テンビンやオモリが目につく仕掛けよりも、自然な状態でエサが漂って見える完全フカセ釣法が威力を発揮します。

シンプルさが特徴の完全フカセの仕掛け

完全フカセ釣法の仕掛けは、イトの先端にハリを1本結んだだ

かつてはイサキ釣りの定番外道だったタカベ。最近では、姿がすっかり減ってしまった

【コトヒキ】
シマイサキに似るが体高があり、縦縞が4本と少ない。かなり沿岸性の魚で、砂泥地にも広く生息。汽水域にも入る。相模湾などでは、夏の大潮どき、波打ち際でこの稚魚の群れがよく見られる

【シマイサキ】
体形はイサキに似るが、イサキ科ではない。口先が尖り、体側に7～8本の縦縞が入る。東日本での生息数は少ない。イサキより沿岸の砂礫帯に生息し、ときに汽水域にも入る。食味はイサキより劣る

【コショウダイ】
イサキより大型に育ち、相模湾、伊豆半島にも生息。定置網によく入る時期もある。イサキより根の険しくないところにいるようで、マダイ釣りの際たまに釣れる。食味がよい高級魚でイサキ科に属する

完全フカセ釣法でのイサキ釣りのポイント
（水深20〜30メートル）

- 完全フカセ釣法は、水深20〜30メートル以内が望ましい
- アタリの出たミチイト
- コマセ
- ソウダガツオ、シイラは中〜上層にいる。これらが多い夏から秋にかけては、上層ですぐにハリ掛かりしてしまうため、完全フカセ釣法では能率が上がらないこともある
- 大型イサキは上層にいる
- 中層にサバがいると邪魔される
- イサキの群れ
- 海底から約10メートル
- イサキのタナ
- 約5メートル
- イサキは斜め下に走る
- アジの群れ
- 高根
- 少し下の層にはマダイもいる
- 完全フカセ釣法、マキコボシ釣りでは、アンカリングしてボートを止めて釣る

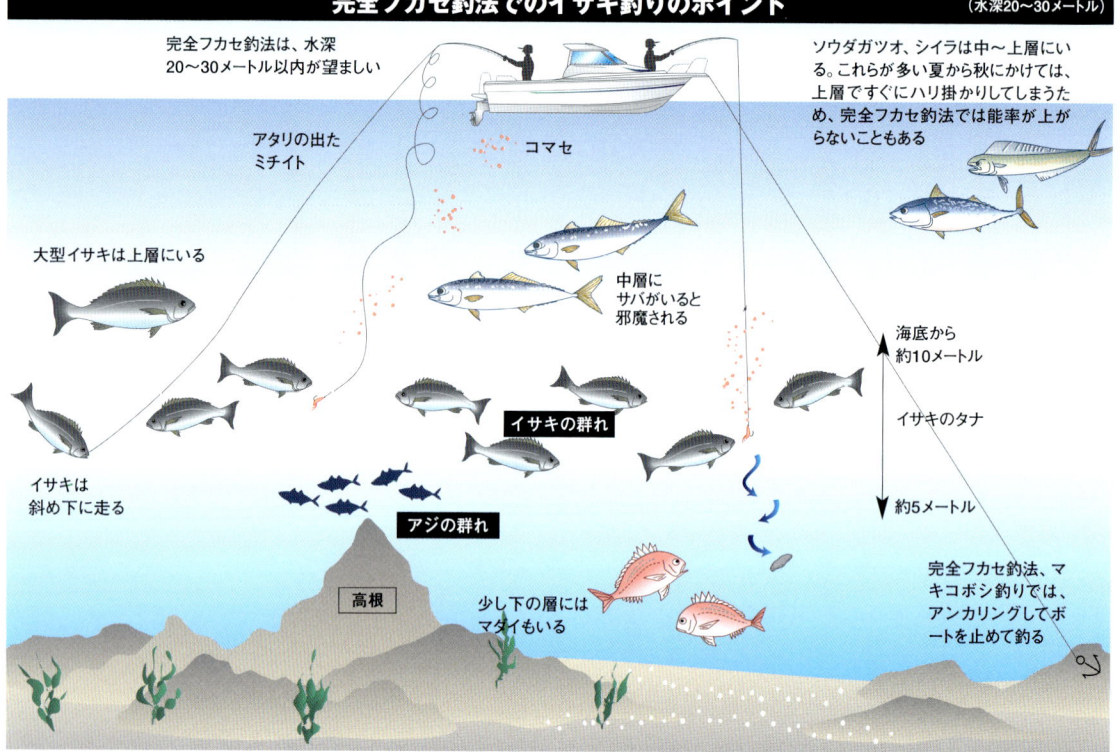

マキコボシ釣りの釣り方

①ミチイトを足元か水面に延ばして完全にゆるんだ状態にしておき、エサとコマセを乗せてハリスで巻いた石を静かに沈める　②タナの手前でマーキングしたところまでミチイトを送る　③マーキングのところでミチイトを張ると、石が回転しながらハリスが外れ、コマセが撒かれる。このとき、石が外れる感覚が伝わる　④ハリスが完全に外れると、石だけが海底へ落ち、完全フカセと同じ状態になる　⑤潮が速いとミチイトが潮に押され、ハリがタナより上に上がる。そんなときは少しずつミチイトを出してタナを調整する

完全フカセ釣法の釣り方

①リールをフリーにして、ミチイトを弛ませ、ハリのエサを自然に沈ませる。コマセは2分おきくらいで少量ずつ撒く　②ミチイトはリールのスプールのクセでコイル状にカールしている。コマセとハリは同じ潮に乗って一緒に流れる　③ヒットすると、カールしていたミチイトが魚のヒキで伸びてアタリを知らせてくれる

イサキのポイントと釣り方のテクニック

イサキのポイント選びはかなりシビアで、岩礁の状態をよく把握し、潮を読み、的確にアンカリングする必要があります。

イサキのタナは高根周りや、やや急なカケアガリの頂部（肩の部分）の、海底から5〜10メートル上側となります。潮通しが良くイサキの活性が高いとタナは高くなり、水深25メートルのポイントなら、タナは水深15メートルは絶対有利になる仕掛けです。速潮のときは絶対有利になる仕掛けです。

なるべく平たい6〜8センチ径の石を選び、その中央にエサを付けたハリを置いて少量のコマセを被せ、これを軽く押さえるようにハリスをきれいに巻いていきます。

ミチイトを十分に弛ませた状態で石を静かに沈め、タナの上でミチイトを張ると、石に巻いたハリスがほどけてコマセを撒きながらハリがタナに入り、オモリの石だけが海底に沈んで、あとは完全フカセ釣法と同じ状態で仕掛けが流されます。速潮のときは絶対有利になる仕掛けです。

完全フカセの仕掛けでは、良型のメジナもよく食ってくる。イサキよりヒキが強く、釣り味を楽しめる

を基準に考えます。活性が低いとタナは低くなりがちですが、こんなときはいくら反応があってもハリ掛かりする確率は悪くなります。

完全フカセ釣法では、ミチイトに十分な弛みを持たせた状態でエサが付いたハリを入れ、自然にまかせてハリのエサを沈めていきます。これに合わせ、ほんのひとつかみのコマセを少し潮上に投げ入れます。ミチイトに沿ってコマセも沈んでいくのが理想ですが、仕掛けのほうがハリの重さの分だけ少し早く、手前に沈むこともあります。1〜2分おきに少しずつコマセを追い撒きしますが、沈

み具合を見て投げ入れる位置を調整しましょう。

スピニングリールを使うと、イトはコイル状に少しずつ出るため、ベイルはいつもフリーにし、出が悪ければ手でアシストします。タナ近くに仕掛けが入ると食ってきます。コイル状になったミチイトがスーッと伸びるような独特のアタリは、「おーっ！来たっ」という喜びがあり、この釣り方の醍醐味のひとつといえるでしょう。

アタリが来たらすぐにリールのベイルを戻し、ハンドルを回しながら大きくサオを立てます。違和感なくハリを呑んでいるためガ

ッチリとアワセが利き、すぐに魚のヒキが伝わってきます。この釣りでは、ときに大型のイサキ、良型のマダイやメジナもヒットします。仕掛けには邪魔になるものがなにもないため、魚のヒキはテンビン仕掛けやドウヅキ、サビキ仕掛けよりかなり強烈に感じます。このダイレクトなヒキがこの釣りの最高の醍醐味です。その後はうまくやり取りして魚を海面に浮かせ、最後はタモ取りします。なお、夏から秋にかけての完

全フカセ釣法では、大サバや良型の回遊魚がうるさくハリ掛かりしてきます。ソウダガツオやシイラなどがヒットする前に邪魔され、本命がヒットする確率が上がらないこともある海域では、肝心の能率が上がらないこともあるので注意しましょう。

完全フカセとマキコボシによるイサキ釣りの仕掛け

●完全フカセ仕掛け

サオ：1.9〜2.2メートル
　　　ライトタイプのルアーロッド
　　　（ガイドが大きいものはミチイトがスムースに出る）
リール：中型スピニング
ミチイト：ナイロン4号 100メートル
ハリス：フロロカーボン3号3メートル
ハリ：チヌ3〜4号（イサキねらいの場合）

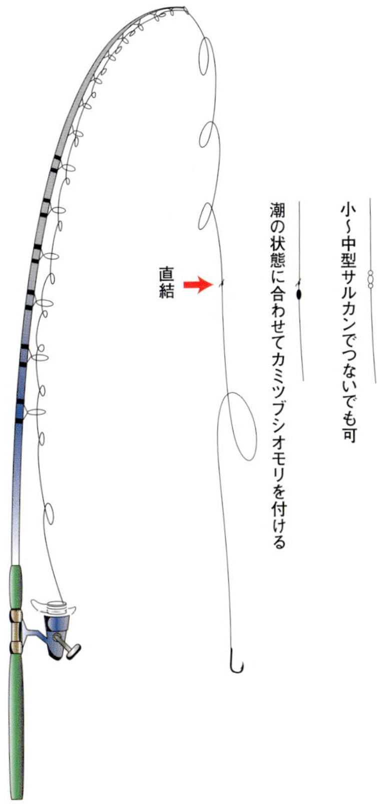

●マキコボシ仕掛け

□イト巻き
ミチイト：ナイロン4〜5号
　　　　　50〜100メートル
ハリス：フロロカーボン3号
　　　　4.5メートル
ハリ：チヌ3〜4号
　　　（イサキねらいの場合）

直結

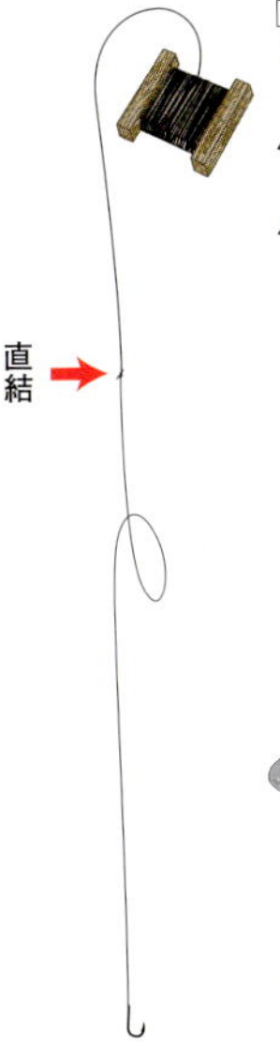

□マキコボシのハリスの巻き方

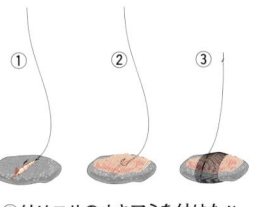

① ② ③

①付けエサのオキアミを付けたハリを、直径6〜8センチの平たい丸い石の中央に置く
②コマセ用のオキアミをひと握り乗せる
③コマセを押さえるように、ハリスをゆったりときれいに巻く。巻き付けるのは、直結にしたハリス部分まで

直結

小〜中型サルカンでつないでも可

潮の状態に合わせてカミツブシオモリを付ける

マキコボシ釣りでは、オモリ代わりの石にエサを付けたハリとコマセを乗せ、ミチイトできれいに巻いたもの（写真左）を、ミチイトを十分に弛ませた状態で静かに沈め、一気にタナまで送る。途中でミチイトが張るとタナの手前でコマセが撒かれ、ハリもタナを外れてしまうので注意しよう

釣り方解説　夏　イサキ

マゴチ

夏 — スリリングなヒキ味が魅力の夏の大物

おもなポイント ▼ 水深10〜25メートルの岩礁周りなど

マゴチは俗に"照りゴチ"とも呼ばれ、梅雨が明けて夏の太陽が照りつけるころの魚とされていて、その時期は腹に大きな真子を持ち、食の旬ともされています。

しかし実際には、5月ごろからこの釣りが始まります。

水深の浅い砂地帯がポイントとなるので、ハリ掛かりしてからのスリリングな釣り味が楽しめる、手ごろな大物としても人気の高い魚です。

マゴチはボート釣りで人気のシロギスが釣れる海ならどこでも釣れる可能性がありますが、絶対数がそれほど多くないため、1日に5〜6本も釣れれば大釣りといえるでしょう。

この釣りでは細く軟らかなサオを使い、ときに2キロ前後になる大物と浅場でやり取りするため、サオの曲がりが大きく、スリル満点の釣りが楽しめます。おもな釣期となる初夏〜盛夏には、産卵時期である初夏〜盛夏には、かなり沿岸に寄るので、思いっきり岸近くの浅場をねらうのがコツです。

なお、マゴチは普段から小魚を捕食しているため、マゴチを釣るにはエサとしてシロギスやメゴチを釣り、これを生きエサとして使います。

もし、サビキで小型のイワシが釣れたり、釣り場の近くで生きイワシが入手できれば、これも非常にいいエサとなります。

ただし、イワシは弱りやすいので、常に新鮮な海水が入るイケスに泳がせるなど、エサの管理にも注意を配りましょう。

ほかに生きたエビ（サイマキ＝小型のクルマエビ）を使うこともありますが、高価で入手しにくいので使う人は少ないようです。

マゴチはこんなポイントをねらう

マゴチはシロギスやメゴチと同じ海域にいますが、特によく釣れる好ポイントを見つけること

魚図鑑 マゴチ［カサゴ目コチ科］

マゴチは、シロギス釣りの折にねらう人も多く、ボート釣りでねらう大物としておなじみの魚。平均的なサイズは1キロ前後だが、ときに65センチ、2キロオーバーになるものもいる。

マゴチの生息海域は東北地方より南の日本各地の沿岸の砂地帯。海底を這うように行動し、特に夏ごろは雌雄がペアでいたり、5〜10尾程度の小数で群れを作ったりしている。

食性は典型的なフィッシュイーターで、同じ海域にいるシロギス、メゴチ、回遊してくるイワシ類を食べている。

夏が近づくにつれて産卵のために浅い海域に集まり、特に産卵を迎える初夏から盛夏にかけては、もっとも岸近くの浅い海域に寄る。

近似種として、標準和名でいうメゴチ（エサによく使うメゴチとは別種の、"マゴチによく似た中型魚"）、ハナメゴチ、イネゴチなど、俗に"ワニゴチ系"といわれるものが5〜6種いてよく間違われるが、食味に関しては本種のマゴチが最高で、夏は本種が多く釣れる。

ワニゴチ系といわれるもののなかではイネゴチが美味。この種はマゴチよりも少し沖側をねらうと釣れる。

が大切です。

一番おすすめのポイントは、小型のシロギスやメゴチのよく釣れるポイントの近くです。シロギスの釣り場は広い砂地帯のところが多いのですが、砂地帯でも近くに岩礁があったり、砂地のカケ上がりやヨブ（海底のへこみ）などのように変化のあるところは、シロギス、メゴチがよく集まるため、マゴチの好ポイントともなります。水深6〜10メートル付近の砂地のカケアガリを見つけ、そのすぐ沖側をねらいましょう。

このほか、港の近くにイワシのイケスが入っていれば、その付近も好ポイントとなります。イケスの底の穴からは弱ったイワシが落ちるので、それをねらってマゴチやヒラメがやってくるわけです。

す。ただし、ボートをイケスへ舫って釣るのは、ボートアングラーとしてマナー違反。漁師さんとのトラブルの原因となることもあるので絶対にやめましょう。

リールはスピニングタイプも使えますが、投げて釣ることはしないので、両軸タイプがよいでしょう。しかも、大型のマゴチがヒットしたときはイトを少し送るやりとりも必要となるので、ドラグの優秀なもので、置きザオにしたときにアタリを知らせてくれるクリック機構付きのものがおすすめです。

マゴチは口が大きいため、ハリはスズキバリなど大きめのものを使いますが、重いとエサの泳ぎが悪くなるので、細地（細め）のものが適します。

なお、釣ったピンギス、メゴチがハリを深く呑み込んでいたら、決して無理にハリを引き抜かないで、ハサミを使って口もとでハリスを切るようにします。ハリを呑み込んでいてもそのままとしておくと、結構長時間、元気に泳いでくれます。弱って横たわるようなエサでは、マゴチの釣れる確率はグンと低くなります。

タナは、生きエサが海底すれすれに泳ぐよう、オモリを海底から50〜100センチ上げたと

マゴチ釣りの仕掛け

イラストに示したとおり、マゴチ釣りの仕掛けはシンプルな形です。

サオはシロギスザオも使えますが、エサのシロギスを釣りながらマゴチ仕掛けを置きザオにしておくことも多いので、シロギスザオよりもさらに軟らかな胴調子のものがベスト。そのような市販のマゴチ専用ザオもあります。

エサの確保とボートコントロール

マゴチ釣りは、まず、生きエサになるメゴチかピンギス（10センチくらいの小型のシロギス）を釣ってから始めます。このとき、当然、シロギス用のサオとは別に、マゴチ用のサオに仕掛けを付けて準備しておきましょう。

生きエサを使う釣りは、ハリに刺したエサが海底で元気に泳いでくれることが大切です。釣

1キロを超える大物マゴチはヒキも強烈。取り込みのときにバラさないようにするためのタモは必需品だ

マゴチ釣りでは、エサのメゴチやキスを釣りながら、1人1〜2本は置きザオを出したい

【イネゴチ】
東日本ではマゴチに次いで本種がよく釣れる。マゴチより少し沖目、水深10〜30メートルの砂地に生息。50センチ程度に育つ。目と口が大きく、俗にワニゴチ（系）と呼ばれる。マゴチなみに美味

【メゴチ】
ネズッポ属の通称であるメゴチと混同しやすいが、本種が標準和名でいうメゴチ。マゴチによく似ているが、コチ属のなかでは比較的小型。相模湾ではよく出合うが、食味はマゴチより劣る

【マゴチ】
夏場にもっともよく釣れ、かつ、美味なのがマゴチ。コチ属のなかでも大型に育つ。生け締めにした直後の刺身は美味だが、死後硬直してしまうと身にざらつきが出て、味は1ランク以上落ちてしまう

マゴチ釣りの海底イメージ

（水深7〜15メートル）

- エサは海底で元気に泳いでくれるもの
- エサが海底を這うようにするため、テンビン（オモリ）が海底から50〜100センチ上の位置にするようにタナをとる
- アタリがあっても、すぐに合わせてはいけない
- アタリがあってからしばらくたってサオが勢いよく大きく曲がったら、大きく合わせる
- マゴチを海面に浮かせたら、タモで取り込む（最後のひと暴れに注意）

タモは必需品。サオは置きザオでも手持ちでも可

パラシュートアンカーなどを使って、ゆっくり潮に乗せてボートを流す。カカリ釣りよりも流し釣りのほうが、断然有利

ゆっくり

パラシュートアンカー

ミチイトは垂直に入るのが理想的

50〜100センチのタナをとる（仕掛けを海底から離す）

イワシ

岩礁

メゴチ

シロギス

マゴチ

カケアガリ

岩礁近くの砂地は好ポイント

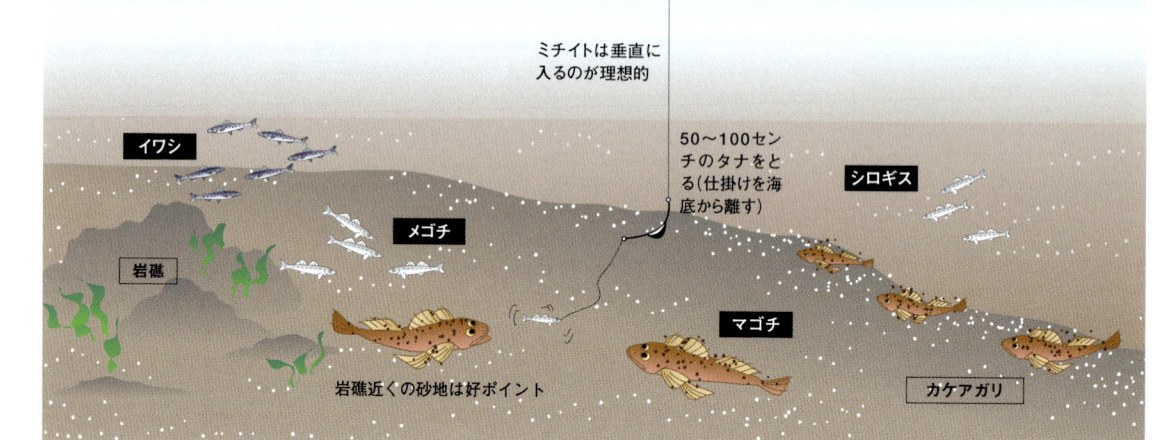

昔から"マゴチ40"といわれるほど、マゴチは前アタリから食い込みまでに時間がかかることが多い。

サオ先がコク、コクと小さめに動く前アタリの段階では、マゴチはエサを横にくわえており、ハリスはたるんだり、少し張ったりを繰り返している。クリック音がアタリを知らせてくれるが、置きザオのままでよい。

その後、活性が高いときは10秒前後、エサが大きかったり、活性が低いときは1分以上経つと、マゴチがエサを弱らせるように首を振り、次第に飲み込もうとし始める。そのため、ハリスがやや張り気味になり、やや大きめにサオが上下する。

この段階ではハリはまだマゴチの口の外なので、マゴチに違和感を与えないように気をつけながらサオを手に取る。サオ先をほんの少し下げると、マゴチがエサを飲み込みやすくなる。

やがてエサを飲み込むと、マゴチは一気に走るように泳ぎ出す。そのタイミングに合わせてサオを大きく立て、アワセを入れる。

早アワセは厳禁！マゴチの釣り方

ポイント、エリアを決めたら、アンカーリングするより、流し釣りでねらうほうがよいでしょう。パラシュートアンカーを使うか、スパンカー仕様のボートなら微速でコントロールして、仕掛け（ミチイト）が真っ直ぐに入るようにボートを流します。むろん、ボートがポイントからはずれたら、潮回りして好ポイントを繰り返し流すか、新ポイントを求めるかして流し変えます。

マゴチはハリに付けた生きエサを口にしても、一気に飲み込んではくれません。アタリは、初めにサオ先を小さく、ゴクゴクとクイッと動かす程度です。このとき、ドラグをかなりゆるめに調節して、クリックをONにして置きザオで待っていると、小さなアタリに合わせ、ジ、ジ、ジジーと少し鳴るはずです。

クリック音に気づいたらサオを手にしますが、そのときマゴチに違和感を与えないよう注意し、サオを立てることなく、少しミチイトを送り気味にしてロッドホルダーからはずします。

サオを手にしたら、気持ちドラグをさらに少しゆるめにサオ先を小さく、ゴクゴク

エサのメゴチが釣れた。エサとしてのメゴチは10センチくらいがベスト

アタリがあったら、マゴチに違和感を与えないよう、サオ先を下げてイトを送り込むようにする。なお、夏場のポイントは陸から数分のエリア。ボートの流し方を工夫すると、効率よい五目釣りもできる

マゴチ釣りの生きエサの付け方

生きエサについて
- エサは、8～12センチのメゴチ、シロギス、イワシ類、ヒメジ、ハゼなどがよい
- エサは弱らせないように素早く針を刺し、すぐに海へ入れる。海中で元気に泳ぐ状態のものでないと、マゴチの釣れる確率は悪くなる
- エサのメゴチ、ピンギスを釣ったとき、針を飲まれていたら決して無理に引き抜かない。ハサミを使って口元でハリスを切って、針は中に入ったまま使う。しばらくは元気に泳ぐ

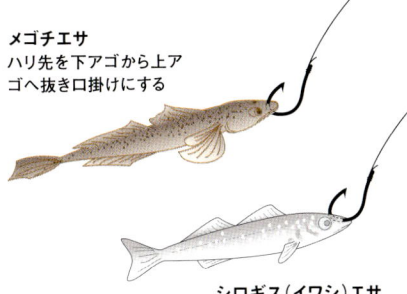

メゴチエサ
ハリ先を下アゴから上アゴへ抜き口掛けにする

シロギス（イワシ）エサ
ハリ先を目と口の中間の固いところへ横に抜き、鼻掛けにする

（上）エサのいろいろ。左からメゴチ、シロギス（ピンギス）、シコイワシ
（下）仕掛けは、マゴチ用の鋳込みテンビンにハリスとハリを1本ずつ付けただけと、至ってシンプルなものを使用する

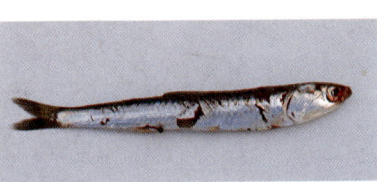

アタリがあったもののハリ掛かりしなかったイワシ。マゴチらしい歯形が付いている。"マゴチ40"といわれるだけに、マゴチ釣りでは早アワセは禁物

マゴチ釣りの仕掛け

サオ：2.1～2.4mマゴチザオ
　　（胴調子、オモリ負荷10号）
　　※シロギスザオでも可
リール：小型両軸ドラグ機構つき
　　（クリック機構つきのもの）
ミチイト：ナイロン4～5号 100m
オモリつきテンビン：マゴチ専用テンビン
　　（オモリ10～17号鋳込み型）
ハリス：フロロカーボン4号 1.2～1.5m
針：スズキ針16号、カットグレ10～12号

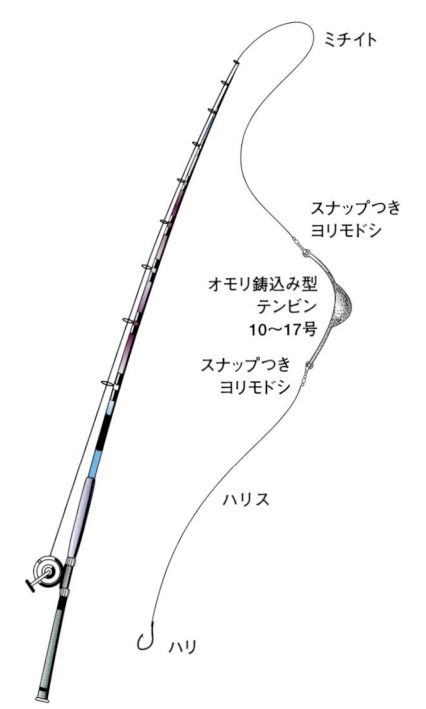

- ミチイト
- スナップつきヨリモドシ
- オモリ鋳込み型テンビン 10～17号
- スナップつきヨリモドシ
- ハリス
- ハリ

グを締めるか、スプールを指で軽く抑え、次の引き込みを待ちます。

昔から、"ヒラメ20にコチ40"ということわざというか言い伝えがあります。これは、"アタリがあっても、ヒラメは20数えて（20秒ほど待って）、マゴチは40数えて（40秒ほど待って）からアワセろ"ということです。もちろん、ピタリとその言葉通りの数にはいかないのですが、この釣りはアタリがあってもそれほど長く待たねばならないという意味です。

実際には、初めモゾモゾとかゴクゴクと来たあと、その動きが次第に大きくなってきます。タイミングに合わせて大きくサオを立てると、ハリはマゴチの口にがっちりと掛かるはずです。1キロを超す大物だとかなりの抵抗を示し、"おーっと…"と思わず声が出るほどです。

あとは決して無理することなく、強く引いたらリーリングをやめて大型のものならドラグをうまく使って少しミチイトを送りやりとりをしながら、魚を海面に上げます。

マゴチが完全にエサを飲み込むのを待ちましょう。

その後、かなり派手にグン、グーンときても、サオ先が元に戻る段階では、まだアワセどきではありません。むしろ、この段階でサオを海面方向に少し下げて（オモリが着底する程度）、マゴチが生きエサを完全に飲み込むのを待ちましょう。

タリがあってもそれほど長く待たねばならないという意味です。その勢いはかなり強く、サオは大きく引き込まれ、その引きが手先まで伝わってきます。その動きに合わせて大きくサオをくんと我慢します。

様相を呈しますが、とにかくじっと我慢します。

ときには、小さな動きがそのまま1分も続くなどさまざまな様相を呈しますが、とにかくじっと我慢します。

抵抗を見せますが、うまくボートの際にマゴチを寄せ、頭からタモにすっぽりと入れてから艇内に取り込んでください。なお、マゴチの頭の両サイドはハリ状の鋭いトゲがあるので、ハリを外すときはタオルなどでしっかり頭を押えてください。

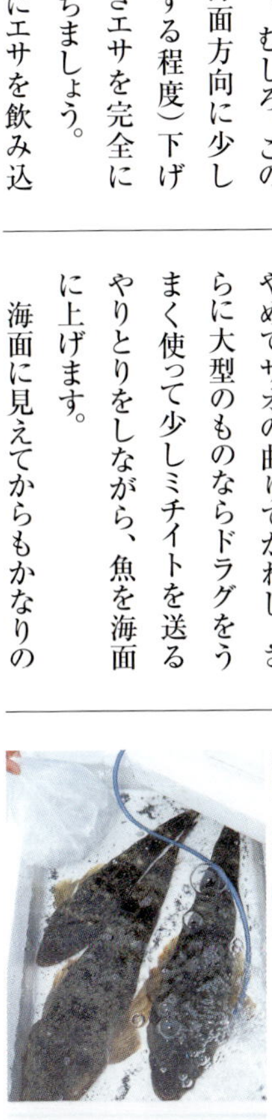

マゴチは活かして持ち帰り、締めたてを食すのが醍醐味。持ち帰る場合は、写真のようにエアポンプを効かせ、ビニールやペットボトルに入れた氷を入れ、水温が上がりすぎないよう、帰路が長いときは、途中で水温を確認する

マルイカ ムギイカ

夏　浅場でねらう夏のイカ釣り

おもなポイント ▼ 水深10〜50メートルの岩礁周りなど

6月から8月ごろまで、マルイカはもっとも沿岸に近い浅場に群れが寄ってきます。しかも、このポイントの近くでは、ムギイカ（小型のスルメイカ）が釣れるところもあるほか、使う仕掛けが異なるものの、大型のアオリイカも期待できます。いずれのイカもポイントの水深が浅いので釣り味は最高、小型ならではの柔らかな食味も魅力です。

マルイカは、標準和名ケンサキイカの小型のもの、ムギイカはスルメイカの小型のものを指し、ともに胴長20センチくらいまでのものを言います。小型のためその身は柔らかく、食味は最高。特にマルイカの刺身、煮付け、天ぷらは絶品です。

なお、マルイカもとびきり美味で、ケンサキイカが大型になった一般的なスルメイカの3〜4倍の浜値が付くほか、最高級の干物である剣先するめ（山陰名物）は普通のするめのおよそ5倍もの高値が付くほどです。

また、ケンサキイカにはいろいろな地域名があり、東日本の釣りの世界ではマルイカやアカイカと呼びますが、神奈川県三浦の漁師はメトイカ、伊豆半島へ行くとダルマ、沼津ではジンドウと呼びます。このほかにも、ベンケイ、マイカ、ケンイカなどと呼ぶ地域もあります。

マルイカ、ムギイカのポイントの選び方

マルイカ、ムギイカとも春先から釣れ出しますが、5〜7月ごろにもっとも浅いエリア、沿岸近くの水深10〜40メートルの岩礁回りを中心に群れがやってきます。

マルイカは3月ごろから釣れ始めますが、このころはまだ深場にいて水深60〜90メートルの海域がポイントとなります。5月中旬ごろから、水温の上昇にともなって次第に浅い海域に群れが入ってきます。海域により差が

あるものの、6月ごろから8月まで浅場の釣りが楽しめます。マルイカ（ケンサキイカ）は、山陰ではシロイカと呼ばれるが、伊豆諸島各地や外房ではアカイカと呼ばれる種。常磐方面の夜釣りでねらうゴウドウイカなどと呼ばれる種。常磐方面の夜釣りでねらうが食味はあまりおいしくないとされている。

一方のムギイカは、夏以降はグングン大きく育ち、9月ごろには胴長25センチを超え、スルメイカと呼ばれるサイズとなる。

魚図鑑 マルイカ ムギイカ

釣りで出合う日本のイカは十数種いるが、おもなものは、
① マルイカ（ケンサキイカ）
② アオリイカ
③ ムギイカ（スルメイカ）
④ コウイカ（通称スミイカ）
⑤ カミナリイカ（モンゴウイカ）
⑥ シリヤケイカ
⑦ ヤリイカ

の7種。①と⑦はヤリイカ科のイカで、そのうちヤリイカは浅場で釣れる確率がもっとも低い。イカは1年で一生を終わるとされ、②④⑥の釣期は春から初夏のころで、⑦は冬から早春にかけての比較的の沖合で釣れる。

マルイカ（ケンサキイカ）は、山陰ではシロイカと呼ばれるが、伊豆諸島各地や外房ではアカイカと呼ばれる種。伊豆七島の夜釣りでねらうアカイカはケンサキイカがもっとも大型になったもので、胴長70センチ、重さ1キロ以上に達するものもいる。ややこしいが、標準和名でいうアカイカは、一般にはゴウドウイカなどと呼ばれる種。常磐方面の夜釣りでねらうが食味はあまりおいしくないとされている。

一方のムギイカは、夏以降はグングン大きく育ち、9月ごろには胴長25センチを超え、スルメイカと呼ばれるサイズとなる。

ありますが、だいたい海水温が18度を超えると浅いところで釣れ出します。

春のころの深場ねらいでも、潮具合がよいと入れ掛かりで釣れますが、イカのサイズが小さいと、「乗り」（イカが仕掛けに掛かること）がわかりにくいため、引き味もあまり感じられず、釣り味としてはあまりおもしろくありません。

初夏を過ぎた時期ならば、水深10〜25メートルの浅場がポイントとなるので、初心者でも釣りやすく、イカ釣り入門にぴったりのシーズンです。浅い海域では、どうしても小型が中心となりますが、海域によっては胴長30〜35センチの良型もたくさん混ざり、このクラスが掛かると、グイー、グイーンと大きくサオを曲げてくれます。

さて、初夏のころにマルイカがよく釣れるポイントは、アジなどの小魚が集まる根（岩礁帯）の周りが中心になりますが、かなり離れた砂地帯にも広く群れが回ってくるため、この時期、砂地帯でシロギス釣りをしている折に、マルイカねらいの仕掛けを置きザオにしておくだけで釣れることもよくあります。

こうしたポイントを専門にねらってもよいのですが、前述の根周りにアンカリングしてねらったほうが、はるかによく釣れます。

ポイントとなる根は魚探があれば簡単に見つけられますが、ない場合でも、浅い海域なのでオモリが海底を叩く感触で判断がつきます。岩礁帯はゴツゴツ、砂地はズボッと柔らかい感じ）で判断がつきます。岩礁帯は平根でなく、やや急なカケアガリ、高根がある付近を見つければベストです。

イカは、大きな群れでも魚探で見ると真っ赤には映ることは少なく、どちらかといえば白っぽく映ります。真っ赤に映るのはアジやスズメダイ、中〜上層に赤く映るのはイワシや小サバです。小魚がいるところはマルイカもやって来ますから、その周りを攻めるのがおすすめです。

マルイカ、ムギイカには、一般には浮きスッテと呼ばれているマルイカ専用のツノが適します。浮きスッテは、ほかのイカヅノに比べて比重が軽く、水中で平行になって浮くように出来ています。これが水中でフワリ、フワリとゆっくり漂うように動くのが、アカイカ、マルイカ釣りに適した誘いとなります。

タイプには、プラスチックに薄い色をつけた透明のものや、布巻き、糸巻きのもの、ウルトラスッテなどと呼ばれる魚型のものなどがあります。対象となるイカが小さいので、近年は小さめで色

マルイカ、ムギイカ釣りの仕掛け

イカ釣りでは、一般の魚釣りで使うようなハリは使わず、イカヅノ（スッテとも呼ぶ）と呼ぶ道具を用います。

このイカヅノには、ねらうイカによってさまざまな種類や形のものがあります。

すが、砂礫が混ざる海域のカケアガリもねらい目です。

27センチ級の良型のマルイカ。ときに35センチを超す大型も交じる

なお、ムギイカはマルイカに混ざって釣れることもありますが、ポイントはもう少し沖側の水深30〜50メートルのところがよいでしょう。岩礁周りもポイントです。

ができたら、ヤマダテやGPSのマーキングなどで、ポイントを記録して置きましょう。マルイカだけでなく、ほかの釣りにも役立ちます。

高根などを見つけ、よい釣り

釣り方解説　夏

【マルイカ、ムギイカ】

イカは海面で激しく水とスミを吐き出すので、十分に注意しよう

【ムギイカ（スルメイカ）】

ツツイカ目アカイカ科に属する。小型をムギイカと呼ぶのは、麦の穂が実る時期に釣れることによる。大きく育ったスルメイカよりも、身が柔らかくおいしいため、ムギイカ釣りの人気は高い

【マルイカ（ケンサキイカ）】

ツツイカ目ヤリイカ科に属し、胴の先が剣のごとく尖るので標準和名ではケンサキイカと呼ぶ。小型をマルイカと呼ぶのは胴が丸いため。時間経過による体色の違いから、多彩な地域名がある

マルイカ、ムギイカ釣りの海底イメージ

- ●マルイカ
  - ○3〜4月：60〜90メートル
  - ○4〜5月：30〜50メートル
  - ○5〜8月：10〜25メートル
- ●ムギイカ
  - ○春〜初夏：20〜80メートル

パラシュートアンカーなどを使用し、ボートを潮にのせてポイント上をゆっくり流すのが理想

アオリイカはエギを使用しないと釣れないが、良型のマルイカはエギでも釣れる

マルイカ

マルイカもアオリイカも、高活性時には、スッテやエギ、仲間を追って、海面近くへ上がってくることがある

小魚の群れ

ムギイカは、マルイカよりも少し深めのポイントを、海底近くから中層まで幅広くねらう

夏には大型のアオリイカもいる

ムギイカ

マルイカは、シロギスが釣れる水深15〜20メートルの根際の砂礫帯にも回遊してくる

岩礁と藻場

カケアガリ　シロギス

　春から夏にかけて浅場で釣れるイカは、時期と種類によってねらうタナが異なるが、岩礁帯付近を中心とした、海底に変化があるところが好ポイント。
　マルイカは、6〜8月にもっとも浅場まで群れが上がってくる。イカ類のなかでももっともソフトに誘う必要があり、足切れなどで途中でバラしてしまうと群れを散らしてしまうおそれもある。
　ムギイカは、マルイカと同じ仕掛けでねらえるが、マルイカよりもやや沖合で深めの場所が好ポイントとなる。ムギイカが大きくなったスルメイカは、初夏から夏にかけて、水深50〜150メートルのポイントで釣れる。

マルイカ、ムギイカの誘い方と釣り方

　マルイカは身や足が非常に柔らかいので、強くアオると、せっかくツノに掛かっても身切れでバラしてしまうことになるため、アオリイカやスルメイカの釣りのような強いアオリ（サオを上下に大きくシャクる誘い）は適しません。

　イカヅノには、先に端8本のハリが30度くらいの角度で付いており、これをカンナと呼び、釣っているとこのカンナにスミがついたり、切れた足の一部が彩も派手なものが主流となっています。

　なお、マルイカは足切れなどでバレることもあるので、乗ったら一定のスピードでリーリングし、ハリ掛かりの仕方によってはタモを使って慎重に取り込もう。アオリイカほどではないが、抜き上げる際にはスミなどにも注意。

　ついてしまうことがあります。入れ掛かりでよく釣れるときはそのまま使ってもイカは乗ってきますが、乗りが渋い日は歯ブラシなどで磨いて、きれいな状態にして使うようにします。

マルイカねらいでは、イカ釣りのなかでもっともソフトな誘いを心がける。なお、市販のセット仕掛けで浅場のマルイカ・ムギイカをねらうなら、水深に対して仕掛けが長すぎるので、手返しを良くするためスッテを減らす

そのため、サオは軟らかめのサオを使用し、シロギスザオなどを50センチほどゆっくり上下に動かし、ソフトに誘うのが基本です。場合によっては、ロッドキーパーにサオを置き、船の揺れにまかせた釣り方（置きザオ釣法）でもよく乗ってきます。

近年はサオを小刻みに叩くようにしてスッテを躍らせる釣り方が流行していますが、その場合も叩いたあとに少し待ってから、そっと聞き上げるようにサオを上げ、わずかな変化（アタリ）や乗りの有無を確かめます。

イカ類は、氷や真水が身に直接触れないよう、ビニールなどに密封して持ち帰り氷入りの海水に入れたままにすると、身が白く濁り、硬くなってしまうので、一般にイカ釣りでは、叩いたときの明確なハリ掛かりしたときの明確なハリ掛かりしたときの普通の魚のようなアタリもなく、その後の強いヒキもないのが普通です。特に深場では、サオをアオ

また、手持ちでも置きザオでも、身切れ、足切れでバレてしまうことを防ぐため、乗り（アタリ）を感じても強いアワセは絶対にせず、リーリングもソフトにゆっくり行うのがマルイカ釣りの大原則です。

取り込みのときも十分に注意することが大切で、海面にイカが見えたらツノへの掛かり具合を確認し、足１本しか掛かっていないような状態だったら、かならずタモですくい取ります。

一方のムギイカは、身切れすることが少ないので、マルイカよりもやや大きめの、派手で鋭い誘いで、叩き釣り、ソフトなたるませ釣りなど、いろいろな釣り方を織り交ぜて、その日一番よく乗る釣り方を探ってみてもよいでしょう。

なお、一方のイカ釣りは、マルイカ同様の誘い方でも構いません。叩き釣り、ソフトに誘ってスッテをアピールするのが基本ですが、マルイカ

ったときにグイッと重さを感じ、サオの曲がりが大きくなるのがイカのアタリです。

しかし、マルイカはイカの中でもツノに乗ったときの動きが大きく、とくに初夏のころの浅場ねらいでは乗りが明確に分かります。

そのため、置きサオ釣法でもサオはグイッ、ググーンと魚同様のアタリを見せてくれます。

なお、ねらうタナは海底すれすれから３メートルくらい上層が一般的ですが、活性が高いと仕掛けに掛かったイカを追って、仲間のイカが４杯、５杯と海面まで追ってくる姿も見られ、この習性はマルイカ、アオリイカが属するヤリイカ科の特徴のようです。中層をねらっても次から次へとイカが乗ってきます。

マルイカ、ムギイカ釣りの仕掛け

サオ：1.8〜2.4メートル前後　マルイカ・ムギイカ専用ザオ　オモリ負荷10〜15号程度
（軟らかめのシロギスザオ、エギングロッド、ライトクラスのルアーロッドでも可）
リール：小型両軸受け（浅場では小型スピニングでも可）
ミチイト：PE1.5号　100メートル
オモリ：舵付き15〜30号（水深によって使い分ける）

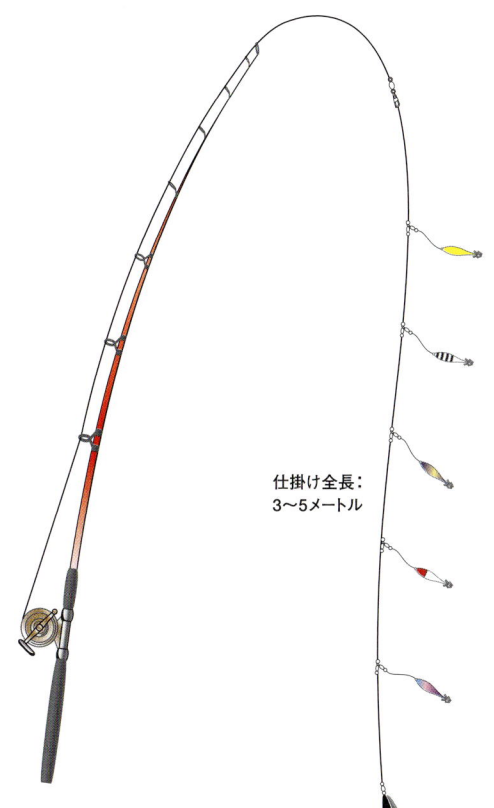

● マルイカ、ムギイカ用スッテ
マル・ムギイト巻きスッテ（4〜6センチ各色）
※深場ねらいなら5〜6本、水深10メートル前後の浅場ねらいなら3〜4本
※赤／白、各色グラデーション、各色単色など

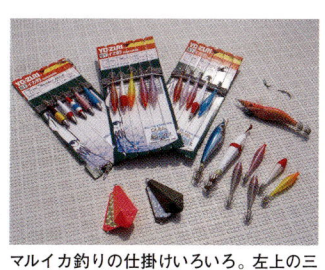

仕掛け全長：3〜5メートル

マルイカ釣りの仕掛けいろいろ。左上の三つは市販のセット仕掛け、右上は小型のエギ。右下にあるのは、左からトトスッテ、ウルトラスッテ、バラ売りのマルイカスッテ。下は舵付きオモリ

マダコ

夏　伝統釣法が今なお生きる

おもなポイント▼水深3～15メートル程度の岩礁周りなど

近年の釣りでは、いろいろなハイテクを駆使する機会も多く、タックル、釣法とも、伝統的な釣法から大きく変化していますが、マダコ釣りは昔ながらの道具で今なお盛んに行われています。

関東での釣り方は、大きなタコテンヤにカニを縛り付け、これを縄（太いミチイト）につないで海底を小突くというもの。マダコが乗ると、一瞬「根掛かり？」と思うこともあるくらいで、釣り上げたときのユーモラスな踊りがこの釣りの魅力です。

タコは8本の足を持つ、頭足綱に属する軟体動物で、世界の暖海に生息しています。

ただし、これを好んで食べる国は、日本のほか、韓国、中国、ヨーロッパの一部の国くらいで、欧米諸国では"悪魔の魚（デビルフィッシュ）"と呼ばれ、ほとんど食べる習慣がないようです。

さて、タコ釣りは日本全国で行われていますが、おもにねらうのはマダコで、タコテンヤと呼ぶ専用の仕掛けに、タコの好物であるいろいろなエサを縛り付け、これを海底に沈めてねらうという釣り方の基本もみな同じです。

テンヤには50号程度のオモリと2～4本の掛けバリがあり、そのハリの少し手前にエサを縛ります。テンヤには日本各地でいろいろな形のものがあり、その地にあった工夫がされていて、大変興味を引きます。羽子板状に切った竹の板に掛けバリを付けたタイルが主流ですが、鉛のオモリを平たくして直接掛けバリを付けたもの、石のオモリをくくり付けたものなどもあります。

タコは、カニやエビなどの甲殻類、貝類を好むほか、小～中型の魚も取って食べる悪食といわれます。そのため、エサとしてはマダコが一番好むといわれるカニを使うことが多いようですが、カニのほか、タチウオのような光りものもよいエサとなり、魚の切り身やぶつ切り、肉の脂身なども使います。

また、タコは擬似エサにもよく反応するため、タコは貝殻だけでもよく釣れます。

魚図鑑

マダコ
「頭足類・マダコ科」

タコは頭足綱八腕目マダコ科に属し、種類も多彩。そのなかの代表種がマダコである。魚類ではなく軟体動物だが、市場や釣りの世界では魚介類とされており、日本では重要漁業資源の一つとなっている。

マダコは北海道以南、以西の各地の沿岸の、水深1～30メートル程度の岩礁域におもに生息し、岩礁のすき間や穴、さらには堤防の石積みやケイソンの隙間など、身を隠せるところを好む。

夜行性で縄張り意識が強く、狭い穴状のものを隠れ家にする習性を利用したのがタコ壺漁。タコを取る最高の方法で、漁獲されるタコの大半はこの方法を用いている。

大きさは全長60センチ以上、最大で3キロ以上に育つ個体もいるが、1キロ前後のものが一般的。

釣期は長く、釣る気なら周年ねらえるが、通常は、夏の一時期と初冬から正月までが釣期とされる。食の世界では、産卵期を迎える春～夏が旬とされる。

身がやや硬いことが欠点ともいわれるが、噛めば噛むほどにおいしさがジワッと広がり、食材としての人気も高い。硬さは茹で方でかなり異なるので、125ページを参照のこと。

タコ釣りは地味な釣りではあるが、上がってくる瞬間のユーモラスな姿がなんとも楽しい。浅場で手軽に釣れ、食の楽しみも多い

れたり、派手な色の布やキャンディー型のプラスチックなどでもよく釣れ、マダコ釣りの本場、兵庫県・明石では、これらの疑似エサをテンヤに付けたものが多く使われています。

釣り方は、テンヤを船下または少し前方に沈め、海底を小突いてエサをアピールしながら、タコがジワーッとした感じでテンヤを抱え込むのを待ちます。

タコがテンヤに乗ると、一瞬、根掛かりしたかのような感触があったあと、ずっしりとした重量感を感じ、やがて8本の足で踊るような仕草を見せながらタコが上がってきたときは感動を覚えます。

伝統的なテンヤを使う
マダコ釣りの仕掛け

タコ釣りの仕掛けとして知られるテンヤは、昔からほとんど変わっていないといえるオーソドックスな手釣り道具です。

エサは、前述のとおりカニやチウオのぶつ切りなどが一般的ですが、タコは貝類も好むため、アワビの殻だけでもエサになり、これにコンクリートを入れてオモリを兼ねたテンヤとする地方もあります。

タコ釣りは根掛かりの多い海域がポイントとなるため、たとえ根掛かりしても強引に引いて仕掛けを取るために、縄(渋イトともいう)はポリエステル系の30号、サキイトもナイロンの20〜24号を使います。テンヤの上には派手な色の布やビニールを結ぶとよいとされています。

釣り場はほとんどが沿岸近くの水深3〜15メートル程度の場所なので、縄は30メートルもあれば十分です。

マダコ釣りの釣り方と
ポイント選びのコツ

関東におけるマダコの釣り場は、ほとんどがやや険しい岩礁のある海域とその周りで、意外な穴場となるのは沖堤防のきわや消波ブロック周りです。そんな海域で、ボートを潮に乗せて流し、おもにボート下をねらって釣るのが断然有利となります。

ただし、岩礁帯の海域では暗岩、洗岩による崩れ波に巻き込まれる恐れがあるため、十分な注意が必要です。また、ウネリがあるときは堤防の外側で釣っていると、波で堤防に引き込まれる危険があるため、堤防周りなら内側で釣ってください。

さて、エサをテンヤにしっかりくくり付けたら、海底まで仕掛けを沈めます。根掛かりの少ない海域なら、仕掛けは前方に少し投げて、小突きながら手前に少しずつ引いてくるのも有効ですが、ボートを流して釣っているときは

絶えず縄を張った状態で小刻みにテンヤで海底を小突き、ときどき小突きを止めてノリを聞いてみる。マダコ釣りで早アワセは禁物。ノリを感じたら慎重に

【ミズダコ】

北国に生息し、大型に育つ。パッと見ではマダコと間違える。関東の海では出合わないが、魚店にはよく出回っている。マダコより身が柔らかく、食べやすいという人も多いが、じっくり噛むと味はマダコのほうが上。最大で5キロを超える

【マダコ】

本州中部以南の暖かい海に分布する、タコの代表種。沿岸の岩礁帯に生息し、甲殻類を主食とする。夜行性で日中は岩穴などに身を潜めている。味は小型のほうが良く、房状になった卵は海藤花(かいとうげ)と呼ばれて珍重される

釣り方解説 夏

マダコ

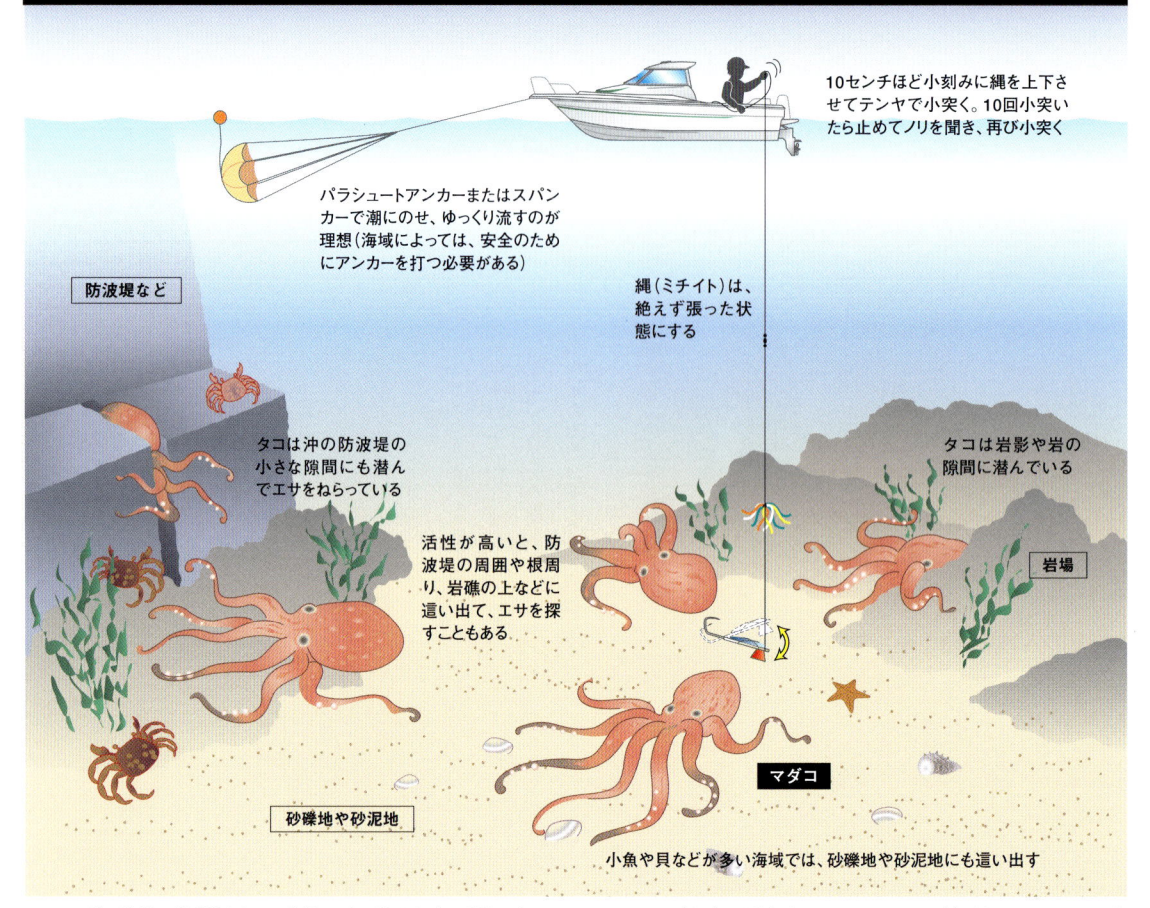

マダコ釣りの海底イメージ （水深3〜15メートル）

- 10センチほど小刻みに縄を上下させてテンヤで小突く。10回小突いたら止めてノリを聞き、再び小突く
- パラシュートアンカーまたはスパンカーで潮にのせ、ゆっくり流すのが理想（海域によっては、安全のためにアンカーを打つ必要がある）
- 縄（ミチイト）は、絶えず張った状態にする
- 防波堤など
- タコは沖の防波堤の小さな隙間にも潜んでエサをねらっている
- 活性が高いと、防波堤の周囲や根周り、岩礁の上などに這い出て、エサを探すこともある
- タコは岩影や岩の隙間に潜んでいる
- 岩場
- 砂礫地や砂泥地
- マダコ
- 小魚や貝などが多い海域では、砂礫地や砂泥地にも這い出す

タコは浅い海域の岩礁帯を好み、普通、日中は岩陰などの隙間に隠れている。このとき、好むエサが近くに来ると、まず手を出して様子を探り、時間をかけてエサを抱え込んで捕食する。また、エサを取るときはそこから遠くまで這い出すこともあり、特に貝類などが豊富な海域では、高活性時になると岩礁から離れた砂礫地、砂泥地にもやってくる。

カニやエビなどの甲殻類も好むので、テンヤにくくり付けるエサはカニが主流。ただし、さまざまな魚も使える。なかでも、入手しやすいタチウオの切り身がおすすめ。

なお、漁業権が設定されている海域が多く、タコ釣りができないエリアも少なくないので、ローカルルールを十分確認しよう。

マダコのノリは、最初、根掛かりに似た感じだが、本命が乗っている場合は徐々に縄をたぐれる状態となる。大物が乗ると、まさに根掛かりかと思うような感触がある

テンヤを釣っても同じです。テンヤが海底に届いたら、縄は絶えず張った状態にし、テンヤを決して浮かすことなく、小刻みに10回くらいゆするように小突いて、あたかもカニが海底で踊るようにします。これがタコに対するアピールとなり、興味を示したタコがそーっと近づいてきます。

活性が高いと一気にテンヤのエサを抱き込むように飛びついてきますが、意外に用心深いことも多く、一本の手でエサを触るようなしぐさで様子をうかがっていることも多々あります。こんなときには、小突きの途中で

わずかに粘っこいような根掛かり感、モタレを感じます。マダコ釣りで早アワセは禁物。なにか違和感、異状、根掛かり感を感じたら、10秒ほど待つのが基本です。活性が低いときは、さらに待ちを長めにします。

このあと、大きめにグイッとアワセを入れます。このとき、本当に根掛かりしていれば、ガチッとした感触でアワセを入れた手を止められますが、タコが乗っていれば、ちょっと柔らかめながらずっしりとした重さで縄が手繰れる状態になります。2〜3キロの大ダコだと、初めは根掛かり同然

の感触かも知れませんが、強く引くとジワッと上がってきます。

テンヤの掛けバリには基本的にカエシがなく、縄を緩めるとせっかく掛けたタコが外れる恐れがあるので、アワセたあとは決して縄を緩めず、ゆっくりと一定の速さで手繰ります。

タコが海面下に見えたら、できればタモで取り込むほうが安全です。抜き上げると、ポチャリと外れてしまう失敗もあります。

なお、タコを取り込むときは、決してボートに近づけないよう、精一杯腕を延ばし、艇体から離すようにして取り込んでください。ボートに張りついたタコは絶対に取り込めません。

貝類の多い海域では、岩礁海域以外の砂泥地や砂礫地帯にもタコがやって来ます。瀬戸内の明石の海は、昔からタコの釣り場として有名ですが、この海には貝類が多く住む砂泥地が広くあり、タコの好ポイントが多くあります。そんな場所では、テンヤを20〜30メートル投げて釣る方法が行われており、漁としては、タコ壺や巻き網を使ったものが盛んです。

なお、タコは漁業権が設定されていて釣りができないエリアも少なくないので、ローカルルールを十分確認しておきましょう。

タコを取り込む際は、ボートから腕を一杯に伸ばし、タモで掬うのが理想。艇体に張り付くと取れなくなってしまう。取り込み後も腕などに絡まれないようにしよう

マダコ釣りの仕掛け

手巻き用イト巻き
縄（ミチイト）：テトロン30号　30メートル
サキイト：ナイロン20号　1.5〜2メートル
タコテンヤ：40〜50号

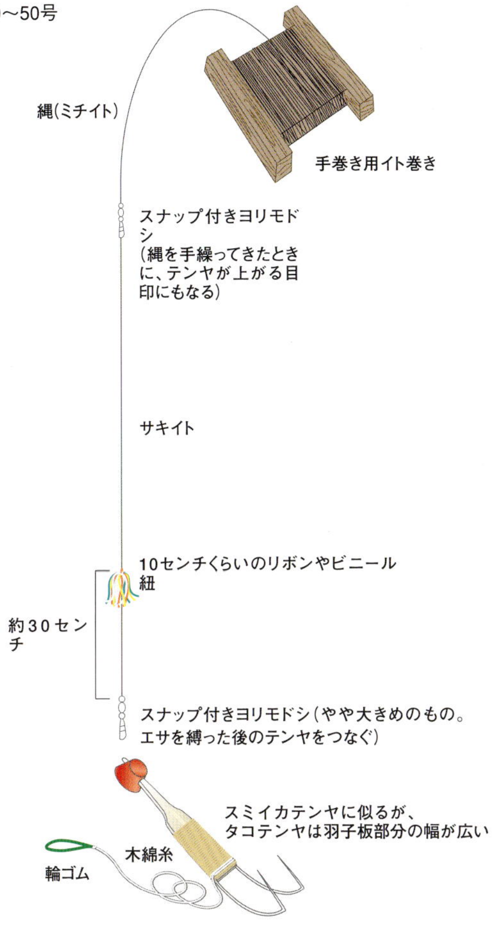

縄（ミチイト）

手巻き用イト巻き

スナップ付きヨリモドシ
（縄を手繰ってきたときに、テンヤが上がる目印にもなる）

サキイト

10センチくらいのリボンやビニール紐

約30センチ

スナップ付きヨリモドシ（やや大きめのもの。エサを縛った後のテンヤをつなぐ）

スミイカテンヤに似るが、タコテンヤは羽子板部分の幅が広い

木綿糸

輪ゴム

テンヤとエサの付け方

日本各地のタコテンヤ。掛けバリが3本以上あるもの、オモリが羽子板部分を兼ねたもの、擬似エサが付いているものなど、地域色豊かな仕掛けだ

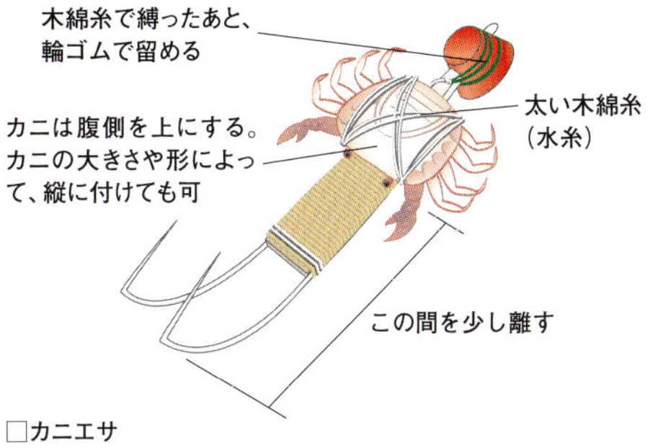

木綿糸で縛ったあと、輪ゴムで留める

カニは腹側を上にする。カニの大きさや形によって、縦に付けても可

太い木綿糸（水糸）

この間を少し離す

□カニエサ
カニエサは、腹側の白いほうを上に向け、木綿糸でしっかり縛り、最後はゆるまないように、輪ゴムでオモリの金具に留める。その後、スナップ付きヨリモドシでサキイトにつなぐ

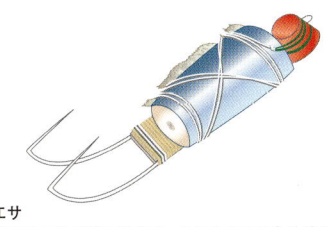

□タチウオエサ
タチウオなど魚をエサに使う場合は、大きめの切り身を使うと有利。尾側の身の薄い（細い）ほうを掛けバリ側に向けて木綿糸で縛る。木綿糸の留め方、サキイトへのつなぎ方は、カニエサの場合と同様

夏 魚探とにらめっこで魚影を追う

カマス

おもなポイント ▼ 水深10～25メートル程度の岩礁周りなど

小物ながら歯が鋭く、意外に獰猛なフィッシュイーター、カマス。その群れはすこぶる速いスピードで行動します。そんなカマスをねらう釣りは、そのスリリングさが魅力。夏から秋には、浅いところが釣り場となります。食するにもちょうどこのころが旬で、ぜひ釣ってみたいターゲットの一つです。

夏から秋にかけてのカマスは、沿岸の浅い岩礁周りを、群れであっちこっちとかなり大きく回遊しています。群れで行動する魚ですが、その群れが1カ所のポイントに止まることが少なく、絶えずほかの小魚を追って、これらに襲いかかって捕食するフィッシュイーターです。また、コマセを撒いてもそのポイントに止まってくれることの少ない魚です。

よって、カマスをねらう場合には、群れを魚探で探し、見つけ次第すぐに仕掛けを投入します。パラシュートアンカーを入れたりしていると、ボートが安定してさぁ釣り始めようとなったときには、カマスの群れはすでに移動しており、ワンテンポ遅れで能率よく釣ることができません。

アンカーを打ったりしてのんびり群れの回遊を待つ釣り方でも、実績ある好ポイントならある程度は釣れますが、活性の低い日などは釣果は著しく落ちてしまいます。

カマス釣りでは、その海域のいくつかのポイントをつかんでおき、魚探とにらめっこしながら反応を見つけたらすぐに仕掛けを入れる、釣れなくなったら（魚探反応が消えたら）すぐに近くのポイントを探す、というようにねらいます。

なお、カマスの魚探反応は、アジやほかの小魚のように、密度の濃い反応になることは少なく、海底すれすれ、もしくは海底より3～5メートル上層に、縦にパラパラッと出ることが多いようです。

魚図鑑 カマス［スズキ目カマス科］

日本近海に生息し、釣りの対象となるカマスは、ヤマトカマスとアカカマスの2種である。生息域は、ヤマトカマスが沿岸近くの水深10～30メートルの岩礁域であるのに対し、一方のアカカマスは沿岸の浅い岩礁域からやや沖の水深100メートルを超えるところまでとかなりの幅がある。ともに鋭い歯を持つ獰猛なフィッシュイーターで、ハリスをよく切られるので、軸の長いカマスバリを使ったり、ハリスのチモトをチューブで補強したりする。

ヤマトカマスは東日本以南、以西の沿岸に生息し、もっとも沿岸まで群れが寄る夏～秋が釣期となる。体長は最大でも30センチ未満。体色がやや青みを帯びるのでアオカマスと呼ぶ地方もある。なお、ミズカマスという別名を持つだけに、身が柔らかく水っぽいので、ただ焼り揚げたりしただけでは物足りないが、開いて塩をして一夜干し（小ぶりなら塩をして丸干し）し、焼いて食べると特級品のうまさ。

アカカマスは体色がやや赤味を帯びるのでこの名があり、東日本以西に生息し、最大で50センチに育つ。ヤマトカマスに混ざって釣れることもあるが、本格的には秋～冬に、やや沖の深場ねらいで釣るとともに型

カマスはこんなポイントをねらう

夏から秋にかけての時期に釣れ盛るカマスには、主となるヤマトカマスと、これに混じって釣れるアカカマスの2種がいます。アカカマスは秋も深まると少し沖合の深場でよく釣れるようになります。

一方のヤマトカマスは、東日本海域では、夏から秋にかけて沿岸近くに群れがやってきます。特にこの時期は、水深10～25メートルのかなり起伏の激しいところや沖磯の際、外洋に面した堤防周りなどに、いろいろな小魚が寄ってきているので、それらを追ってカマスもやってきます。そんなポイントをかなり速い動きで移動し続けるので、それをボートで追って手返し良く釣ることが要求されます。

カマス釣りは、ある程度の実績を積み、その海域の複数のポイントをつかんでおき、魚探を使ってそのときの状況を見ながらねらってください。

カマス釣りの仕掛けはサビキとカッタクリ

浅場のカマス仕掛けには、サオ釣り用のサビキ仕掛けと、手釣り用のカッタクリ仕掛けがあります。ほかの釣りと違うところは、カマスは歯が鋭いためハリスを切られることも多く、軸の長い専用バリを使う点です。市販のサビキ仕掛けにも、この点を考慮したものがあります。

それに、カマスには目立つものに襲い掛かってくる習性があるため、サビキはハリにやや派手めのカラーのフラッシャーが付いたものを使用します。色はアカ、ピンク、グリーンなどをいろいろ組み合わせたもの、単色に統一したものなどさまざまです。

活性が高いときはカラーはあまり関係ないようですが、食いの悪い日には、潮のにごり具合や天候に左右され、特徴が出る場合もあります。よって、その日の ヒットカラーを早く見つけだすことが好釣果につながります。

なお、サビキのハリのチモトに、蛍光ビニールチューブを被せたタイプもありますが、食いの悪いときはあまり良くないようです。

一方のカッタクリ仕掛けは、オモリ鋳込みタイプの弓形テンビンに、これもフラッシャー付きの擬餌バリ一本をつないだシンプルなものです。

なお、この釣りではコマセは使いません。あくまでバケを踊らせ続けてねらいます。

鋭い歯をもった獰猛なフィッシュイーター、カマス。小さな魚体ながらも力が強く、一荷のときは思わぬ強烈なヒキとなる

サオ釣りでは、海底近くを中心に、頻繁に誘いをかけながらねらう

夏から秋にかけて釣れ盛るのがヤマトカマス。活性が高いと鈴なりに釣れることもある

【アカカマス】 
カマスの仲間としてはもっともおなじみで、かつ、最北のエリアまで生息する種。日本海にも多い。最大で50センチに育つ。身が締まっており、新鮮なものは刺身でも食べられる

【ヤマトカマス】 
東日本以南、以西の太平洋岸に多く生息し、最大30センチに育つ夏ごろから浅い岩礁周りに群れが寄る。身が柔らかく、水っぽいので、水カマスとも呼ばれる。開いて干物にするとおいしい

両種は、体色と、ヤマトカマスのほうが細身な点が異なるが、もっとも決定的なのがヒレの位置で、第1背ビレと腹ビレがそろっていればヤマトカマス、腹ビレが少し前にあればアカカマスである。

がよく、冬に深場で釣れるものは丸々と太って、新鮮ならば刺身もいけるが、一晩程度干したものを焼いて食べると抜群においしく、一般的に売られているものの大半は、開きの干物である。

釣り方解説 夏

カマス

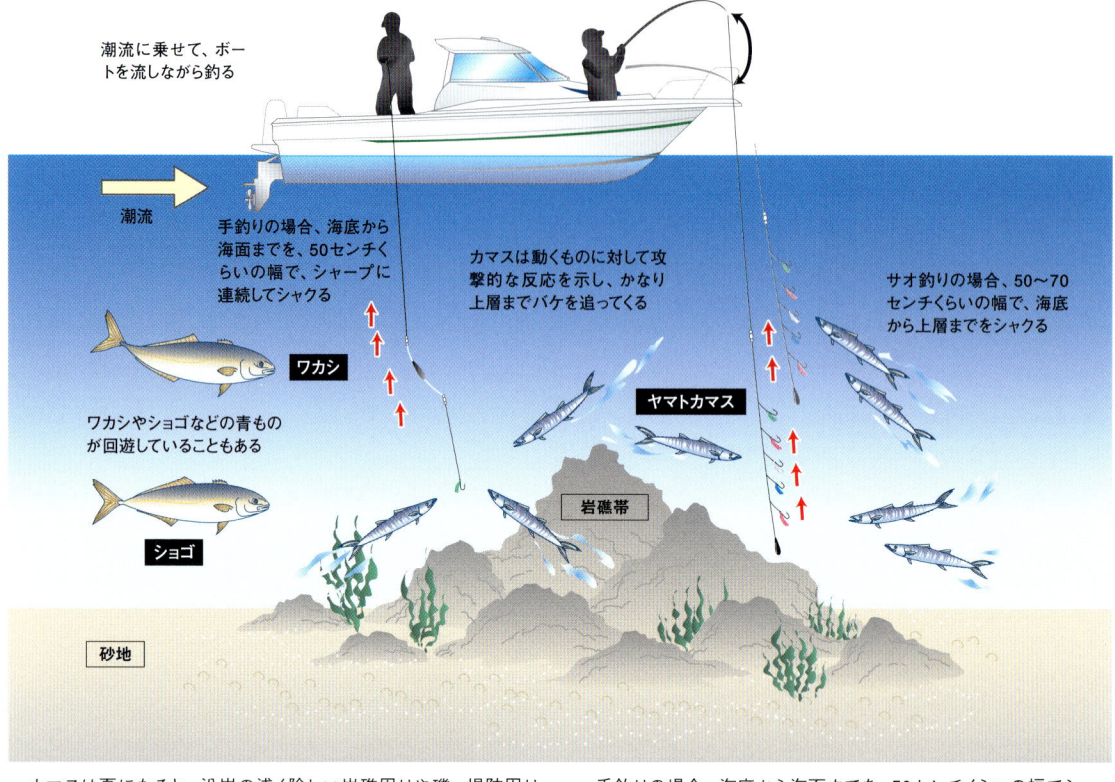

カマス釣りの海底イメージ

(水深10〜25メートル)

- 潮流に乗せて、ボートを流しながら釣る
- 潮流
- 手釣りの場合、海底から海面までを、50センチくらいの幅で、シャープに連続してシャクる
- カマスは動くものに対して攻撃的な反応を示し、かなり上層までバケを追ってくる
- サオ釣りの場合、50〜70センチくらいの幅で、海底から上層までをシャクる
- ワカシ
- ワカシやショゴなどの青ものが回遊していることもある
- ショゴ
- ヤマトカマス
- 岩礁帯
- 砂地

カマスは夏になると、沿岸の浅く険しい岩礁周りや磯、堤防周りに群れが寄る。ただし、群れの移動が著しく速いので、ボート釣りの場合は魚探で群れを追いかけ、反応が出たら素早く仕掛けを沈めてシャクリ始める。

手釣りの場合、海底から海面までを、50センチくらいの幅でシャープに連続してシャクる。

サオ釣りの場合、50〜70センチくらいの幅で、海底から上層までをシャクる。

カマスの釣り方と釣行時の注意

サビキ仕掛けを使う場合は、海底すれすれからその上5〜6メートルをねらうのが基本です。動くものに反応する魚ゆえ、黙って待っていたのでは釣れません。絶えず小刻みにサオをあおり、バケを上へ、上へと引くようなイメージでカマスを誘います。

カマスがバケを追う幅は、サビキ幅は50〜60センチほどと、かなり小刻みにシャクります。

一方、カッタクリ仕掛けする手釣りの場合は、オモリを海底まで沈めたら、直ちにシャクリ始めます。0.5〜0.7秒間隔で、幅は50〜60センチほどと、かなり小刻みにシャクります。

なお、サオのあおり方は50〜70センチ幅で、1秒間隔くらいです。

カマスを早くボートのなかに入れないと、空中でぶら下がっているときに鋭い歯がハリスにあたって、ハリスが切れて海へ落としてしまうこともあります。

取り込みは一気に抜き上げます。カマスを早くボートのなかに入れないと、空中でぶら下がっているときに鋭い歯がハリスにあたって、ハリスが切れて海へ落としてしまうこともあります。

活性が高いときはかなり上層まで追ってきます。一般には中層まで誘い、アタリがなければ再び仕掛けを沈め、誘いを繰り返します。

カッタクリ仕掛けでの手釣りは、50〜60センチの小刻みな間隔で、海底から海面近くまでをシャクってくる

海面近くでカマスの姿が見えたら、一気に引き抜いてボートへ入れる。まごついていると、歯でハリスを切られることもしばしば

夏 カマス

夏から秋にかけてのカマス釣りでは、いろいろな外道が混ざる。ワカシ、ショゴ(小型のカンパチ)、アジなどが定番の外道

リアなので、仕掛けを沈めてオモリが着底したら、シャクリを開始します。速やかに底を切ってシャクリを開始します。前述のとおり、カマスは群れの移動が速い魚です。ボートはアンカーを入れず、一時的に止め、群れの上に、的確に仕掛けを沈め、群れがいなくなったら再び群れを見つけてボートを止めて釣る、といった繰り返しでねらってください。

なお、カマスは歯が鋭く、専用の仕掛けを使っていてもハリスを切られる率がけっこう高く、入れ食いどきなど30分もすると2〜3本以上ハリスが切れてしまっている、ということもよくあります。残りのハリスが2〜3本になったら新しい仕掛けと取り換える、といった具合でも、周りの仲間と釣果にはそれほど差は出ないでしょう。せっかくの入れ食いどきに、仕掛け交換で時間が取られるほうが損となります。

また、カマスは小魚でも口が大きく、鋭い歯を持っています。うっかり指に刺さるとなかなか出血が止まらないので、十分に注意してください。

仕掛けよりカッタクリ仕掛けのほうが大きく、ときに海面下にカマスが見えるところまで追ってきて、バケに飛びつくこともあります。

誘い幅は海底から海面までの繰り返しとします。浅い海域なので、海面までシャクっても15秒ほどです。この釣り方では、バケを小魚のように見立て、これが上へ上へ、スイッ、スイッーと泳いでいるイメージでねらいます。

いずれの釣り方でもポイントの海底はかなり起伏の激しいエ

浅場のカマス釣りの仕掛け

●サビキ仕掛け(サオ釣り)

サオ:2メートル前後、オモリ負荷10〜15号、7:3調子(シロギスサオでも可)
リール:小型両軸(スピニングでも可)
ミチ糸:ナイロン3〜4号、100メートル(PEラインでも可)
　　　　リールを使用する場合は、ナイロンもしくはPE3〜4号
オモリ:15〜20号
カマスサビキ:全長2メートル前後、3〜5号針、5〜6本針(フラッシャーつき)

●カッタクリ仕掛け(手釣り)

ミチ糸:ナイロン10号、50メートル
弓形テンビン:オモリ30号つき
ハリス:フロロカーボン3号、2メートル
カマス用カブラバケ

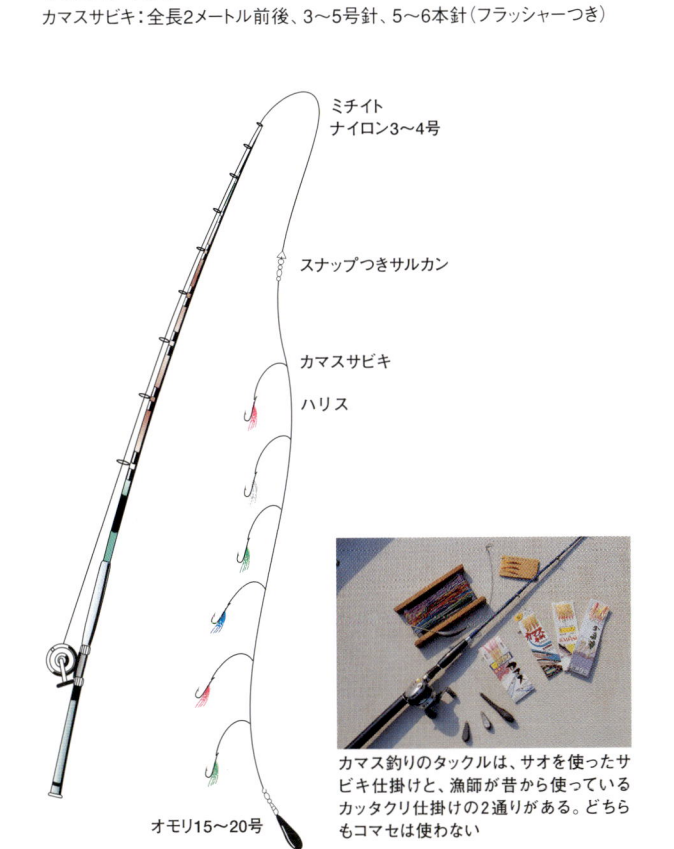

ミチイト
ナイロン3〜4号

スナップつきサルカン

カマスサビキ

ハリス

オモリ15〜20号

ミチイト

松葉サルカン(小)

弓形テンビン(オモリ30号付き)

イト巻き

スナップつきヨリモドシ

ハリ(カマス用カブラバケ)

カマス釣りのタックルは、サオを使ったサビキ仕掛けと、漁師が昔から使っているカッタクリ仕掛けの2通りがある。どちらもコマセは使わない

カッタクリ仕掛けは1本のジグ(バケ)を付けただけのシンプルなもの。親指、人差し指にはゴム製の擦れ止めをつける

秋

鈴なりのサビキ釣りの楽しさを味わう

アジ五目

おもなポイント ▼ 水深30～60メートルの岩礁周りなど

マイボートで楽しむ釣り方の一つに、ハモ皮などの擬似エサを付けたハリがたくさん並ぶサビキ仕掛けを使ったサビキ釣りがあります。

その代表ともいえるのが、鈴なりになって釣れてくるアジねらい。秋から晩秋にかけては、イサキやカサゴ、メバル、そしてときには大型の青ものなど、美味な外道魚がいろいろ釣れる楽しい釣りです。

サビキ釣りは、タナを幅広くねらえるサビキ仕掛けを用いて、おもに群れで行動しているアジなどの青もの（回遊魚）を釣るのに向いています。仕掛けの構成もシンプルで、沖釣りの基本ともいえるものなので、ぜひともマスターしたい釣り方の一つです。

サビキ釣りでは、アジのほか、サバやイナダ、ソウダガツオなどもよく釣れ、季節によってはイサキやメバル、カサゴなどのうれしい外道魚も期待できます。

さて、サビキでねらうアジ釣りは、オモリを海底まで下ろしたら、2～3メートル上（リールを3～4回巻いたところ）のタナをねらうのが基本ですが、アジの活性が高まるとタナが高くなりします。そのときどきの活性に合わせ、早く正確にタナをつかむことが肝心です。

サビキ釣りはコマセカゴを付け、これにアミエビなどのコマセ（撒きエサ）を入れ、群れを寄せて釣るのが一般的ですが、東京湾や相模湾でも、場荒れしていない海域で好ポイントを的確につかめば、コマセなしでもそれなりの釣果が得られます。コマセの大量使用は海洋汚染にもつながるため、コマセの使用量はできるだけ少量に抑えたいものです。

アジはこんなポイントをねらう

サビキでのアジ釣りは、水深10～50メートル程度の、あまり根掛かりのない岩礁の高根周りなど、海底に変化のあるところに大きな群れを作るが、ときにシラスや小イワシの群れを追って広く回遊することもある。小型のものは、夏～秋には湾内の浅いエリアによく群れるが、ときに中～大型のものも浅場までやってくる。釣期は比較的長い。

体色の違いで、金色もしくは黄色みが強いキアジ系（金アジ）、銀白色で体高のあるシロアジ系（近年あまり見かけない）、背の青みが強く全体に黒みがかったクロアジ系がある。クロアジ系は外洋に多く、食味はキアジ系よりワンランク劣る。

なお、アジ釣りでは、ときにマルアジ（アオアジ）がよく釣れる。マアジにかなり似ているが、食味は劣る。決定的な違いは、尾ビレの手前に小離鰭（しょうりき）がある点。これは、ムロアジの仲間の特徴でもある。伊豆諸島方面でよく出合うムロアジの仲間のほか、種類が多彩。標準種のムロアジのほか、クサヤに加工されるクサヤムロ、尾ビレが赤いオアカ（オアカムロ）、マアジそっくりの体形で尾ビレが赤いアカアジなどがいる。

魚図鑑 マアジ「スズキ目アジ科」

マアジは、釣りでも、食の世界でも人気の高い産業重要種。10センチ未満をジンタ、豆アジ10～20センチを小アジ、25～30センチを中アジ、40センチ前後以降を大アジと呼ぶ。

アジをはじめとする青ものが一番よく群れるのは、岩礁帯のカケアガリや、やや沖合にある高根の周りなどです。夏から秋にかけての水温が高い時期には、そうした場所を中心に、かなり広範囲にわたって大きな群れが回遊しますが、冬に向かって水温が下り始めると、高根の陰にある潮下側のカケサガリや、小さな隠れ高根の周りなどに、こぢんまりと固まることもよくあります。

深くないところに向いています。

こうした場所で釣れるアジは、あくまでシラスの群れを追って来ているため、ポイントが一定せず、「以前はここでアジが釣れたから」といって、次回もそこで釣れるとは限りません。

よって、アジ釣りでは、あくまで岩礁帯の好ポイントを的確につかむ必要があるのです。

ちなみに、アジなどの青ものは、港の堤防周りや桟橋、沖に設置されている定置網やイケス、ワカメ棚周りに群れがつきますが、これらの場所でのボート釣りはマナー違反です。特に、定置網の

内湾の瀬付きのマアジは、その体色からキアジ系に分類される。東京湾の走水周辺は潮の流れが速く、そこで釣れるマアジは、"金アジ"のと呼ばれるを持つ一級品

ブイなどにボートを係留しての釣りは、マナー違反であるのは当然のこと、イケスにボートが引き込まれる危険性も高いので、絶対に行わないでください。

アジ五目釣りのタックルとサビキ仕掛け

サビキ仕掛けは、ねらう魚の種類や大きさで、ハリスの太さ、ハリの大きさを使い分けます。イラストにその目安を記してありますが、標準は3×1.5号、ハリス長5〜8センチでよいでしょう。このサイズなら25センチ以下の小型のときや、食い渋るときは2×1号にサイズを下げてください。アジが15センチ以下までOKです。

コマセカゴはステンレス製、プラスチック製、網袋タイプといろいろありますが、アミコマセ用を使ってください。

ちなみに、東日本では仕掛けの上にコマセカゴを付けますが、西日本では仕掛けの下にカゴを付ける釣り方もあります。

オモリの号数は、水深や潮流

によって使い分けますが、ボート釣りでは乗っている人数が少なく、オマツリの確率も少ないため、水深20メートル以内ならば15〜20号で十分です。

サオもオモリの負荷に合ったものか、もう少し負荷の小さいものにします。調子は7：3調子か胴調子が向いています。軽いオモリで細めのサオだと、ハリ掛かりしたあとのヒキがより強く感じられ、「これぞボートでのアジ釣り」といった醍醐味が味わえます。

サビキ仕掛けによるアジ五目の釣り方

サビキ仕掛けでのアジ五目釣りで一番大切なことは、ポイント選定です。魚探があれば海底の様子をよく観察し、イラストのような反応を見つけましょう。

コマセを使う釣りでは、アンカリングしてボートを止めるのが理想です。アンカリングはイラストのとおり、ロープが張ってボートが反応の上にピタリと止まるようにします。

ボートがよく釣れるポイントに入ったら、ヤマダテ（2方向それぞれ2点ずつの目標の重なりによって場所を特定すること）をするか、GPSに位置を登録するかして、そのポイントを正確に記録することが大切です。広い海の上では、ボートの位置

【マルアジ】

関東付近以南、以西、東シナ海に分布し、水深5〜100メートルの岩礁域から付近の砂地底まで回遊。最大で35センチ程度。青みが強い体色と、尾の近くの上下に離れビレ（小離鰭）があるのが特徴

小離鰭

【マアジ】

日本各地に分布し、沿岸からやや沖の水深5〜100メートル以上のところに生息。通常は最大で50センチ程度。まれに体長60センチ、2キロをゆうに超えるものも釣り上げられている

アジ五目釣りの海底イメージ （水深15〜50メートル）

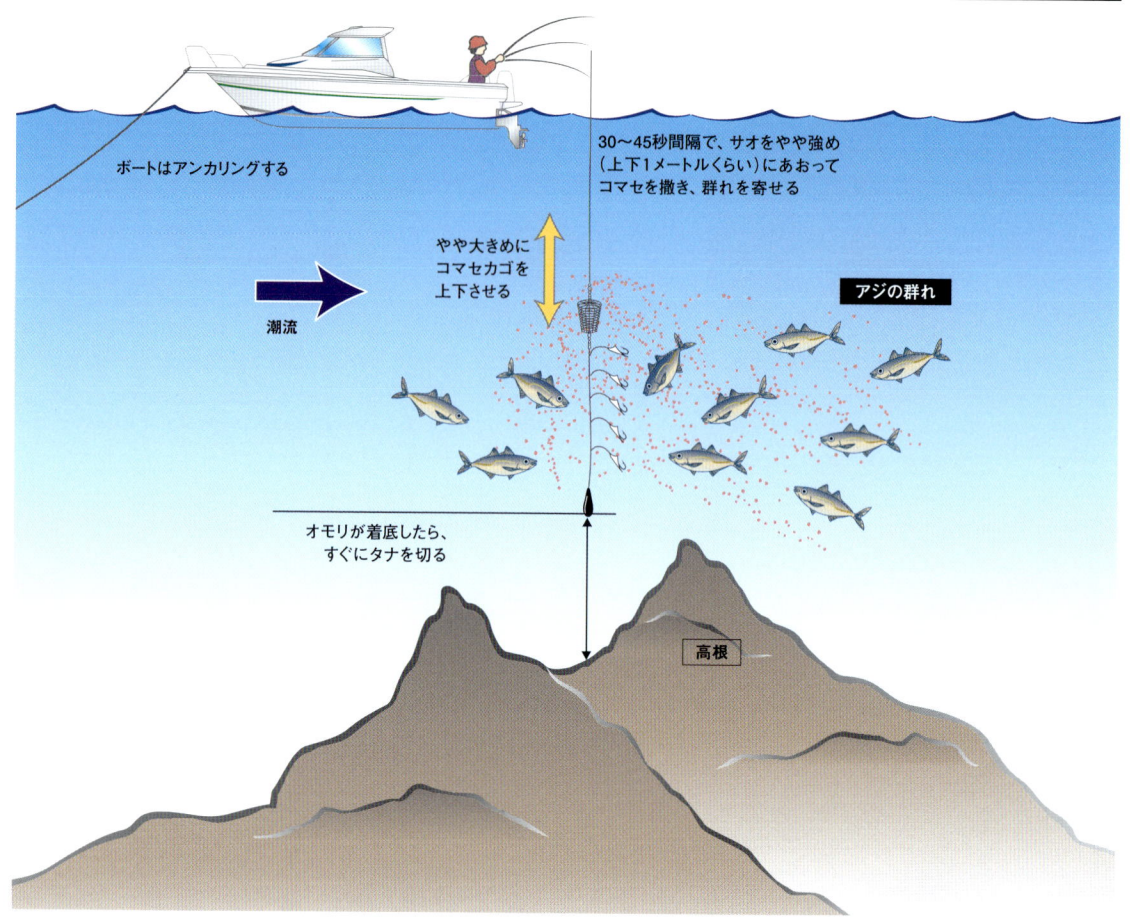

- ボートはアンカリングする
- 30〜45秒間隔で、サオをやや強め（上下1メートルくらい）にあおってコマセを撒き、群れを寄せる
- やや大きめにコマセカゴを上下させる
- 潮流
- アジの群れ
- オモリが着底したら、すぐにタナを切る
- 高根

　タナ取りは、オモリが着底したら2〜3メートル上げるのが基本。食いがよいとタナは高くなるので、海底から2〜5メートルくらい上を探る。
　さらに食いが立つとタナは中層以上に上がるので、そのときは海面からタナ取りし、仕掛けをタナより下に下げないようにする。
　仕掛けを下ろしすぎると、ネンブツダイ、スズメダイ、ベラなどの外道魚が多くハリ掛かりしてしまう。

ポイントでのアンカリングの仕方

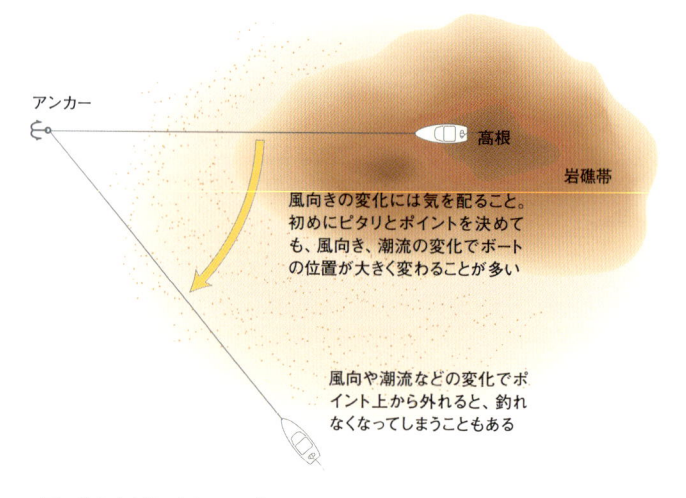

- アンカー
- 高根
- 岩礁帯
- 風向きの変化には気を配ること。初めにピタリとポイントを決めても、風向き、潮流の変化でボートの位置が大きく変わることが多い
- 風向や潮流などの変化でポイント上から外れると、釣れなくなってしまうこともある

　が20〜30メートルずれても気づかないこともあります。好ポイントを記録することは次回の釣りにも大変に役立つため、必ずメモをとる習慣をつけたいものです。
　注意しなければならないのは、時間が経つと風や潮流でボートの位置がずれ、高根を大きく外れてしまうことです。ボートが砂地帯へ入ったりすると、タナは前述のとおり、オモリがほとんど釣れなくなります。
　コマセは冷凍アミエビを解凍したものが一般的で、5時間ほどの釣りで、レンガ状のものが3個ほど必要となります。
　なお、アンカリングやコマセの使用が禁止となっている海域もあるので、事前にエリアごとのローカルルールを確認しておきましょう。

　夏〜秋の高水温のときは、アジが広範囲に回遊することも多く、コマセについて来るため、根から外れても釣れ続けることがある。
　一方、特に晩秋以降に海水温が下がると、好ポイントに小さく群れで固まるので、ボートが根から外れる（砂地帯などに入る）とまったく釣れなくなってしまう

釣り方解説　秋　アジ五目

アジの魚探反応の例

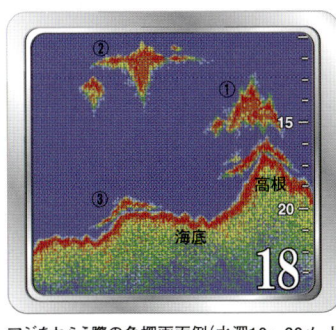

アジをねらう際の魚探画面例（水深10～30メートルの拡大画面）。反応の出方が魚種ごとに異なる

①アジの群れの反応
反応が三角形に出ることが多い。食いがよいと、高根の頂上付近や岩礁のカケアガリの角などの海底から、2～3メートル離れたところに出る

②イワシの群れの反応
逆三角形の反応が出ることが多い。海底からかなり離れている。ときに、海底から大きく離れた中～上層に、アジより大きな反応が出る

③ネンブツダイ、スズメダイや外道魚の反応
高根やカケアガリなどの周りで、ほとんど海底について（ときに高いところまで連続して）いるのは、たいがいネンブツダイやスズメダイ

サビキ仕掛けを使ったアジ五目釣りでは、サバ、イサキ、メバル、カサゴなども釣れる

着底したら2～3メートル上げたところをねらいます。サオをやや大きく（1～1.5メートル）上下してコマセを撒き、その煙幕のなかにサビキが入るイメージをしながら、ゆっくりとサオを下げます。アジはサビキがゆっくりと下がってくるときにヒットすることがよくあります。

アタリが出ないときは30秒間隔でサオを振って、これを5～6回繰り返します。アタリがなくてもコマセの詰め替えはマメに行って、絶えずコマセが散っている状態を保つと、やがてアジの群れがやってきます。よいポイントにボートが止まり、活性が高いと第1投から食ってきます。

アジは、ハリ掛かりすると反転するように仕掛けを引いてくれ、アワセを行わなくてもハリ掛かりします。アジは口周りが弱いため、へたにアワセるとバレます。

魚が海面に見えたら、コマセカゴがサオ先近くになるようリールを巻いて、オモリが手に取れる状態にして、一気にボート上へ魚を取り込みます。このときも海面上でバレて落ちることがあるので、ソフトにすみやかに取り込みましょう。

アジが掛かっていないときのコマセの詰め替えは、サオを上げたカゴがサオ先にコマセカゴが手元にくる位置で巻き上げを止め、オモリとサビキを海中に垂らした状態で行うと、仕掛けが絡まず、能率よく釣り続けられます。

アジの活性が高く、食いがよいときは、タナがだんだんと高くなります。サビキの上のほうのハリによく掛かるときは、前回のタナより1～2メートル上

でストップするようにします。タナが高くなったら、オモリは絶対に海底まで着けず、海面からのタナ取りで釣り続けます。海底まで着けてタナまで上げる釣り方だと、コマセの撒かれる層の幅が広がり、せっかく上ってきたアジの群れを上下に広げてしまい、"タナぼけ"してしまいます。できるだけ群れを一定のタナに多く集め、能率よく釣り続けるのが理想です。

てしまいます。ガクガク、グングンといったアタリが連続します が、ややサオを立てた状態でしばらく待つと、追い食いしてくることもよくあります。たくさんのアジが掛かるとサオの曲りも大きくなるため、ころあいを見て、ゆっくりとリズミカルにリールを巻きます。

アジ五目釣りのサビキ仕掛け

サオ：2.4～2.7メートル　胴調子（7：3調子でも可）オモリ負荷15～30号
リール：小～中型両軸。ドラグ機構つきのもの
ミチイト：PE2～3号、100～200メートル
コマセカゴ：アミコマセ用小型ステンレスカゴ（網目は3ミリ）
　　　　　※プラスチックカゴ、コマセ網でも可
オモリ：20～30号

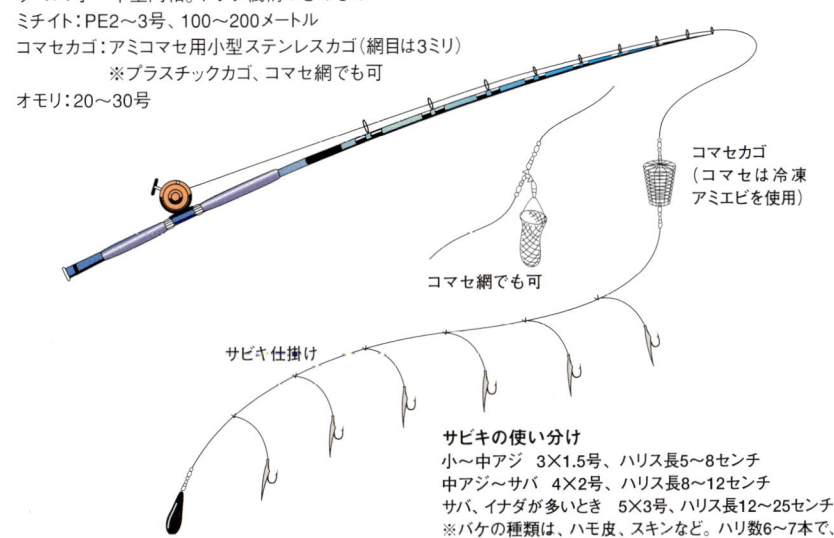

コマセカゴ（コマセは冷凍アミエビを使用）

コマセ網でも可

サビキ仕掛け

サビキの使い分け
小～中アジ　3×1.5号、ハリス長5～8センチ
中アジ～サバ　4×2号、ハリス長8～12センチ
サバ、イナダが多いとき　5×3号、ハリス長12～25センチ
※バケの種類は、ハモ皮、スキンなど。ハリ数6～7本で、仕掛け全長がサオの長さと同等かそれより少し短いものが使いやすい

オモリ

タチウオ

秋　メーター級も夢じゃない

おもなポイント ▼ 水深20〜80メートル程度の岩礁周りなど

太刀のような体形からか、海中で垂直に立って泳ぐからか、タチウオと呼ばれるようになったこの魚は、その名にふさわしい力強い釣り味と端麗な姿から、各地で釣り人たちからの脚光を浴びています。淡泊なその白身は、焼いてもよし、揚げてもよし、なんとも贅沢な晩餐を演出することでしょう。

近年、ジギングのターゲットとして人気急上昇のタチウオですが、オモリにフック（カットウ）をつけた仕掛けを使うカットウ釣りは、いわば日本式のルアー釣り、職漁師の漁法としても、アマチュアの釣りとしても、50年以上前から行われてきました。

またタチウオはエサ釣りでも人気のターゲットで、以前から、東京湾では日中釣りが、潮色が明るい駿河湾では夜釣りが、夏〜秋を中心に初冬まで行われています。

さらにここ最近では、夜釣り禁止の相模湾などでも日中釣りで思わぬ大釣りができることもあって、タチウオの集まるポイントにマイボートや乗合船などが集まるようになり、休日ともなれば、乗合船に交じってたくさんのマイボートを見かけるようになり、この釣りの人気のすごさを感じます。

さて、タチウオ釣りのシーズンはたいへんに長く、ほとんど1年中ねらうことができます。しかし、非常に目のよい魚で、日中は水の澄んだ海域だと仕掛けを嫌って、思うような釣果が上がらないことがあります。

一方、大雨のあとやプランクトンが多いことなどで多少濁ったりすると、どこの地区でも日中からよく釣れたりもします。

釣り方は、エサ釣り、ルアー釣りのいずれも可能ですが、同じ船でこの二つを同時に行うと、エサ釣りのほうがよく釣れることが多いようです。

魚図鑑　タチウオ［スズキ目タチウオ科］

タチウオは比較的暖かい海域を好み、東日本以南、以西の、カケアガリ周辺など、海底に変化のあるところに大きな群れを作る。夜行性が強く、日中は深みに潜るが、夜間や潮に濁りがあるときには、エサを追って浅い海域や沖の上層に上がってくる。歯がめっぽう鋭く、釣り上げたときや料理の際の取り扱いには、十分な注意が必要。

サーベル（太刀）の形をしているので、英名ではサーベルフィッシュ、我が国でも同様に太刀魚と書くが、海中に群れているときに垂直に立っていることが多いため、タチウオ（立ち魚）と名づけられたという説もある。

タチウオのサイズは、全長のほか、魚体の幅を指の本数で測り、"指○本"と表現する。

身が柔らかい魚だが、食味はすこぶるよく、釣り人ならば、ぜひ釣ったその日にぜひひとも刺身で味わいたい。釣れたては体の表面がピカピカで、顔が写るほど美しいが、時間が経つと表面の輝きも身の透明感もなくなり、本当のおいしさは味わえない。市場に並べてある切り身などはまったく艶がなく、くすんだ銀白色となる。こうした状態ではとても刺身にはできないため、タチウオの刺身が食べられるのは釣り人の特権ともいえる。

さて、タチウオは大群で行動しているため、活性が高いと入れ食い状態となり、大釣りもあります。その反面、エサ取りがたいへん上手で、アタリが頻繁なわりになかなかハリ掛かりせず、難しさを感じることも多々あります。つまり、食い渋りときはタチウオとの駆け引き、そしてテクニックの善し悪しで釣果に大きな差が出るものなのです。このあたりは、カワハギ釣りに似たおもしろさがあります。

タチウオはこんなポイントをねらう

タチウオはかなり行動範囲の広い魚で、好ポイントは全国にたくさんあります。特に、夜はより活性が高まり、浅い海域の上層まで群れ上がってくるため、堤防からの釣りが盛んな地区があるほどです。

一般には、日中は水深60〜150メートルのやや険しい岩礁帯や急なカケアガリなどに群れますが、海の濁りが強いと水深20〜30メートルの浅い海域にもやってきます。そのため、相模湾を例に取ると、濁り水が入り込む相模川の河口一帯、水深20〜80メートルのエリアなどが好ポイントになるわけです。

タチウオは最大で1.5メートルほどに育つ魚で、釣りでは70〜100センチ級の中型が主体となります。しかし、1メートルを超すものもよく交じり、このクラスがハリに掛かったときのすさまじいヒキ味は、釣り人を大いに楽しませることでしょう。

タチウオ釣りのタックルと仕掛け

タチウオ釣りに使用するサオは、オモリ負荷30〜50号程度の7対3調子のもので、魚が掛かったら6対4調子に曲がるものがいいでしょう。夜釣りなどで置きザオでねらう場合などは、6対4調子のムーチングタイプがおすすめです。

マイボートでの釣りでは、多くの乗合船で統一されている80号のオモリを使用すると、特に浅い海域では、ハリ掛かりしたあとのおもしろさに欠けてしまいます。特に、夜釣りや、日中でも浅いタナや海域をねらう場合には、20号程度のオモリにシロギスザオ、もしくは、30号オモリに20号負荷程度のサオを組み合わせると、抜群におもしろいやり取りが楽しめるのでおすすめです。

仕掛けは、片テンビンの2本バリが標準です。しかし、食いの悪いときは1本バリのほうが有利な場合もあります。

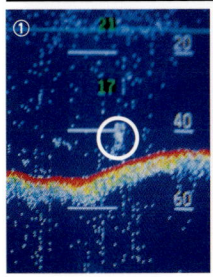

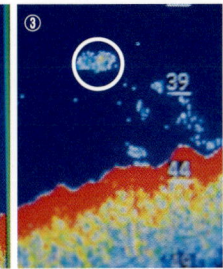

エサは、なるべく新しいサンマかサバの切り身（1×7センチ程度）を、ハリにチョン掛けします。なお、タチウオは歯が鋭く、ハリスを切られることも多いので、

マイボートフィッシングならではのライトタックルを用いれば、タチウオとの豪快なやり取りが存分に楽しめる

タチウオの魚探反応の例

タチウオは岩礁帯のカケアガリ周辺に群れを作り、上下にやや幅がある反応として表れる。①の場合、海底から5メートル程度のところに群れが確認できる。②の場合はカケアガリの下、③の場合は岩礁帯の高根に近いところの、それぞれ海底から6〜7メートル上に出ている反応がタチウオのもの

【スミツキアカタチ】 
アカタチ科の仲間は日本近海に3種生息。関東周辺に多い本種には、体側前方に白い模様が入るが、アカタチにはこれがない。近似のイッテンアカタチは、背ビレに黒点が一つあるので区別は容易

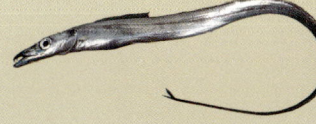

【タチモドキ】
タチウオ科に属し、相模湾、駿河湾などで、タチウオに混ざって釣れることもあるが、非常に不味い。一般的に120センチ以上と大型で、顔が細長く、尾ビレの先端が小さく分かれている

【タチウオ】 
東日本以南、以西の、海底に変化のあるところに生息する。全長80〜100センチ、指3〜4本が一般的なサイズ。120センチを超えると大型と呼ばれ、まれに150センチ、指6本、2キロ近いものもいる

タチウオ釣りの海底イメージ

(水深20〜80メートル)

- ボートは風や潮に乗せて流す
- タチウオは頭を上にして、立って泳いでいることも多い
- ●夜間など 活性が高いと、日中でも潮の濁りが強いときや夜間は、かなり上層へも群れが上がる
- ●高活性時 活性が高いと、浅い海域の平根や砂地にも回遊する
- 浅場でねらう場合はアンカリングしたほうが望ましい
- タチウオの群れ
- 砂地
- ●通常 タチウオが一番よく群れるのは、岩礁帯近くのカケアガリ付近
- 10〜30メートルの急なカケアガリ
- 岩礁帯

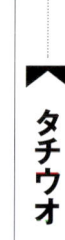

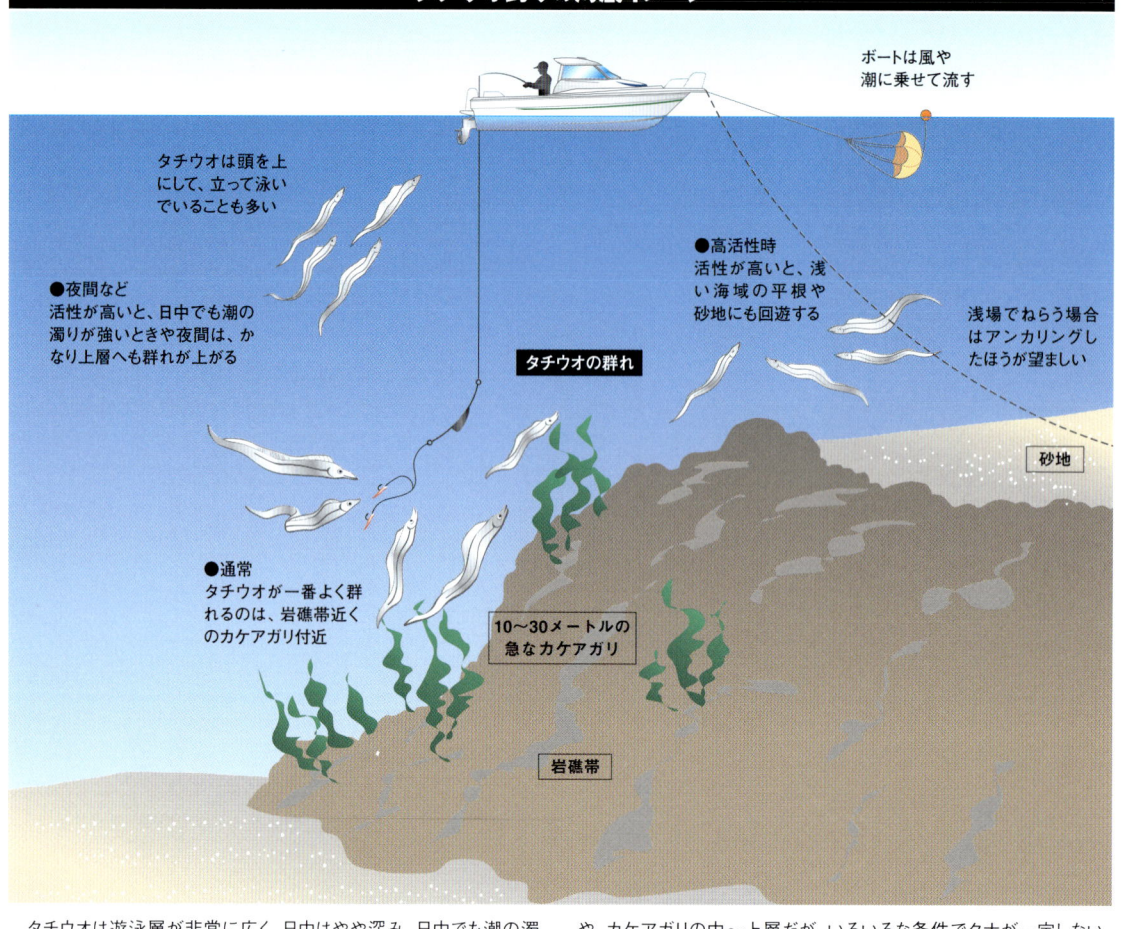

タチウオは遊泳層が非常に広く、日中はやや深み、日中でも潮の濁りが強いときや夜間は、浅いエリアや深場の上層へ上がってくる。よって、日中釣り、夜釣りともに、幅広く探ってねらうのが基本となる。

タチウオが群れるのは、変化ある岩礁帯付近の海底から中〜上層や、カケアガリの中〜上層だが、いろいろな条件でタナが一定しない。そのため、仲間や周りのボートと情報交換しつつ、下から上へと幅広く誘い続け、早くアタリダナを見つけることが重要。それ以降もタナが上下するので、アタリダナを中心に、上下2〜30メートルを探る。

タチウオの釣り方

タチウオは行動範囲が広いとはいえ、群れる習性が高いので、まずは群れがいるポイントを的確につかむことが大切です。加えて、活性や時間帯によってタナが大きく違うので、そのタナに合わせることも重要です。

オモリを海底まで下ろしたら、上へ上へと誘いをかける要領でねらいます。

誘い方は、サオをシャクってはリールを巻き、ちょっと間をおいて再びサオをシャクるの繰り返しで、10〜20メートルの間を探るのが基本です。この"シャクリ"のリズムは季節や活性で異なり、春はシャープに早いリズム、秋か

ワイヤハリスを使うこともあります。しかし、ワイヤだとやや食いが悪いようなので、ハリス補強のため、ハリのチモトから7〜8センチのところに、蛍光色のビニールチューブでカバーしておきましょう。

また、タチウオは派手なものに興味を示すため、ピンクかグリーン系の蛍光タコベイトを併用すると効果的です。

タチウオ釣りの基本テクニック

- 3〜4秒の間隔で、1メートルほどサオをシャクり、タチウオの遊泳層のなかを上へ上へと誘っていく
- 10〜20メートル
- 1メートル
- 1メートル
- 1メートル
- タナ取り(ハリス長+1メートル)
- オモリ着底

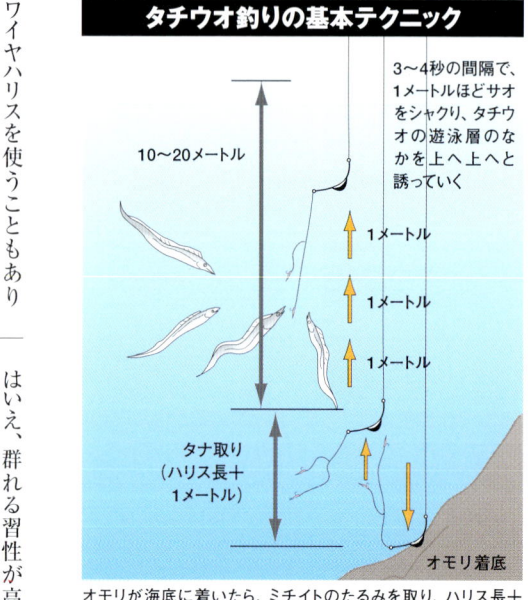

オモリが海底に着いたら、ミチイトのたるみを取り、ハリス長+約1メートル(3メートル程度)底を切る。タナが取れたら、そこから上へ上へと仕掛けを上げて誘っていく。そのリズムはさまざまだが、ゆっくりとアタリを聞くような要領で行う

ら冬はゆっくりしたリズムがよいとされます。ただし、必ずしもこのとおりのリズムでヒットするとは限らないので、なるべく早いうちに、当日の「有効な誘いのリズム」を見つけましょう。

活性が高い日中や夜は、中層から上層へと群れが上がって来ます。そんなときは海底まで仕掛けを下ろさず、群れがいるタナの少し下でイトの出を止め、中層から上層を中心に誘います。

一定のタナから上層でよくヒットするという場合には、そのタナを中心に、サオをゆっくり大きく上げ下げして誘ってもいいでしょう。

なお、夜釣りなどでは軟らかめのサオを使い、タナに仕掛けを合わせれば、置きザオで食ってくることもあります。また、食いがよいときは、仕掛けを沈めていく

途中で、コクンッといったアタリが出ることもあります。

アタリに対しては、どんなときも、サオを鋭く立てるアワセが必要です。このアワセのタイミングが難しいのがタチウオ釣りで、あるときはアタリに対し瞬時に反応する即アワセがよかったり、少しサオを下げるようにして送り込んだあとに大きくサオを立てるのがよかったりとさまざまなのです。

この違いは、一気にエサを飲み込むように食ったり、エサを突つくようにしてちぎり取ったりという、活性の違いによるものです。よって、当日有効なタイミングを早く読み取り、的確な合わせ方を見出さないと、エサばかり取られることになり、カワハギ釣りに似た悔しさを感じることに

なります。

ガッチリとハリ掛かりしたあとは、リズムよくリーリングし、タチウオが海面に見えたら一気に抜き上げて取り込みます。そして、釣り上げたその瞬間にしか見られない、ピッカピカの鏡のような魚体を存分に堪能してください。もし、初めてのタチウオ釣りなら、「こんな美しい魚は見たことがない」と、その印象はいつまでも強烈に残るはずです。

なお、タチウオは大きな口に鋭い歯を持っています。ハリを外すときはもちろん、クーラーボックスに入れてからも、この歯には絶対に触らないように十分注意してください。

釣り上げた直後にしか見られないタチウオの光輝く魚体は、非常に美しく、初めてのタチウオ釣りならば深い印象を残してくれる

(右)水面までリーリングして魚体が見えてきたら、"居合い抜き"の勢いで一気に抜き上げて素早く取り込もう
(左)タチウオの歯は非常に鋭く、タコベイトやハリスは半日も使用すればボロボロになってしまう。ハリを外すときは、素手では行わないようにすること

タチウオ釣りの仕掛け

サオ：2.1〜2.7メートル　7:3調子　オモリ負荷20〜50号程度
リール：小〜中型両軸受け（深場釣りの場合は小型電動も可）
ミチイト：PE4〜5号、200m
テンビン：鋳込み、もしくは片テンビン
オモリ：30〜80号（水深によって使い分け）
ハリ：軸長タチウオ（中型）
※ハリ以外、オニカサゴの仕掛けと基本形は同じ

ミチイト
ミキイト8号 1メートル
鋳込みテンビン オモリ30〜80号
エダス6〜8号 40センチ
トリプルサルカン
ハリス6〜8号 1メートル

腕長40センチ程度の片テンビンに、オモリを別付けしてもよい
水中ランプ（小）を付けることもある
オモリ30〜80号

ハリは中型のタチウオバリ
蛍光ビニールチューブ φ1ミリ、長さ7〜8センチ
タコベイト（ピンク、蛍光色など）
エサはサンマ、サバの切り身
※ビニールチューブはタコベイトのなかへ入れ、ハリのチモトに被せるように付ける

秋　多彩なターゲットでキロオーバーを目指す

青もの五目

おもなポイント ▶ 水深50～100メートルの岩礁周りなど

秋になると、多彩な青ものが大群で回遊します。上層では、40センチクラスのイナダ、ソウダガツオ、大型のホンガツオやメジマグロ、沿岸の岩礁域のカンパチ、中層では大型のキハダマグロ、ソウダガツオ、シイラなどが定番、やや外洋に近いところでヒラマサにも出合えます。

青ものの釣れ具合は年ごとにまちまちですが、各種の情報を参考に、ぜひ大物ねらいを楽しんでみてください。

夏から秋にかけて、ナブラやトリヤマによく出合います。そんなポイントに入ったボートの上では、大型の青ものが入れ食いとなり、戦場のごとくにぎわって興奮の坩堝と化す……。こうした光景こそ、青もの釣りの醍醐味です。

青もの五目釣りは、対象魚、釣り方ともさまざまで、ポイントも比較的広範囲にわたりますが、ここでは、カッタクリ、ウイリーシャクリ、置きザオでのフカセ釣りを中心に、青もの全般のねらい方を説明します。遊漁船と違って周囲の釣り人にそれほど気を使わずに済むマイボートであれば、これらの釣り方を同時に楽しむことも可能で、いかにも自由なボート釣りならではのスタイルといえるでしょう。

青ものはこんなポイントをねらう

青もの五目ではおもに、海面近くを回遊する魚をねらうため、まずはナブラを探します。ナブラとは、大物に追われた小魚が海面近くに現れたもので、なかに大物の背ビレや跳ねる姿が見えます。そして、その上空には必ず、たくさんのカモメが乱舞するようなトリヤマができています。このようなナブラを作る大型魚は、本ガツオ、ソウダガツオ、シイラ、サバなどがおもで、ときにメジマグロ、イナダ、ワラサ、カンパチの群れの場合もあります。

ただし、沖に出れば出るほどナブラの下にいるのはシイラ、サバ、

魚図鑑
青もの

青もの五目釣りの対象となる回遊魚の種類は多彩。ここでは、代表的な魚種の概要のみを紹介する。

○マサバ、ゴマサバ（スズキ目サバ科）
マサバは秋～冬、ゴマサバは夏～初秋が旬。いずれも大型は美味。
○本ガツオ（スズキ目サバ科）
カツオの仲間の標準種。春に本州沿岸を北上する上りガツオ、秋に南下する下りガツオが有名。
○ソウダガツオ（スズキ目サバ科）
最大で、ヒラソウダは50センチ、マルソウダは40センチ。夏から初冬まで本州の外洋の中～上層を回遊。
○クロマグロ（スズキ目サバ科）
10キロ未満の若魚をメジと呼び、秋に本州の外洋の中～上層を回遊するとブリと呼ぶ出世魚。
○ブリ（スズキ目アジ科）
30センチ未満をワカシ、35センチ以上をイナダ、60センチ、3キロ以上をワラサ、80センチ8キロを超えるとブリと呼ぶ出世魚。
○カンパチ（スズキ目アジ科）
40センチ、1キロ以上のものをカンパチ、それ以下をショゴと呼ぶ。大きな群れで小アジなどを追い、沿岸近くの水深10～30メートルやってくる。
○シイラ（スズキ目シイラ科）
本来、カツオやマグロ、サバなどの青ものとは分けられるが、夏以降にカツオなどと同様に上層を回遊する。

カツオ類が中心となります。ナブラ類を見つけても、そのなかにボートで突っ込むことは厳禁。潮上、風上へゆっくりと遠巻きに回り込み、ボートを止めてから仕掛けを流すように入れます。

ナブラやトリヤマが見えなくても、流れ藻やゴミなどが直線的かつ広範囲に流れているところや、両サイドで海の色が違っていたり、その付近だけが波立っていたりする潮目も好ポイントです。異なる潮の流れがぶつかり合う潮目には、大型のシイラが付いていたり、カツオ、メジ、ワラサ、ブリ、ヒラマサがいることもあります。潮目ねらいでは風上にボートを止め、仕掛けを入れます。

ナブラやトリヤマ、潮目は、いつでも必ず出合えるとは限りませんし、それらがなければ青もりは釣れない、というわけでもありません。海底地形図や海図、魚探で海底の様子を調べ、青もが比較的集まりやすい場所を知れば、多様な釣果をゲットできます。

ポイントは、基本的に岩礁周りやカケアガリ付近となりますが、水深はさまざまで、上層を回遊する魚をねらうなら水深50〜100メートル程度で、小魚の反応が高く盛り上がるように出ているところ。一方、ワラサやヒラマサ、カンパチなどは、海面から20〜50メートル程度と、比較的ねらいやすいタナとなります。

なお、イナダは定置網など海中の施設周りにも集まり、こうした場所には遊漁船が多数集まることもありますが、定置網周りや船団のなかへボートで入ってアンカリングするのはマナー違反なので、厳に慎みましょう。

青もの釣りのおなじみのターゲット、シイラ。ヒキが強いため、豪快な釣り味が味わえる。大型なら脂が乗っているので、料理も楽しめる

フカセ釣りの
タックルと釣り方

ミチイトとハリスを直結し、これにハリを結ぶだけ(場合によってはナイロンのミチイトに直接ハリを結ぶという、釣りの原点ともいえるハリとイトだけのシンプルな仕掛けに、生きエサの小魚を刺し、これを泳がせて大型魚を釣るフカセ釣りは、古くから職漁師が行ってきた釣法です。

1本を通してストレートに戦うヒット後に抵抗する魚と、イト醍醐味が味わえることから、初秋ごろからは乗合船などでも盛んに行われる人気の釣りです。

フカセ釣りは、基本的に手釣りですが、長めのムーチングタイプのサオにクリック機構付きの両軸受けリールを組み合わせて置きザオにすれば、カッタクリと同時に行うことも可能です。

エサは生きたカタクチイワシ(シコイワシ)を使うのが一般的ですが、海中に放したときに元気に泳ぐ小魚であればよく、ジンタと呼ばれる10〜15センチの小アジ、小サバ、マイワシ(ウルメイワシは

すぐに弱るので不向き)、意外なところでネンブツダイなど、いろいろなものが使えます。沿岸近くのやや険しい岩礁帯や堤防周りなどで、サビキ釣りで簡単に釣れるはずです。まった、小型のイカ類もよいエサとなります。なお、エサの小魚は、そのうちの一部を撒きエサとしても使うので、50尾ほどをイケスに生かして沖へ向かいます。

生きエサの小魚は、カツオ、シイラねらいなら海面スレスレを泳ぐものが有利で、潮の流れが弱いとすぐ中層に潜りがちなアジ、イカ類を使うと、メジマグロなどのヒット率が高まります。

釣り方は、元気のよいエサをハリに刺して海中に入れたら、置きザオで待っているだけの、のんびりしたもの。エサの小魚は、たいてい潮の流れる方向ヘイトを引いて泳いで行くので、ボートの流れ方、潮、風の状況で、片舷流しか、後ろから流すかになります。

ナブラが見えたとき、あるいはシイラなどがボートの周りを悠然と泳ぐ姿が見えたときは、エサを数尾ずつ海中に放るとよい

でしょう(死んだ小魚でも可)。なお、他船が近くを通ったときに、イトがプロペラに絡んで迷惑をかける恐れがあるため、あまり遠くまでイトを送らないように注意する必要があります。ヒットすると、リールがジーッと大きな音を発し、最高の興奮を味わうことができますが、この時は、小さめにアタリが出たあと、早合わせは慎むこと。通常少し待っているとアタリが大きな引き込みに立て、ヒキを楽しみながらリーリングしてください。

カッタクリとウイリーの
仕掛けと釣り方

カッタクリは、手縄(太いミチイト)を強くカッタクる動作、形が、そのまま仕掛け、釣り方の名前となった、古くから漁師が用いる釣法なので、おもに上層をねらう手釣りなので、手返しも早く、能率が上がります。ハリスの太さが最低でも6号程度、3〜5キロ級のカツオやメジマグロに出合う可能性が高まる晩秋前後には10号

【青もの五目】

釣り方解説

秋

67

青もの五目釣りの海底イメージ

(水深50〜50メートル)

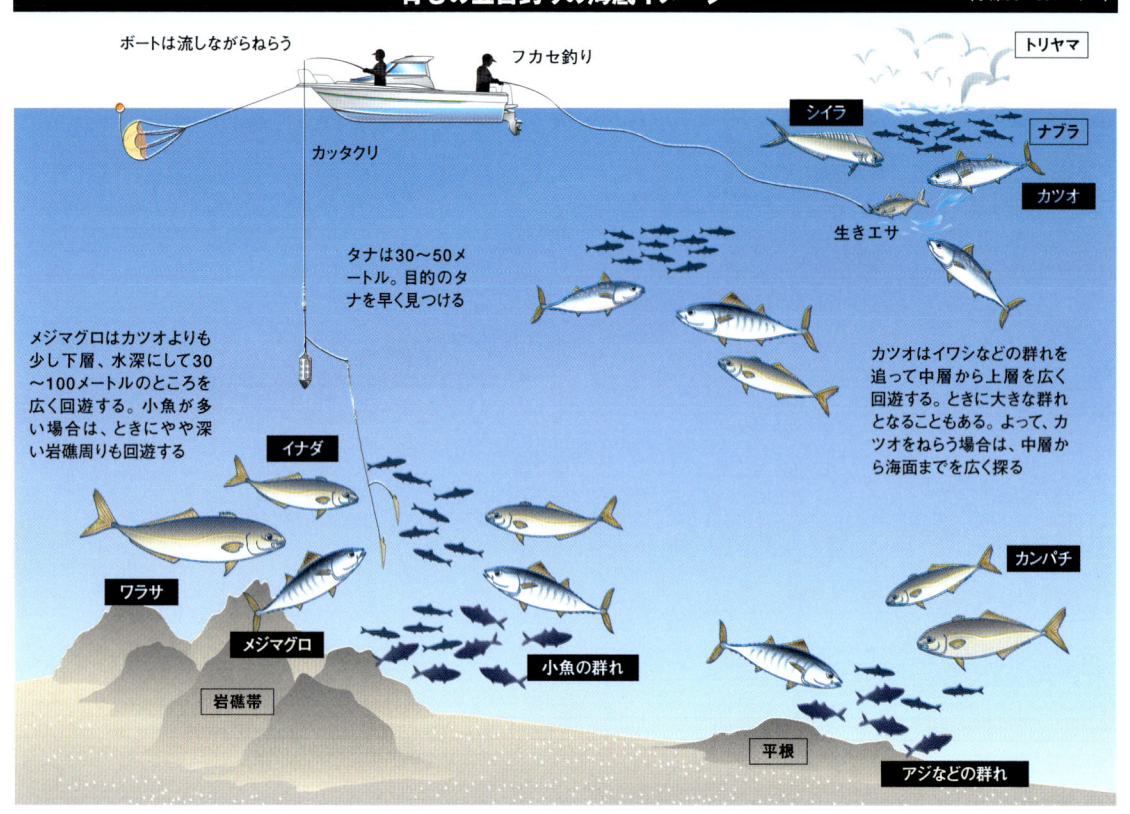

- ボートは流しながらねらう
- フカセ釣り
- トリヤマ
- シイラ
- ナブラ
- カツオ
- 生きエサ
- カッタクリ
- タナは30〜50メートル。目的のタナを早く見つける
- メジマグロはカツオよりも少し下層、水深にして30〜100メートルのところを広く回遊する。小魚が多い場合は、ときにやや深い岩礁周りも回遊する
- カツオはイワシなどの群れを追って中層から上層を広く回遊する。ときに大きな群れとなることもある。よって、カツオをねらう場合は、中層から海面までを広く探る
- イナダ
- ワラサ
- メジマグロ
- 岩礁帯
- 小魚の群れ
- カンパチ
- 平根
- アジなどの群れ

秋は海水温がまだ高いので、イワシや小サバなどの群れが大海を広く回遊しており、これを追う青ものの回遊範囲も広くなる。

おもなポイントの目安は、①トリヤマが立っているところ、②潮目付近、③岩礁帯の中〜上層、④中〜上層に小魚の群れがあるところの4つ。トリヤマ、ナブラは、沖に出れば出るほど、その下にいる魚はシイラ、サバ、カツオ類が中心となる。

サバがうるさく掛かってくることも多いが、この時期のサバは脂が乗って食味も良く、40センチを超える大型ならぜひキープしたい。マサバなら文句なく美味。

沿岸に近い岩礁周りの浅場でナブラがあれば、ときにイナダやワラサ、カンパチなどが望めることもある。その場合はアンカリングするのが基本だが、風や潮の影響がない場合は、ボートを流してねらうのも効果的。

大型の青ものは、ハリ掛かり後に右へ左へと激しく抵抗するため、オマツリなどで周りの仲間に迷惑をかけることにもなる。ヒットしたら、無理をしない程度に素早く魚を寄せ、あまり遊ばせずに一気に抜き上げ、タイミングよく大ダモ、またはギャフを使って取り込もう。

以上を使用し、長さは2.5〜3メートル程度。8〜12号程度のハリに、ハモ、バラフグ、サメ皮などのしっかりした魚皮を付けたバケを使います。バケの色は種類により白、茶、黒系などがあり、色違いの2種を2本バリ仕掛けにして使います。上層に集まってきた青ものはいずれも興奮状態でエサを追うので、仕掛けが太めでも関係なく食ってくるため、強引なやり取りが可能です。ヒット後も、強引なやり取りが可能です。

一方のウイリーシャクリは、細めのウイリー仕掛けを使ったライトタックルの釣りで、片手でも扱える2メートル以内の軟らかなさ

を使う点が特長。疲労度も少なく、ヒットした大物とのやり取りもスリル満点で楽しさも倍増します。なお、ウイリーとは、某メーカーのイト素材の商品名で、これを3〜5号程度のチヌバリのチモトに巻きつけて使ったところ、好釣果をもたらすために流行し、素材の製品名が釣り掛けの名前となったものです。

カッタクリもウイリーシャクリも、アミエビのコマセを8分目ほど詰めた仕掛けをタナまで沈めたら、直ちに上へ上へと鋭くシャクる釣り方です。このとき、糸を引くように出るコマセのなかで擬似

カッタクリの要領

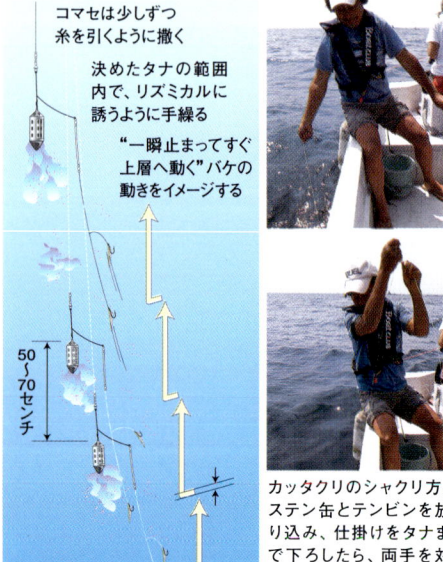

- コマセは少しずつ糸を引くように撒く
- 決めたタナの範囲内で、リズミカルに誘うように手繰る
- "一瞬止まってすぐ上層へ動く"バケの動きをイメージする
- 50〜70センチ
- 潮流

カッタクリのシャクリ方。ステン缶とテンビンを放り込み、仕掛けをタナまで下ろしたら、両手を対照的に上下させ、八の字を描くようにリズミカルに手縄を手繰る

青もの五目釣りの仕掛け

○カッタクリ仕掛け
手縄：ナイロンもしくはPE24～30号　30メートル
サルカン：中型
サキイト：ナイロン20号　1.5メートル
ミキイト：フロロカーボン4～8号　2.5メートル
エダス：フロロカーボン4～8号　25センチ
［ワカシ、イナダ、ショゴ、サバ、ソウダガツオ用］
ハリス：4～6号、バケ：7～9号
［イナダ、カツオ、メジマグロ用］
ハリス：6～8号もしくはそれ以上
バケ：10～12号

- イト巻き
- 中型サルカン
- 指ゴム(2個)は必需品
- 鉄仮面(コマセカゴ) 40～50号オモリ付き

○フカセ釣り仕掛け（置きザオ釣り）
サオ：2.4～2.7メートル前後　胴調子　オモリ負荷30号
リール：中型両軸受け（クリック機構付きのもの）
ミチイト：PE5号300メートル
ハリス：フロロカーボンまたはナイロン4～8号　2メートル
エダス：フロロカーボンまたはナイロン4～8号　30センチ
ハリ：イセアマ9～12号

- ミチイト：ナイロン8号 100メートル
- ※チチワでつなぐ
- ハリス：ナイロンまたはフロロカーボン8～12号　3メートル
- ハリ：伊勢尼11～13号またはグレ11～12号
- サオ：1.8～2.1メートル（6～7フィートのミドルクラスのルアーロッドまたはムーチングロッド）

○ウイリー仕掛け
サオ：2.1～2.7メートル　7：3調子　オモリ負荷30号程度
リール：中型両軸受け
ミチイト：PE4号またはナイロン6～8号　200メートル
片テンビン：中型
コマセカゴ：Lサイズ（オモリ40～60号付き）
クッションゴム：径2ミリ　1メートル
ハリス：フロロカーボンまたはナイロン2～8号　2メートル
エダス：フロロカーボンまたはナイロン2～8号　30センチ
ハリ：チヌ3～5号

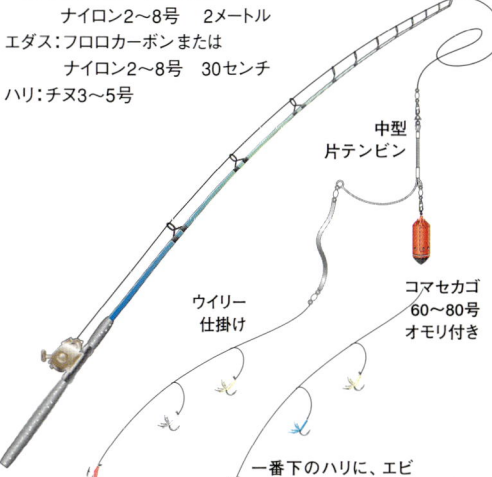

- 中型片テンビン
- ウイリー仕掛け
- コマセカゴ 60～80号オモリ付き
- 一番下のハリに、エビエサを付けてもよい

生きエサの付け方
- エラ掛け（生きイワシの場合）
- 鼻掛け（生きアジの場合）
- 口掛け（冷凍イワシなど）

※エサは生きイワシがベストだが、その他、10～15センチくらいの生きたイカナゴ、アジ、サバなども良い。また、冷凍のイワシ、アジ、キビナゴでも可

ウイリーシャクリでのビシカゴの調節
ウイリーシャクリでのビシカゴは、上の穴を3分の1程度開け、下の隙間は閉めるのが基本。ねらう魚が違うときや、コマセが出にくいときなどは、下の隙間を2～3ミリ程度開けてもよい。

バリがリズミカルに泳ぐようにすると、あたかも生き物のようで、ここに魚が飛びつくわけです。カッタクリは、1～2秒前後（一手につき70～100センチ幅）の間隔で、リズミカルに手縄を手繰り、ヒットしなければ直ちにタナまで仕掛けを沈めて再び手繰ります。これを2～3回繰り返すとコマセが出尽くしてしまうので、新しくコマセを詰め直します。なお、手を休めると絶対に釣れません。また、シャクる手には、必ず指ゴムを付けましょう。ヒットすると、一瞬、手繰る手を押さえられるようなアタリが伝わってきます。その後は、横走りしないよう手早く魚を浮かせて取り込みます。取り込みの際、手繰ったイトの上に魚を乗せると、イトが絡んで次の仕掛け投入がスムースにできなくなるので、魚は手繰ったイトから少し離れた場所でハリを外すか、直接魚をつかんでハリを外します。

ウイリーシャクリでは、仕掛けをサオでシャクリ、シャクリのリズムはねらう魚によって若干違いますが、基本は4～6秒間隔、シャクリ幅は70センチ程度でよいでしょう。

ヒット後のやり取りは禁物。ドラグやサオのしなりでヒキをかわしながらリーリングして取り込みます。細いウイリー仕掛けでタ刀打ちできないときは、バケ付きのためのウイリー仕掛けを付けた「サオカッタクリ釣り」にしてもよいでしょう。

続き、グイ、グイーッと強い込み仕掛けが細いので、ヒット後の

アオリイカ

秋

ズシリと来る瞬間がたまらない魅力

おもなポイント ▼ 水深8〜20メートル程度の岩礁周りなど

アオリイカは、釣ってよし、食してよし、まさにイカの王者というにふさわしい、ボートフィッシングの格好のターゲットです。釣り場を選べば周年釣れますが、特に晩秋のころに釣れる胴長30センチ程度のものは、甘味があって柔らかく、食味は抜群。シャクるサオをギシッという感じで止められる強烈な乗りも、種類の多いイカ類のなかでも最高です。

ルアーフィッシングは外来の釣りだ、と思う方が多いようですが、エギ（餌木）をシャクってねらうアオリイカ釣りは、伝統的な日本古来のルアーフィッシングです。

職漁師は、小船を操りながら、エギを中層付近から海底すれすれまで沈め、ミチイトをやや斜めに引っ張るように、およそ7秒間隔でシャクります。サオ先からエギまでの仕掛け全長は、13ヒロ（約20メートル）に固定。エギから3ヒロの位置に中オモリを付けるか、この部分に5メートルほどビシマをかますこともあります。

この全長を固定した仕掛けで、海底がかなり激しく変化している海域の、水深5〜20メートルあたりを広くねらうわけです。浅いところではスピードを上げ、イトが斜めに入るようにしてエギを浮かせるなど、小船の進む速さを変えつつ、エギが根に取られないようにシャクり続ける技は見事です。現在でも、伊豆方面や相模湾周辺の職漁師は、仕掛け全長を13ヒロに固定して、アオリイカを釣っているようです。

遊魚船では船を潮の流れに乗せて釣りますが、こうするとミチイトが真っすぐ入るため、ちょっと釣りにくい感じもあります。そこでボートフィッシングでは、アンカーを入れずに風、潮に任せてボートを流すか、風があれば適度にイトが斜めに入るように操船しながら釣る方法が適します。また、漁師スタイルの釣り方でも構いませんが、水深の変化に対応するため、リールを使うことをおすすめします。

魚図鑑 アオリイカ［ツツイカ目ヤリイカ科］

アオリイカは、一見するとコウイカのような丸い体形をしているが、胴内に甲はなく、ヤリイカやスルメイカのように薄い軟骨を持つため、ツツイカ目に入る（コウイカはコウイカ目）。

なお、アオリイカが属するツツイカ目ヤリイカ科は、近年まではジンドウイカ科とされていた。分類学における科とは、体の骨格や性質が似ている種を一つのグループにまとめたもの。そのなかで比較的ポピュラーな種の名前が科名となるが、従来の科名となっていたジンドウイカはあまり知られていないため、この科に属するなかで一般にも広く知られているヤリイカに変更されたものと思われる。

さて、アオリイカはイカ類のなかでももっとも沿岸性が強いが、産卵期の初夏〜盛夏には、特に浅い岩礁周り〜砂礫底で、海藻が茂る付近に集まる。他のイカ類と同じく産卵後に死滅し、1年で一生を終えるが、成長がすこぶる早く、卵からふ化するとその年の秋には胴長20〜25センチに育ち、年が明けると胴長30センチ、1キロを超える。

なお、イカ類は各地に地域名がたくさんあるが、アオリイカは、バショウイカ、ミズイカといった別名がよく知られている。

アオリイカは朝夕のマヅメどきに活性が高まるので、その時間帯が勝負となる。シャクリ釣り、エギングともに、エギに動きを与えることで、アオリイカを誘う

釣り方解説　秋　アオリイカ

勧めします。

一方、昔ながらのシャクリ釣りに対し、近年では、通称「エギング」と呼ばれる、まさしくルアースタイルの釣り方が人気となり、この専用ロッドもいろいろと売られています。タックルの構成もルアーと同じで、キャスティングロッドにスピニングリールをセットし、ラインに細めのPEを使用、サキイトを介してエギを直結するというシンプルなものです。

エギングの場合、アンカリングしてボートを止め、その周りをいろいろ探るように釣ります。

この釣りの難しさは、キャスト後にエギが海底すれすれまで沈む時間を的確に測るカウントダウンの仕方と、シャクリのリズムの取り方にあり、特に、リズムの取り方によって釣果は大きく変わってきます。

アオリイカはこんな海域をねらう

アオリイカが好んで集まるのは、岩礁域とその周りに広がる砂礫地で、産卵のために岸による春から夏にかけては、海藻が茂る付近に多くいます。

ボートで釣りやすいのは、昔ながらのシャクリ釣りでは、水深6〜7メートルから25メートル程度までとけっこう深くまで対応できますが、一番釣りやすいのは水深10〜15メートルです。一方のエギングでは、深いとカウントダウンの時間が長くなってタナ取りが難しくなるので、水深10メートル程度までが釣りやすいでしょう。

アオリイカは周年釣れるイカですが、初夏〜夏は水深が浅いところ、秋から冬は少し沖の水深15〜40メートル程度の場所が釣り場の中心となります。

初秋のころからよく釣れる時期に入りますが、シーズン前半はその年の夏前に生まれた小ぶりのものが多く、秋が深まるにつれて徐々に平均サイズが大きくなり、正月ごろからシャクる腕をギシッと止めるような乗りが味わえる、一キロを超えるクラスが混ざるようになります。産卵期の初夏のころは1キロ以上がそろい、ときに3キロ以上の超大型も混ざります。

アオリイカは1年で一生を終えるので、産卵期のころになると漁師は産卵場を作り、釣り場の一部を釣り禁止にしたり、東伊豆の川奈湾などのように、エリア全体で周年、漁でも一般の釣りでもアオリイカの捕獲を禁止しているところもあります。もちろん、ボートアングラーも、こうした禁止事項やローカルルールを厳守しなければいけません。

アオリイカ釣りの仕掛けと釣り方

エギのサイズは、2.5〜5号程度であり、古くからのシャクリ釣り、エギングともに、秋には3〜4号、春以降は4〜4.5号を使うのが標準ですが、わりと大きめのエギに小型のアオリイカが乗って来ることもあります。

カラーは多彩で、エリアや季節ごとに流行が見られますが、赤系、ピンク、オレンジが無難なところといえるでしょう。

タックル構成はイラストのとおりの2種類です。

昔から現在まで継がれているシャクリ釣りの道具は、中オモリをつけているので、沈めるときには斜めにスーッと沈み、シャクったときにはスイッと前方に泳いでいるような、エビを模した理想的な動きをしてくれます。中オモリは単体式とビシマ式の2種類があります。釣果の優劣は付けにくいところですが、ビシマのほうがよりソフトにエギが動いてくれます。

シャクリを繰り返すサイクルはおよそ6〜7秒で、職漁師曰く、「この昔ながらの形に優る釣り方はない」とのことですが、この動きを再現するには、ミチイトが斜めに入り、ボートを少しずつ進めていることが条件となります。ボートを潮に乗せたり、アンカーリングしていると、ミチイトが真っ直ぐに入るので、シャクリ釣りと同じようにサオを操ると、エギの動

【アオリイカ】
北海道南部以南、以西の日本各地に分布する。イカ類のなかでももっとも沿岸近くに生息し、磯場や堤防の近くの水深数メートルの場所から、やや沖の水深40メートル程度の岩礁近くにいる

アオリイカねらいでは、アカイカ(マルイカ、ケンサキイカ)が釣れることもしばしばある

アオリイカ釣りの海底イメージ

（水深8〜20メートル）

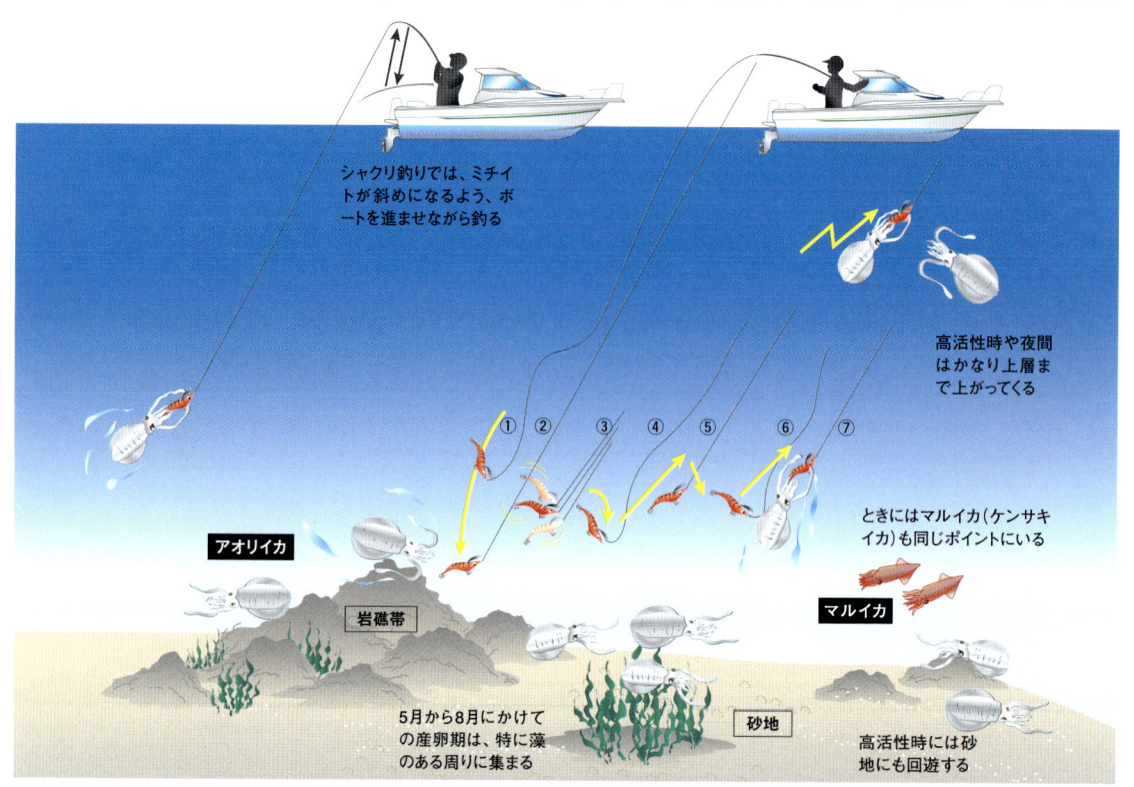

シャクリ釣りでは、ミチイトが斜めになるよう、ボートを進ませながら釣る

高活性時や夜間はかなり上層まで上がってくる

アオリイカ

岩礁帯

ときにはマルイカ（ケンサキイカ）も同じポイントにいる

マルイカ

5月から8月にかけての産卵期は、特に藻のある周りに集まる

砂地

高活性時には砂地にも回遊する

　アオリイカは、堤防や磯のきわなど、水深数メートルから深くても30メートル程度までが釣り場。タナは、海底すれすれから中層までと幅があり、高活性時には上層まで上がってくる。
　シャクリ釣りでは、水深8〜20メートル程度が釣りやすく、海底すれすれから中層まで、海底変化に沿うようにエギをシャクる。ボートを流して移動しながら釣るのが理想。エギングでは、あまり深いと底立ちが分かりにくく、せいぜい10メートル程度以内までが釣りやすい。どちらの釣り方も、根掛りに要注意

●エギングでのエギの動き
①10〜15メートル先にキャストして、ミチイトを送りつつカウントダウン
②エギが海底に付く直前まで沈めたらミチイトを張る
③叩くようにしてエギを小刻みに動かしてアピール
④ちょっと間をおいてエギを少し手前に沈める（このときイカが乗る）
⑤シャクったのちに、リーリング
⑥3〜5の繰り返し
⑦イカが乗ると、グィーっと重さが伝わる

　エギが着水したら、ラインは緩めっぱなしにして、自然にエギを沈めます。エギの重さ、水深により、海底まで沈む時間が異なりますが、水深10メートルでおよそ30〜40秒ぐらいでしょう。ラインのたるみ方でエギの着底がわかるはずなので、その秒数をカウントきは単純な上下動となてしまいます。これでもアオリイカはエギに飛びついてきますが、斜めに動かしたほうに分があります。エギング用タックルは、サオ先からのイトにエギを直結といったシンプルな構成で、ボートではオーバースローでなるべく遠投します。

シャクリ釣りでのエギの動き

①ミチイトがたるんでいると、エギの重さで斜めにゆっくり沈む
②沈み終わっても、ミチイトはまだたるんでいる
③手一杯大きくシャクるとミチイトが張り、エギは1〜1.5メートルほど斜め上へ勢いよく上がる
④すぐに海面近くまでサオを戻すと、ミチイトがたるみ、①と同じ状態になる
⑤次にシャクると③と同じ状態になる
⑥アオリイカが乗ると、シャクるサオがズシリと押さえられ、ミチイトが張る
※アオリイカが乗ったら、たるませないようにミチイトを手にとってリズミカルに手繰る（もしくはリーリングする）

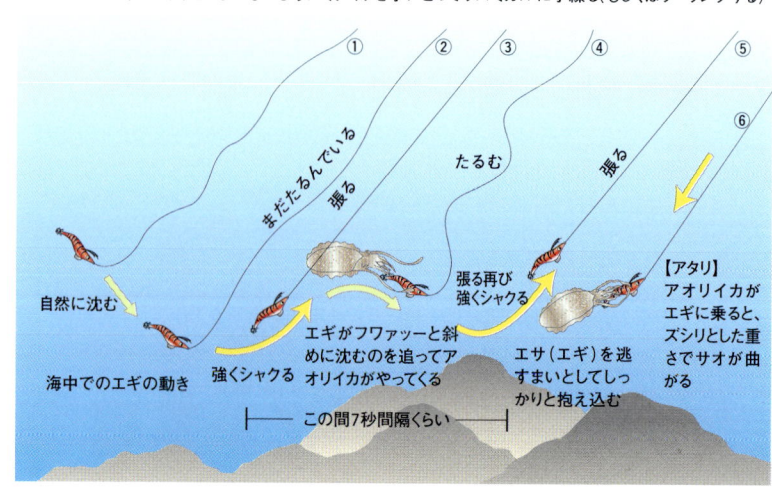

自然に沈む／まだたるんでいる／張る／たるむ／張る

海中でのエギの動き
強くシャクる／エギがフワァーッと斜めに沈むのを追ってアオリイカがやってくる
張る再び強くシャクる／エサ（エギ）を逃すまいとしてしっかりと抱え込む
【アタリ】アオリイカがエギに乗ると、ズシリとした重さでサオが曲がる

この間7秒間隔くらい

釣り方解説　秋　アオリイカ

トして、2投目からは海底すれすれに入ったと思うところからすぐにシャクリ動作に入ります。着底に気づかないでおくとエギを根掛かりでなくす確率が著しく高くなるため、このカウントダウンの正確さが重要なのです。

エギングでのシャクリ方は、およそ1～2秒間隔で、細かく、派手に、叩くようにエギを動かし、一瞬待ってロッドを頭上にあおるようにします。ロッドをちょっと止めるとエギは自然に沈むので、そのときロッドティップ（サオ先）を下げながら少しリールを巻き、ミチイトを張ります。その後、ただちに細かく叩くような動作に入り、再びサオをあおります。

これを繰り返し、エギをアピールしているときに、アオリイカがエギをとらえると、サオにグイッとした重さが表れます。この乗りを感じたら直ちに強いアワセを入れ、のりを確認したら後はゆっくりリーリングに入ります。

活性が高いときには、海底近くまで沈めたエギを、ゆっくり素引きしただけでも乗ってきますが、細かく派手にアピールするテクニックを使った釣り方にはかないません。エギングに精通した上級者では、海面近くまでエギをシャクって来ると、エギの動きに刺激されて追ってきた何パイものアオリイカが、浮いてくるようにそのアングラーに向かって寄ってきて、そのうちの1パイがエギに飛びつくといったシーンが

見られることもあります。

昔ながらのシャクリ釣りでも、エギングでも、大切なことは、まずはタナねらいで大切なことは、まずはアオリイカを正確につかんで、根掛かりでエギをなくさないようにすることにあります。そして、タナが正確につかめたら、まずは海底近くから理想のシャクリ、誘いを繰り返すことが重要です。

アオリイカは、通常、海底近くを悠然と泳いでいますが、高活性時はかなり上層にも上がり、エギや釣り上げられたほかの仲間を追って上層まで来る姿が見られることもあります（こうした習性は、ヤリイカやケンサキイカにも見られます）。よって、高活性時は中層以上でヒットしやすくなるため、このヒットしやすいタナを早めに見極めることが大切です。

盛大にスミを吐くことがあるので、アオリイカ釣りは汚れても構わない服装で！

水面まで上がってきたところでひと暴れすることもあるので、取り込みにはタモを使う。このとき、墨を吐かせるようにするとよい

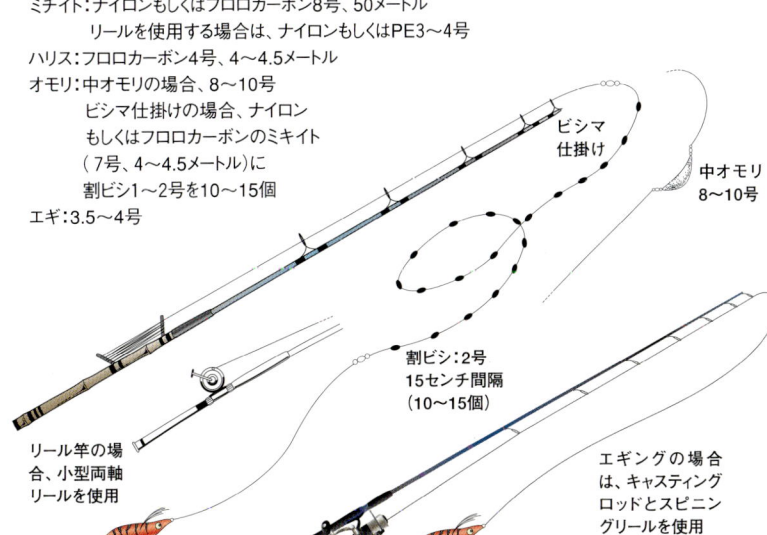

アオリイカの仕掛け

サオ：1～1.2mアオリイカ専用和ザオ
　　　リールザオの場合はオモリ負荷10～15号　7:3調子（シロギスザオよりやや硬め）
リール：小型両軸
ミチイト：ナイロンもしくはフロロカーボン8号、50メートル
　　　　リールを使用する場合は、ナイロンもしくはPE3～4号
ハリス：フロロカーボン4号、4～4.5メートル
オモリ：中オモリの場合、8～10号
　　　　ビシマ仕掛けの場合、ナイロンもしくはフロロカーボンのミキイト（7号、4～4.5メートル）に割ビシ1～2号を10～15個
エギ：3.5～4号

ビシマ仕掛け

中オモリ 8～10号

割ビシ：2号 15センチ間隔（10～15個）

リール竿の場合、小型両軸リールを使用

エギングの場合は、キャスティングロッドとスピニングリールを使用

エギは、釣行時の天候や潮色で使い分け、その日の当たりエギを早く見つける。一般的にはピンク／オレンジ系が多く使われ、実績も高いが、ブルー系、茶系、グリーン系などの各色がある。右がビシマ仕掛け、その左が中オモリ

アオリイカ釣りでは、エギの選択がポイント。根掛かりで失うこともあるので、複数のエギを用意しておきたい。ケンサキイカ（マルイカ）が多いときのために、浮きステなども揃えておくとよいだろう

クロソイ＆キジハタ

秋 日本海で人気の高級根魚

おもなポイント ▼ 水深40〜60メートル程度の岩礁周りなど

日本海は太平洋側よりも水温が低く、海流も関係して美味な魚が多いところです。太平洋側とは違う種類の魚もいて、グルメ派の釣り人には秘めた魅力を持っています。クロソイもキジハタも多くいるのが新潟の海。ここでは、新潟県柏崎市沖で行った実釣を元に解説します。

ともにフィッシュイーター（生きた小魚を捕食する魚）であるクロソイ、キジハタは、初めに小アジや小サバを釣って生かしておき、これにハリを刺して生きエサにする「生きエサの泳がせ釣り」でねらいます。

クロソイの釣期は春〜夏が盛期ですが、秋まで釣れ続きます。一方、キジハタは夏〜秋が盛期となります。食味はともに上品な白身で、ほどよい脂ものり、一年中美味な魚ですが、キジハタは秋が旬とされています。

クロソイ、キジハタとも岩礁帯に生息する魚ですが、クロソイのほうがより険しい岩礁帯を好み、キジハタはそこを少し外した、だらだらとした岩礁帯のカケアガリや岩盤のところに多くいま

す。そんなポイントを分けて別々に釣ることもありますが、岩礁帯を広く流して釣ると、両魚が混ざって釣れたりします。

ポイントについたら、ヒット率が上がるよう、魚探で小魚の群れが集まっているようなところを探します。両魚とも小魚を捕食するため、小魚のいるところに集まってくるからです。

根がゴツゴツと変化していて、そのなかの高根周りに小魚が群れているところがクロソイの、高根をはずしたところがカケアガリや平根、岩盤のなかでも海底に変化があり、やはり小魚の群れがあるところがキジハタの、それぞれ好ポイントです。

魚探でポイントを確認したら、ボートを潮上、風上からポ

魚図鑑
クロソイ
[カサゴ目フサカサゴ科]
キジハタ
[スズキ目ハタ科]

クロソイ、キジハタは、ともに日本海に多く生息し、両種は比較的近い海域にいて、ときには共生している。ともにすばらしくおいしいので、ボート釣りの対象魚として人気も高い。

クロソイは、日本各地の沿岸の、水深15〜50メートルの岩礁域に生息。東京湾や瀬戸内にもいるが、は滅多に出合わない。北国へ行くほど生息数は多くなり、新潟以北では市場でもよく目にする。メバルに近い種で、初夏のころ子魚を生む卵胎生魚。大きさはメバルより大きいものが多く、30〜40センチ級が中心、ときに50センチ、2キロ級にも出合う。

よく似ている魚にキツネメバルがいるが、これは体形がソイ風であることから、釣りでも市場でも単にソイ、もしくはマゾイと呼ばれる。生きているときは見分けやすいが、死ぬと両魚ともかなり黒みを帯びるので間違いやすい。

キジハタは、東北地方以南、以西の沿岸の、水深5〜50メートルの岩礁域に生息する。関東エリアには少ないが、瀬戸内などでは小型のものが堤防からも釣れる。良型はやや沖合を生息域としている

イント上を通すように流すのがベストです。

この釣りでは、思わぬ外道に出合うこともよくあります。すべておいしい魚なのでうれしい外道たちといえるでしょう。生きエサを使っているので、秋にはイナダやワラサも食ってきます。ヒラメやマトウダイ、秋にはイナダやワラサは3～5キロ級になると、その強烈なヒキは最高です。

ワラサを選ぶかは自由ですが、新潟県柏崎方面では、孫バリを使わない釣り人が多いようです。

今回使用した仕掛けには、生きエサの泳がせ釣りの基本となる仕掛けの形は、ミキイトに親子サルカンを介してハリスを1本出した、1本バリのスタイルです。この釣り方の定番であるヒラメねらいの際には、ハリ掛かりする率を高めるために孫バリを付けますが、孫バリを付けると生きエサの泳ぎが悪くなり、クロソイ、キジハタねらいではヒット率が下がります。どちらヒット率が下がります。

西日本では「アコウ」の名で親しまれているキジハタ（左）と、北海道ではもっともおいしいソイとされるクロソイ（上）。どちらも白身の上品なうまさを味わえる

仕掛けの基本は1本バリ

きエサを付けるハリの上に、ひと回り小さなエダバリを2～3本付け、これには見せエサとして弱ったエサか死んだ小魚を付けました。冷凍シコイワシは光りがよく、これを持参して付けてもよいでしょう。生きエサの上にキラキラと光るエサがあると、ソイやキジハタに対するアピール度が高まり、ヒット率も上昇するわけです。ときに上の見せエサにも食ってて、一荷もあり得ます。

また、エダバリに魚皮やフラッシャーなどを付けたものを使うと、エサが落ちてもアジやイナダなどが食ってくることもあります。

この釣りで使う生きエサは、12～18センチの小アジや小サバが適するため、あらかじめこれらの小魚を釣ってからポイントに向かいます。生きエサはミキイト3号、エダス1.5号、6～8本バリのサビキ仕掛けで釣ります。サビキ釣りは寄せエサにアミコマセなどを使う地方も多いようです

が、柏崎方面の小魚の魚影はすこぶる濃く、魚探反応を見て好ポイントで釣ると、コマセをまったく使わなくても入れ食いで食ってきます。

コマセは使い過ぎると海洋汚染にもつながるため、これを使わない釣りを心がけることは大変よいことです。

なお、クロソイやキジハタの生きエサ釣りでのアタリはかなり活発で、生きエサは意外にたくさん使ってしまいます。アタリがなくてもたえず元気に泳いでくれるエサを使うため、1回7時間ほどの釣りをすると、1人30～40尾の生きエサを使います。その分はあらかじめ確保してからポイントへ向かってください。

クロソイ・キジハタ釣りのタックルと仕掛け

クロソイもキジハタも海底からあまり離れないで行動する魚なので、仕掛けは海底まで沈めます。特にクロソイのポイントは根が険しく、根掛かりも多いところゆえ、オモリは海底から50

【キジハタ】
日本海中部以南、以西、瀬戸内から九州北部に生息。ハタの仲間では小型種で、西日本ではアコウと呼ぶ。堤防からも釣れるが、やや沖をねらったほうが良型がそろう。かなり美味で人気の魚

【クロソイ】
北海道以南、以西から西日本まで生息。比較的冷水域を好む魚で、北日本に行くほど多い。水深20～80メートル程度のやや険しい岩礁域におり、最大で60センチ、3キロ近くまで育つ

ため、ボート釣りの格好の対象魚。関西方面では「アコウ」と呼ぶが、標準和名でいうアコウは、東日本では代表的な深場釣りの対象魚でまったくの別種。ハタの仲間のにはおいしい魚が多いが、なかでもキジハタは、小ぶりながらもすばらしくおいしい。関西ではハタ類ではもっとも美味とされる高級魚。

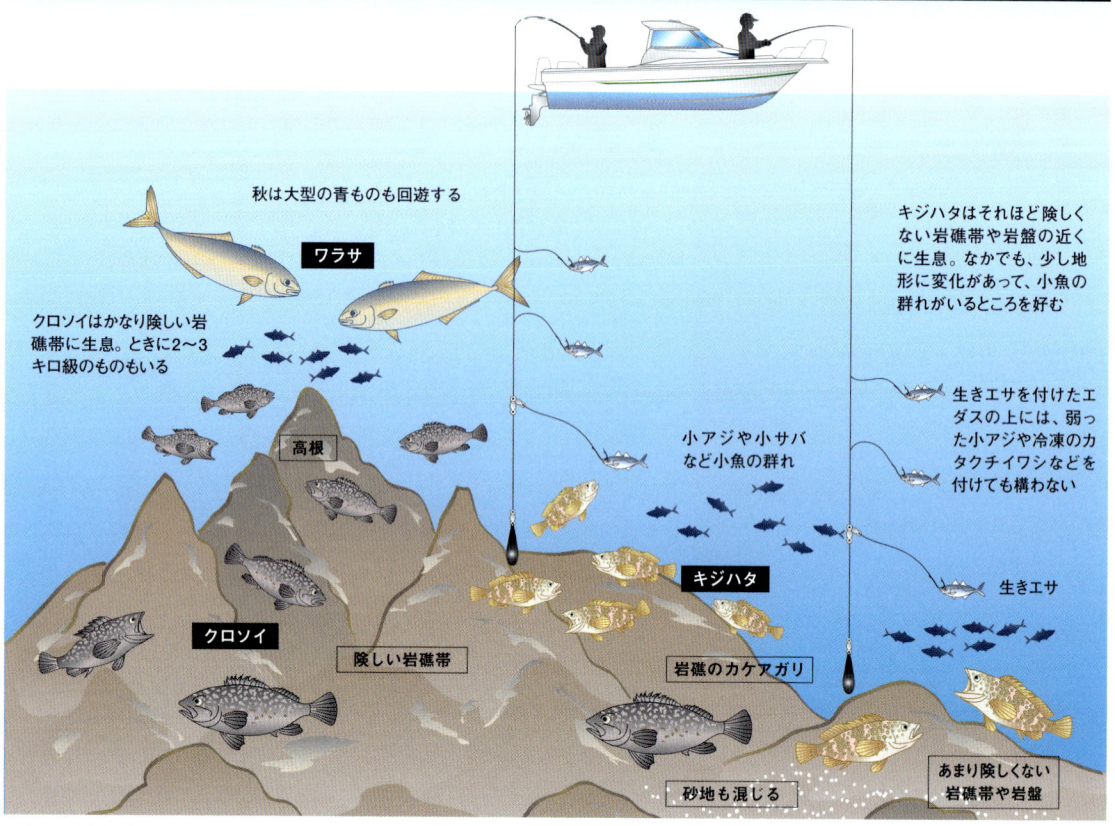

クロソイ&キジハタ釣りの海底イメージ
（水深40〜60メートル。新潟県・柏崎沖の場合）

- 秋は大型の青ものも回遊する
- ワラサ
- キジハタはそれほど険しくない岩礁帯や岩盤の近くに生息。なかでも、少し地形に変化があって、小魚の群れがいるところを好む
- クロソイはかなり険しい岩礁帯に生息。ときに2〜3キロ級のものもいる
- 高根
- 小アジや小サバなど小魚の群れ
- 生きエサを付けたエダスの上には、弱った小アジや冷凍のカタクチイワシなどを付けても構わない
- クロソイ
- キジハタ
- 険しい岩礁帯
- 岩礁のカケアガリ
- 生きエサ
- 砂地も混じる
- あまり険しくない岩礁帯や岩盤

　クロソイとキジハタは、イラストのような岩礁帯に棲み分けているが、ときに共生していることもあり、同時に釣れる可能性も高い。
　小魚の群れる近くにクロソイやキジハタもやってくるため、魚探に小魚の反応が現れたところをねらう。

[クロソイ]
- かなり険しい岩礁帯
- オモリは海底から少し上げて、根掛かりしないように注意する

- 初期アタリから完全に食い込むまでは比較的早い
※エサを完全に食い込むと、サオは大きく曲がる。そこでサオを立てる。早アワセは厳禁

[キジハタ]
- あまり険しくない岩礁帯
- オモリは海底スレスレか、50〜150センチ切ってねらう
- 初期アタリから完全に食い込むまでが長い

クロソイ&キジハタのねらい方

　仕掛けが海底に届いたら、直ちにオモリを海底から50〜150センチ切る（離す）ます。この釣りは大きな誘いは必要としませんが、根掛かりを防ぐため、ときどきサオをゆっくり上下させ、海底の変化を確認してください。

〜150センチ上げた状態にします。ハリに付けた生きエサが海底スレスレから100センチほど上を元気よく泳いでくれるようなタナ取りです。
　生きエサをハリに刺すときは、エサが弱らないよう素早く行い、すぐに海へ入れます。エサはボートのイケスに泳がせておきますが、もしバケツへ入れる場合は、2〜3尾の最小限とします。くさん入れると酸欠ですぐに弱ってしまいます。また、海水は常に新しいものに交換しましょう。
　なお、弱ったり死んだりした小魚は、仕掛けの上側に付けたハリに刺し、見せエサに使いましょう。

まずは生きエサ用に小アジや小サバを釣る。魚影が濃い場所では、コマセを使わなくてもサビキで入れ食い状態となる。その後イケスに生かしておき、元気のよい状態を保っておく

さい。ロッドキーパーにサオをセットしても構いませんが、マメに底立ちを確認し、根掛りしないように十分に注意します。

生きエサを使っている釣りの初期アタリは、意外に微妙です。クロソイは、活性が高いといきなりグィーッと引き込んでハリ掛りすることもありますが、普通は、"ククッ、ゴクゴク"と小さめにサオ先を振わせるだけです。このときに慌ててサオを立ててアワセを入れると、絶対にハリ掛かりしてくれません。

魚は初め、エサを横から食わえ、首を振ったりしながらエサを弱らせているだけです。初期アタリはその動きがサオ先に出ているだけで、ここで違和感を与えるとくわえたエサをパッと離してしまいます。ハリはまだ魚の口の外にあるわけです。

やがてエサが弱ってくると、これを縦にくわえ直して呑み込みにかかります。このころになるとサオの曲りも動きも大きくなりますが、もう少し待ちます。むしろ、サオ先を20〜30センチ海面に近づけるようにして糸の張りを弱くしてやります。魚が違和感なくエサを食べるようにしてやるわけです。このあたりが生きエサで仕留める魚の釣りの面白さ、醍醐味といえるでしょう。

エサを完全に呑み込むと、魚は一気に海底へ戻るように下へ横へ走り出します。このときサオ先は初めて大きな曲りを見せ、サオ先が海面下に突き刺さりるす。このときが合わせどきで、サオを頭上方向へ大きく立てます。"グイグイーッ"と強いヒキが伝わってきたらしめたものです。

もし魚が大きいと、一気にリールは巻けません。サオの曲りでかわしたり、ときにはドラグでミチイトを少し送ったりのやり取りで対応します。

クロソイもキジハタも海面近くまで上がると、胃袋を反転させて浮いてきます。弱っていますが海面でのひと暴れがあるので、大型なら必ずタモのアシストを受けて取り込みましょう。

生きエサの泳がせ釣りは、どんな釣りでも早アワセは厳禁。アタリがあったらしばらく様子を見ながら、強い大きな引きを待ちます。ヒラメやワラサ、カンパチの生きエサの泳がせ釣りなども同じ要領とテクニックを使います。

クロソイとキジハタも強いヒキまで待つといった点は同じですが、キジハタのほうが強く引くまでの時間がかかるのが普通です。サオが大きく引き込まれたら2〜3秒様子を見てサオを立てますが、あまり時間をかけ過ぎると魚が根に入ってバラシにつながります。ヒット後の巻き上げの途中で、中層まで来ても横走りしたり下に強く走る最後までヒキは弱らず、サオなど大型の青ものです。これらの魚は最後までヒキは弱らず、仲間のイトにオマツリしたりします。こんなとき、仲間は早めに仕掛けを上げてしまって、大物の取り込みに協力してください。

大きな誘いを必要としないので、サオをロッドキーパーにセットしても構いないが、岩礁帯をねらうので、こまめに底立ちをとり、根掛りしないよう注意しよう

クロソイ&キジハタ釣りの仕掛け

サオ：2.7〜3.0m、オモリ負荷30号（ヒラメザオなど）　胴調子がベスト
リール：中型両軸（手巻きもしくは電動）　ドラグ機構の良いもの
ミチイト：PE4〜5号、300メートル（200メートルでも可）
オモリ：50〜60号

- ミチイト
- スナップつきヨリモドシ
- エダス：フロロカーボン5号（30センチ）
- 50センチ
- ハリ：チヌ5号（フラッシャーつき。なくても可）
- 40センチ
- エダス：フロロカーボン5〜6号（70センチ）
- ミキイト：フロロカーボン8号（100センチ）
- ハリ：グレ11〜12号
- クレン親子サルカン
- ステイト：フロロカーボン4〜5号（50センチ）
- オモリ：50〜60号

生きエサの付け方

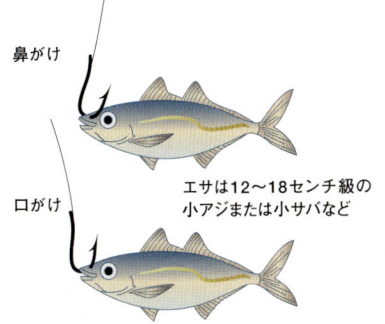

鼻がけ
口がけ
エサは12〜18センチ級の小アジまたは小サバなど

ハリの刺し方は鼻がけ（横から横に抜く）または口がけでよい

秋 ユーモラスな姿が人気

イイダコ

おもなポイント ▼ 水深5～20メートル程度の砂地～砂礫底

たくさんいるタコの仲間のなかでももっとも小型のイイダコは、マダコと並ぶ格好の釣りのターゲットで、釣り上げたときのユーモラスな姿かたちや、食べてもとてもおいしいことから人気抜群。秋から冬にかけて浅い静かな内海に集まるので、子どもにも釣りやすく、家族そろってノンビリとした釣りが楽しめます。

イイダコは頭から足の先まで10～15センチ程度の小型のタコですが、大変においしく、特に寒くなる時期にはおでんの種として重宝されます。波静かな浅い内海の砂地帯を棲み処としており、シロギス釣りのときにもときおり顔を見せます。

広く散っていたイイダコは、秋になると初冬からの産卵準備のために、とくに浅い海域に集まるようになり、釣りやすい時期となります。そのころからは頭のなかの卵も次第に米粒状になります。これが飯粒状に見えるためイイダコ（飯蛸）と名づけられたのです。この卵がとびきりおいしく、煮てよし、茹でてから取り出して味噌和えもよしと楽しめます。

大根やサトイモとの炊き合わせなどでは、むろん卵ごと丸ごと使って料理を楽しみましょう。

イイダコは卵の入っていない時期でもむろんおいしく、煮物のほか、さっと茹でて冷ましたものを適当に切った刺身もおすすめで、いずれの料理でも素晴らしくおいしくいただけます。

イイダコ釣りではときに小型のマダコも釣れ、シロギス釣りなどの際に釣れた小型のマダコをイイダコと間違うこともありますが、イイダコは目の上の頭の両サイドに、金色の小さな輪が目のようについているのが特徴です。

イイダコの好物は貝類で、アサリなどの貝を見つけると、これをしっかりと抱きかかえるように捕まえます。締め付けると

魚図鑑
イイダコ［頭足類マダコ科］

イイダコは、産卵期の冬ごろ、頭（胴）の中に米粒状の卵が入り、それが大変おいしいため、この名がつけられた。食味がよく、特に冬のおでんダネとして喜ばれる。

体形、体色はマダコに似るが、最大で胴長6～7センチ、足の先端まで入れても20センチ程度の小型の一種。また、特徴として、目の下の2カ所に目のような金色紋があり、これがマダコとの決定的な違いである。マダコ同様、岩などの穴や巻貝の殻に入る習性があるが、マダコよりは外で活動していることが多いようだ。

夏の終わりごろから初冬までが釣期で、晩秋のころになると産卵場所を求めて岸寄りに集まってくる。

【イイダコ】

北海道南部以南、以西の各地で、内海の水深5～30メートルの砂地や砂礫地に生息する。最大で全長20センチほどに達するが、釣りで出合うものの多くは全長10センチ程度の小型がほとんど

釣り上げたイイダコは、刻々と体表の色が変化する。写真のような縦縞がイイダコの特徴だ

ップのためにはそうした場所へ行くことが重要で、関東では内房の富津方面や三浦半島の金田湾、関西では泉南や明石方面などの瀬戸内東部、九州では別府湾などが有名です。

イイダコは、よく釣れるエリアのなかで、意外と狭い範囲に群れが集まる習性があります。つまり、よく釣れるエリアとは、群れが集まったポイントがいくつも点在するところとなります。

これらのことから、潮の流れが速いとすぐポイントを外れてしまうので、よいポイントをつかんだらなるべくゆっくりとそこに止まるような攻め方が、好釣果につながります。

なお潮回りは、大潮などよりも小潮どき、しかも上げ潮から下げ潮へと変わる潮止まりの前後が一番とされています。

イイダコ釣りの仕掛け

イイダコ釣りでは、仕掛けに専用テンヤを使い、これを海底にはわす要領でねらいます。ボートで下をねらっても釣れますが、前方（潮下方向が理想）にテンヤは前方に投げて釣るため、擬似餌で釣れるわけです。こうした擬似餌で釣れるわけです。こうしたテンヤは前方に投げて釣るため、サオはシャクリ調子のシロギス用のボートロッドなどが適し、これに小型のスピニングリールを組み合わせます。小さなイイダコはテンヤに乗ってもわかりにくいことがあるので、伸びのないPEラインが適します。

羽子板型のテンヤ以外では、ボール状にした瀬戸物の擬似餌がついた錨型のものなどもありますが、砂礫の海底や平根が点在するエリアでは根掛かりが多くなる欠点があります。

り水を極端に嫌うため、台風で大雨が海に入ったあとなども釣果が極端に落ちるとされます。

イイダコの主食は二枚貝で、アサリなどが多く生息しているところが好ポイント。言い換えると、潮干狩りができるような砂地の海ということになりますが、潮干狩りのエリアよりはもう少し沖側の、水深5〜15メートル程度のところとなります。

イイダコは青森以南〜以西に棲息していますが、太平洋側では関東以西、日本海側では能登以西に多く生息しています。イイダコはかなり広範囲にわたって釣れますが、なかでもよく釣れるエリアがあり、釣果ア

貝は苦しくなって呼吸をしようと少し蓋を開けるため、タコはそこに足を差し込み、こじ開けて食べるようです。そのためイイダコ釣りには貝のようにつるりとした擬似餌をテンヤに縛り付けて使ったり、プラスチックや瀬戸物の玉状のものを擬似餌として使うわけです。

イイダコはこんな海域をねらう

イイダコは、比較的に波の静かな内海の浅い砂地帯に多いタコで、付近に大きな河川がなく、川水の影響が少ないエリアに棲息しています。タコは真水と濁り水を極端に嫌うため、台

昔ながらの釣り方では、ラッキョウを二つ割りにしたものをエサとし、これをテンヤにくくりつけて使います。ラッキョウ以外ではネギやエシャロットなどの白い部分、ブタの脂身、プラスチックや発泡スチロールを半球型に成型したものを使っても釣れます。イイダコは後述の習性の項に記したとおり、硬い貝のよ

（左）イイダコは、船下をねらう場合と、テンヤを投げてねらう場合とがある。よく釣れるポイントや、ロープなど根掛かりの原因となるものが多い場所では船下ねらいのほうがよい。投げてねらう場合は、周りの安全に十分注意する

（下）テンヤが着底したら、ゆっくりリーリングする。その際、スピードに少々変化をつけたり、小刻みに小突いたりしてアピールすると効果的。ときどきサオ先を上げて乗りをきいてみる

イイダコ釣りの海底イメージ

（水深5～20メートル）

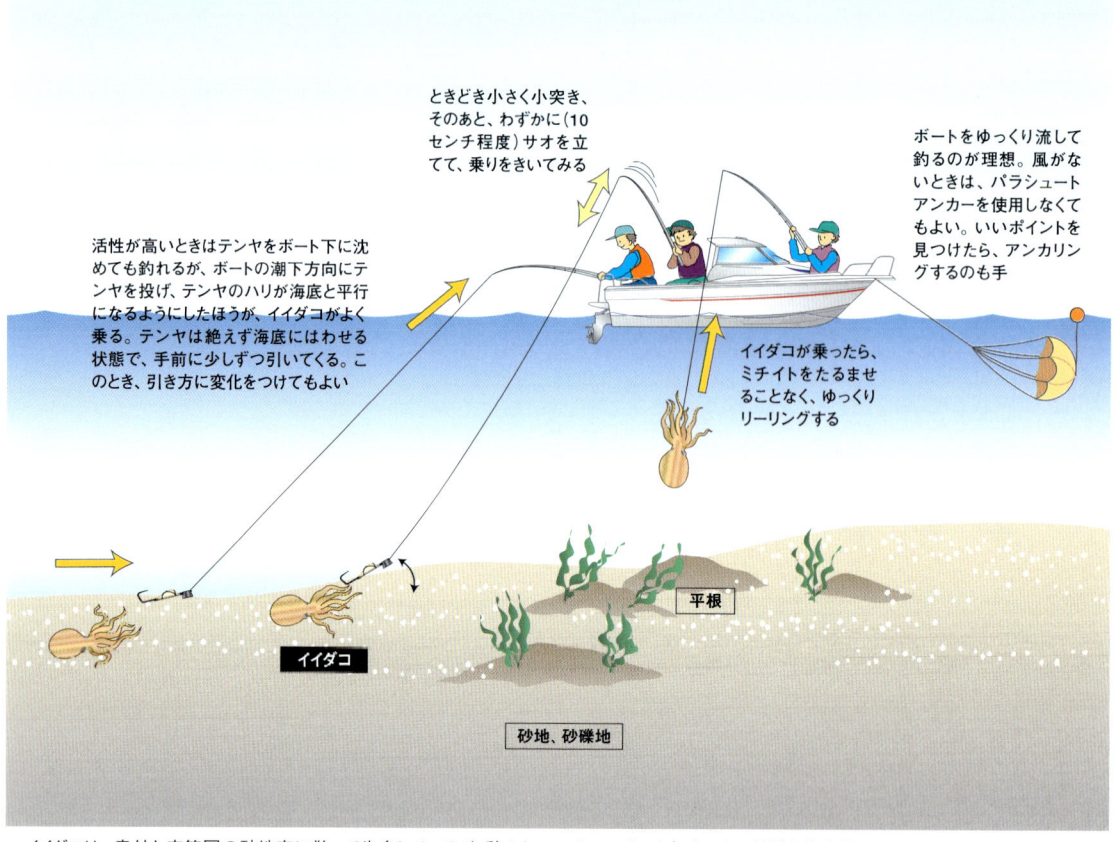

活性が高いときはテンヤをボート下に沈めても釣れるが、ボートの潮下方向にテンヤを投げ、テンヤのハリが海底と平行になるようにしたほうが、イイダコがよく乗る。テンヤは絶えず海底にはわせる状態で、手前に少しずつ引いてくる。このとき、引き方に変化をつけてもよい

ときどき小さく小突き、そのあと、わずかに（10センチ程度）サオを立てて、乗りをきいてみる

ボートをゆっくり流して釣るのが理想。風がないときは、パラシュートアンカーを使用しなくてもよい。いいポイントを見つけたら、アンカリングするのも手

イイダコが乗ったら、ミチイトをたるませることなく、ゆっくりリーリングする

イイダコ

平根

砂地、砂礫地

　イイダコは、意外と広範囲の砂地底に散って生息しているが、秋から初冬にかけては、狭い範囲にたくさん集まることもある。そんなポイントを見つけたら、そこを集中的に攻めると能率よく釣れる。
　ボートは流して釣るのが理想だが、続けて釣れるポイントを見つけたらアンカーを打ち、その付近を集中的にねらってもよい。
　基本的には、根掛かりが少ない砂地、砂礫地がポイントだが、よく根掛かりするような海底に変化のある場所が好ポイントになることもある。そうした場所では、小刻みに小突くことが根掛かり防止にもつながる。

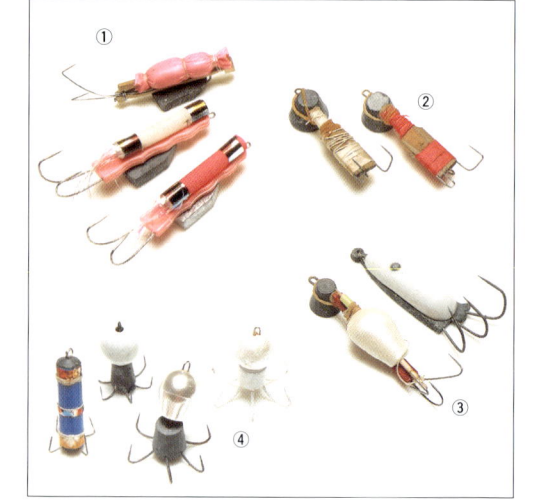

イイダコの釣り方

　イイダコ釣りでは、テンヤを10～20メートル前方に投げてねらいます。テンヤが着底するまではミチイトを送り、着底と同時にミチイトのたるみをリールで巻き取り、イイダコの乗りがわかる状況にします。基本はテンヤを海底から浮かせることなく、ゆっくりと手前に引く要領でねらいます。イイダコは海底をはうように行動しているため、テンヤを海底から浮かせた形で待つとイイダコが乗ってくることがあります。
　テンヤを寝かせた状態になっていることがこの釣りのセオリーで、投げたテンヤがボート下にきたときも、ミチイトを少したるみ気味にしてテンヤを寝かせた形で待つとイイダコが乗ってくることがあります。
　テンヤの引き方は、イイダコの活性が高ければ、ストレートに

タコの本場、瀬戸内海の明石などでは、舟形のテンヤにビニールで作ったキャンディー状の擬似餌を使い、好釣果をあげています。

イイダコテンヤのいろいろ。①はプラスチックもしくはビニール製の、キャンディー状の擬似餌をつけたもので、一番上は、瀬戸内海・明石でよく使われているもの。②はスタンダードタイプ。羽子板と呼ばれる部分にラッキョウなどをひもでくくって使う。ラッキョウのほかには、エシャロット、白ネギ、ブタの脂身、発泡スチロールなどを使ってもよい。③は発泡スチロールと瀬戸物を付けたタイプ。④はボールもしくは棒状の擬似餌をつけた縦型のもの。これらは根掛かりしやすいため、投げる際には不向き

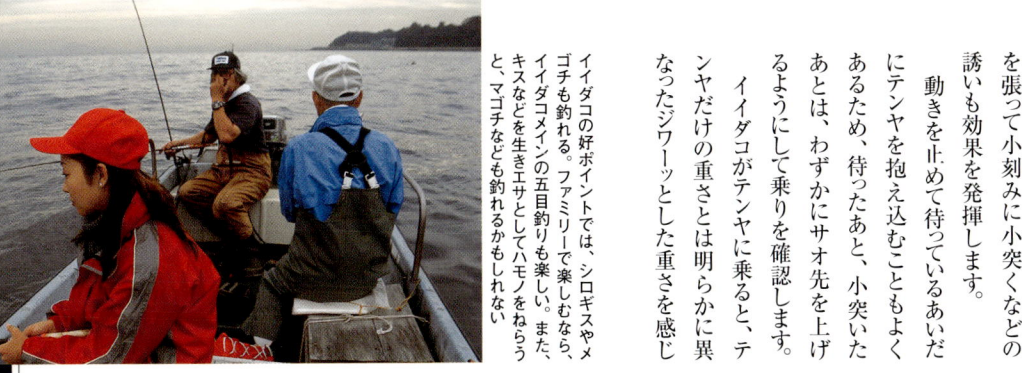

引きっぱなしにしてもすぐ乗ってきますが、いつでもよく乗るとは限りません。少し引いたらしばらく待つ、あるいはミチイトを張って小刻みに小突くなどの誘いも効果を発揮します。

イイダコが乗ったのを確認したら、軽くサオを立ててアワセを行ってから、あとは一定スピード（ややゆっくりめ）でリーリングしてボート上へ取り込みます。

潮の流れが悪かったり、投げ入れた仕掛けがたるみ気味になるときなどは、イイダコの乗りがわかりにくいこともあります。なんとなくモターッとした程度の重さしか感じないこともありますが、こんなときも一応サオを立ててリーリングしてみましょう。仕掛けが浮いたあと、明らかに乗っていないようならそのまま仕掛けを沈めるか、ボート下まで仕掛けが来ている場合なら仕掛けを投げ直してください。

前述のとおり、イイダコは狭いエリアに固まっていることがあり、仕掛けの投げる方向、位置で釣れ具合が著しく違う場合もあります。よく釣れるエリア、ポイントを見つけたら、その付近を集中して攻めるようにします。ポイントが外れて極端に釣れなくなったりするときは、同じエリアを攻めなおすことも大切です。全般に釣果が伸びない日といった場合もよくあることです。こんな場合は広範囲にボートをまめに変え、ポイントをまめに探ってみて、なるべくよく釣れるポイントを見つけてください。

イイダコは、ボートをごくゆっくり流して釣るのが一番適していますが、無風状態に近い場合はアンカリングせず、少し（弱い）風があるならパラシュートアンカー、あるいはスパンカーを使ってボートを止めて釣りましょう。

上手く潮に乗せるように操船しながら釣ります。イイダコの乗りがよく、ある程度風が強いときは、好ポイントを見つけ次第、アンカリングしてボートを止めて釣りましょう。

イイダコの好ポイントでは、シロギスやメゴチも釣れる。ファミリーで楽しむなら、イイダコメインの五目釣りも楽しい。また、キスなどを生きエサとしてハモノをねらって、マゴチなども釣れるかもしれない

イイダコ釣りのタックルと仕掛け

サオ：1.6～1.9メートル　シロギスザオまたはシャクリザオ
リール：小型スピニングリール
ミチイト：PE1～1.5号　100メートル
テンヤ：イイダコ専用テンヤ（種類は多彩）

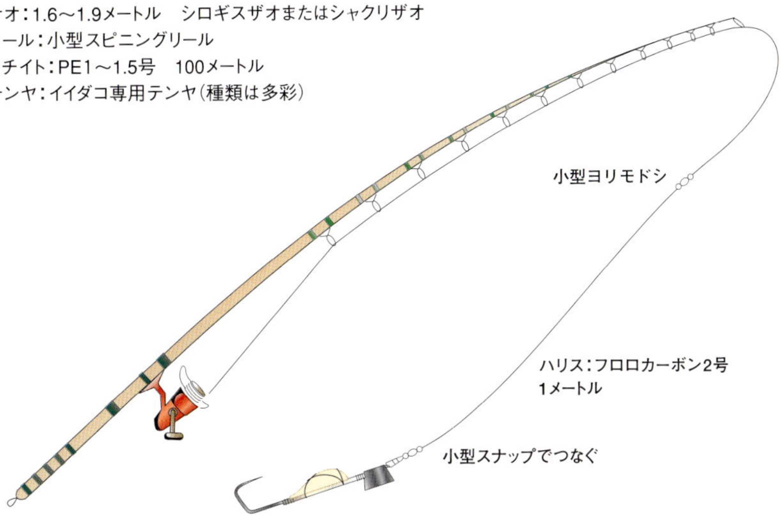

小型ヨリモドシ

ハリス：フロロカーボン2号
1メートル

小型スナップでつなぐ

ラッキョウエサの付け方

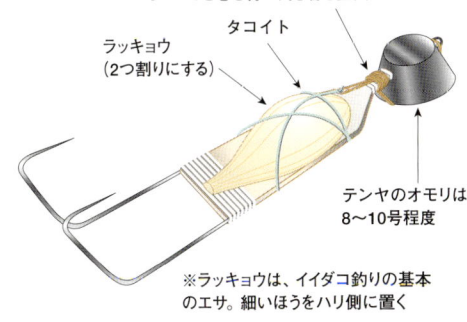

タコイトに結んだ輪ゴムをオモリの付け根にしっかりと巻き付け、先端を金具に止める

ラッキョウ（2つ割りにする）
タコイト

テンヤのオモリは8～10号程度

※ラッキョウは、イイダコ釣りの基本のエサ。細いほうをハリ側に置く

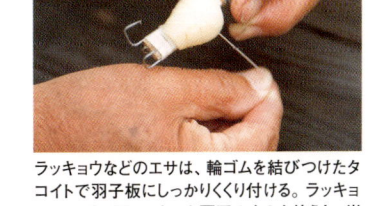

ラッキョウなどのエサは、輪ゴムを結びつけたタコイトで羽子板にしっかりくくり付ける。ラッキョウは片面が平らになった扁平のものを使うと、崩れにくくエサ持ちがよい。丸いラッキョウは半分に切り、切り口を羽子板の上に載せて固定する

釣り方解説　秋　イイダコ

カワハギ

冬 ポイント選びが釣果を決める

おもなポイント ▶ 水深10〜40メートル程度の岩礁周りなど

冬が近づくころから、カワハギは肝が大きく張ります。その味はアンキモをしのぐおいしさで、"海のフォアグラ"とも称されます。

肝は生で良し、ソテーも最高、もちろん鍋もおすすめで、食味のよさは、おそらく魚のうちでも一番でしょう。釣り味もサオ先を強く叩く鋭いヒキが味わえ、これもカワハギ釣りの大きな魅力となっています。

なんのアタリもないのに、仕掛けを上げるとエサ（アサリのむき身）がまったく付いていない。再びハリにエサをしっかりと付けて沈めても、また同じ状態。こんなことが続くため、カワハギ釣りを初めて経験した人のなかには、エサがハリから自然に外れてしまうのではないか、と思う方もいるようですが、それがカワハギ釣りです。

カワハギの大好物はアサリなどの二枚貝で、優れた臭覚でエサが沈んで来たのを察知し、スーッと寄ってきて、おちょぼ口で吸い取るようについばんでしまいます。カワハギは、普通の魚のようにエサを一気に口に入れることなく、あっという間にハリからエサだけを取っていくため、アタリが非常に小さく、慣れないとアタリがわからないままエサだけを取られてしまうのです。このわずかなアタリを感じ取ることをマスターするのがこの釣りの第一歩です。

次に、かすかなアタリが出たときに、いかにしてハリまで口に入れるかを考え、ハリとエサを吸い込みやすくするようにするテクニックが第二歩。

最後に、合わせのタイミングの取り方を覚えることが、カワハギ釣りでは大切です。

カワハギはこんなポイントをねらう

カワハギは岩礁帯を好む魚ですが、意外に行動範囲が広く、

魚図鑑 カワハギ［フグ目カワハギ科］

カワハギはおもに岩礁周りや、その付近の砂礫底に生息するが、海水温が高くなると岩礁から離れ、砂地底のエリアにも回遊し、シロギスねらいの折に釣れることもある。ウロコが細かく、ほとんどその存在がわからないが、硬い皮で覆われており、これを剥いで料理することから、この名がつけられた。オスは、背ビレ前部の軟条の1本がヒゲ状に伸びる。普通は海底付近をやや下向きに泳ぎながらエサをあさるが、底から1〜2メートル以上離れることもあるので、海底スレスレをねらわなくても釣れることがある。

ウマヅラハギは、カワハギねらいのほか、いろいろな釣りでうるさく釣れることもあるが、近年は生息数が減っているようで、少々寂しい。

伊豆諸島方面でよく出合い、ウマズラハギと間違えやすいのがキビレカワハギ。両種は大変よく似ているが、本種はヒレが黄色いことと、目の位置が少し違うことで見分けがつくはず。やや南方系の魚で、最大で40センチ程度まで育つが、水っぽくてあまりおいしくなく、肝も小さい。

このほかのカワハギの仲間には、50センチを超えるウスバハギ、小型で雌雄の形が違うヨソギ、伊豆方面以南に生息する南方系のモンガラハギの仲間がいる。

砂地底のエリアにも回遊します。特に、海水温が高い時期ほど砂地底への回遊傾向が強く、夏のシロギス釣りの折に釣れることも結構ありますが、冬は岩礁帯をねらったほうが釣れる確率がグーンと高まります。

カワハギは険しい岩礁帯のなかにもいますが、そんなところは概して外道の小魚（ベラやフグなど）が多く群れるので、よりエサが取られたりして能率が上がったりして能率が上がりません。険しい岩礁帯から終わりと広い範囲をねらうことができて能率が上がります。

よって、険しい根際をねらうほうがいいようです。険しい側に外れた、いわゆる根際をねらうほうで、特に大型のカワハギはこんなところでよく釣れます。

カワハギは、大型になるほど単独で低層を行動し、むしろ自分の縄張りを持つこともありますが、群れで行動しなくても前述のような、岩礁と砂地の境目付近のところは、カワハギの寄りやすいエリアといえるでしょう。このような根際に沿ってボートを流せるのであれば、パラシュートアンカーかスパンカーで流し釣りをするのがベストでしょう。しかし、好ポイントは非常に狭いとも多く、実績の高いポイントをつかんだらアンカリングしてねらうほうがいいことがあります。その場合は、アンカーロープをやや長めにし、さらにロープを6〜7メートル出し入れするなどして、アンカーはそのままにボートの位置を左右に振れさせれば、わりと広い範囲をねらうことができて能率が上がります。

カワハギ釣りの仕掛け

カワハギ仕掛けの基本形は、ドウヅキ2〜3本バリです。その特徴は、ほかの釣りの仕掛けに比べてエダスが極端に短いことと、低層を集中的にねらうために仕掛けがオモリの近くにこぢんまりとまとまっていることです。

エダスは、ミキイトに直結して付けても、小型のサルカンを介して付けても、どちらでも構いません。ハリだけを交換するならサルカン

を付けたほうが便利ですが、簡単な構成の仕掛けなので、何組か余分に用意しておき、ハリ先が傷んできたときなどは仕掛けごと取り換えてもいいでしょう。

カワハギは、おちょぼ口でつつきながら吸い取るような、ほかの魚に比べると変わったエサの取り方、食べ方をします。よってこの釣りでは、カワハギがエサをついたときに少しでも口に入りやすい形のハリが求められます。一口にいうと丸い形であまり大きくないもので、専用のカワハギバリ、ハゲバリが使いやすいでしょう。軸が短めのチヌバリ、丸セイゴバリなどもこの釣りに向いています。

ただし、カワハギの水中映像を見ると、この魚は好奇心が強いようで、目立つもの、動いている

なお、ハリ先がいつも上向きになっているほうが、ハリにかかる確率が高くなるので、仕掛け作りの際はその点に神経を使ってください。

カワハギ仕掛けのもう一つの特徴は、"集魚板"とか"じゅず球（チェーンオモリ）"と呼ばれる集魚器（集寄仕掛け）を付ける点。最近ではこれを付けるのが当り前のようになっていますが、ないと釣れないというものでもなく、付けないほうが微妙なアタリが取りやすいというベテランアングラーもいるほどです。

独特の微妙なアタリが魅力のカワハギ釣り。食味、釣り味とも最高の、冬の釣りものの代表だ

【キビレカワハギ】
いくぶん南方寄りに生息し、最大で全長40センチ程度まで育つ。ウマヅラハギとよく似ているが、目の位置が異なり、ヒレが黄色いのが特徴。食味はあまりよくなく、肝も小さい

【ウマヅラハギ】
カワハギと同じような海域に生息するが、ときに海面近くまで上がってくることもある。最大で40センチ前後に育つ。白身でおいしいが、暑い時期の肝はやや臭い

【カワハギ】
日本各地の沿岸の水深数メートルから50メートル程度の岩礁回りや、その付近の砂礫底のエリアに生息。全長20センチ前後のものが一般的だが、ときに35センチ級の巨大な個体もいる

カワハギ釣りの海底イメージ

(水深10〜40メートル)

カワハギねらいは、流し釣り、アンカリングのいずれでもよい。ある程度広い範囲を探れるほうが有利

潮流（上）

フグ（キタマクラ）

岩礁帯

ベラ

カサゴ

小魚の群れ

潮流（下）

カワハギ

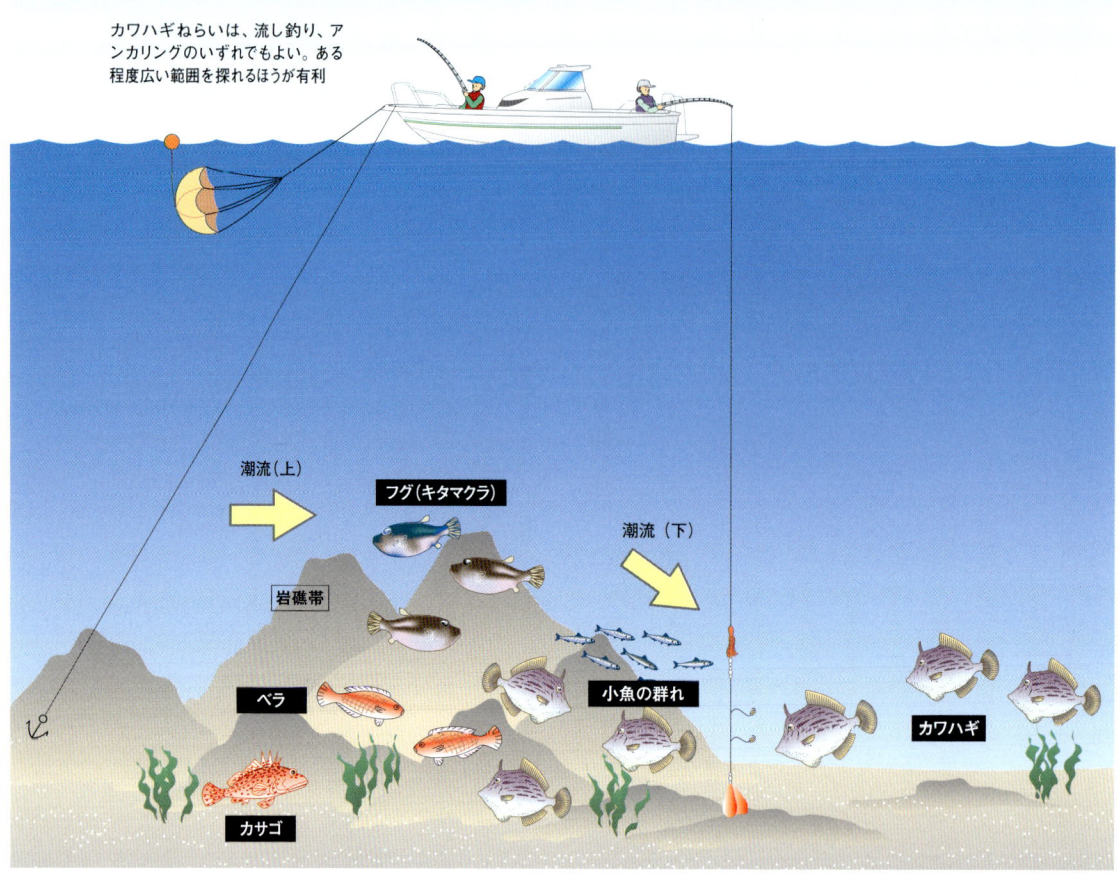

カワハギは岩礁周りを好むが、険しい岩礁帯では、フグ、ベラなど、外道の小魚が多く、すぐにエサを取られる。根際の潮下側をねらったほうが、効率よくカワハギを釣ることができ、また、大型も多い。

根際をうまく流せるような潮と風なら、パラシュートアンカーやスパンカーを使ってのボートを流しながらの流し釣りが理想。

狭いポイントをねらう場合はアンカリングしたほうがよい場合も多い。その場合は、アンカーロープの出し入れでボートを7〜8メートル前後させると、左右の振れとともに付近を広く探れ、釣果も上がる。

カワハギ釣りのテクニック

●叩き釣り

① オモリ着底までイトを送る
② オモリはそのままの位置にし、海底を叩くように小刻みに仕掛けを上下させる
③ 5〜10秒②を行ったのち、そっとサオを上げる。アタリがなければ再びオモリを着底させ、②を繰り返す

※叩き方
1秒間に3〜4回のリズムでサオ先を10センチほど上下させると、オモリが3〜4センチの間隔で激しく上下する

●たるませ釣り

① オモリ着底に合わせ、イトをさらに50〜100センチ送り込んでたるませる
② 2〜3秒待って、アタリを聞くように少しイトを張る

エサが食べられないのでイライラする

※たるませ方
ゆっくりイトをたるませ、カワハギがエサを自然に飲み込める状況を作る。アタリを聞くようにサオを上げ、微妙なイトの張りの変化を見る

●誘い釣り
（聞き釣り、待ち釣りともいう基本の釣り方）

① オモリ着底と同時にイトを送る
② オモリを聞くようにサオを少し上げる
③ すぐにオモリを着底させ、②を繰り返す

※誘い方
オモリが着底したら、すぐにイトを張ることが大切。アタリを聞く際のサオ先は、30〜40センチ上げる程度とする

カワハギは岩礁まわりにいるものに寄って来て突いたりしている姿が見受けられるので、これらの集魚器には、カワハギを寄せる効果は確かにあるようです。ちなみに、カワハギ釣りの定番エサはアサリのむき身です。オキアミやイソメ類のエサでも釣れますが、アサリにはかないません。アサリはなるべく小粒のものを、釣り始める直前にむいて使うのがベストです。また、古いアサリは柔らかくてハリに刺しにくい

釣り方解説 冬 カワハギ

84

ばかりか、すぐに吸い取られてしまうので、新しいアサリを使いましょう。

カワハギの釣り方は3通り

仕掛けを海底に沈めた瞬間から、神経を集中させるのがカワハギ釣りです。タナを取ったらアタリが来るのを待つ、あるいは、魚が掛かったらリールを巻くといった、のんびり構えた釣り方をしていると、仕掛けを上げたときにエサはきれいになくなって

(上)背ビレの第2軟条が糸状に長いものはオス
(左)底近くを釣るカワハギねらいでは、カサゴやベラ、ネンブツダイ、トラギス、フグなどが定番外道

て、カワハギが釣れる確率がグンと高まります。

カワハギは、仕掛けが沈むのに合わせるように、スーッとエサに近づいて来ます。オモリが着底する少し前には、もうエサをついばみ始めているものと考え、全神経をサオ先、仕掛けの状態に集中させます。

着底と同時にミチイトのたるみ(イトふけ)を巻き取り、アタリがわかりやすい状態にします。このとき、一度、"からアワセ"(キュンとサオを小さく立てること)をしてみるのもお勧めで、活性が高いときなどには、アタリを感じる前に、このからアワセでいきなりハリ掛かりすることもあります。

カワハギ釣りでは、誘い方、アタリの取り方、アワセ方が非常に重要な要素となり、いろいろなスタイルがありますが、誘い釣り、たるませ釣り、叩き釣りの三つが基本となります(右下のイラストを参照)。これらの釣り方をそれぞれ試してみて、そのときでもっとも釣れやすいパターンを探ることが好釣果につながります。

カワハギ釣りの仕掛け(ドウヅキ2本バリ)

サオ:2～2.2mカワハギ専用ザオ、オモリ負荷25号、先調子
リール:小型両軸(高速回転タイプが理想)
ミチイト:PE2号100メートル
※ナイロン4号3メートルの先イトを付けてもよい
ミキイト:フロロカーボン4号、全長25～30センチ
エダス:フロロカーボン3号、7センチ
ハリ:カワハギバリ4～5号

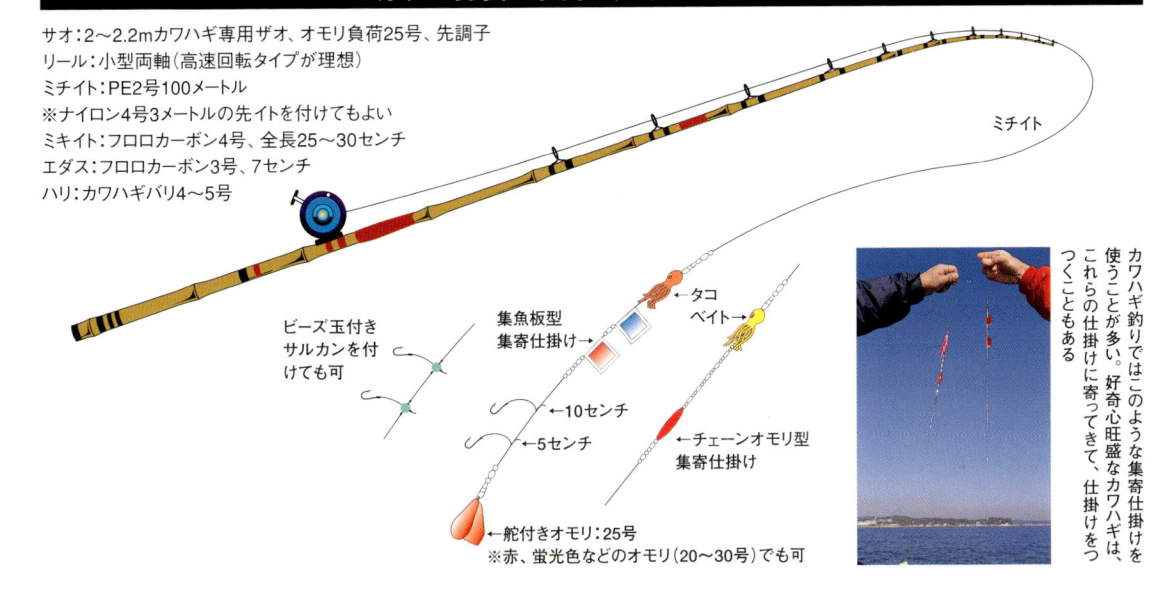

ミチイト

ビーズ玉付きサルカンを付けても可

集魚板型集寄仕掛け
タコベイト
←10センチ
←5センチ
チェーンオモリ型集寄仕掛け

←舵付きオモリ:25号
※赤、蛍光色などのオモリ(20～30号)でも可

カワハギ釣りではこのような集寄仕掛けを使うことが多い。好奇心旺盛なカワハギは、これらの仕掛けに寄ってきて、仕掛けをつつくこともある

アサリエサの付け方

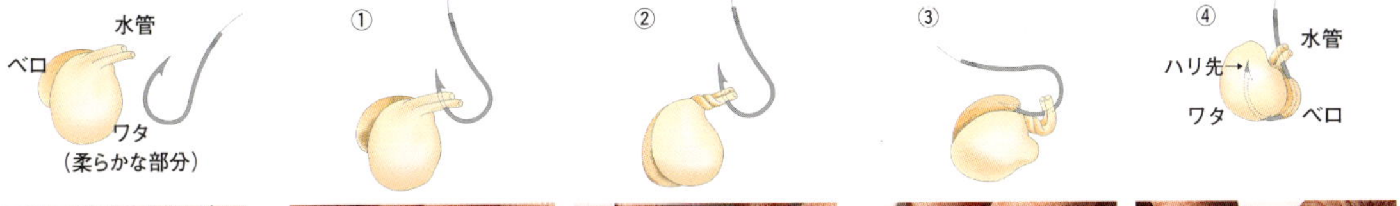

ベロ／水管／ワタ(柔らかな部分)

① ② ③ ④ 水管／ハリ先／ベロ

ワタの大部分がハリの懐に収まるよう、全体を丸くこぢんまりとまとめる

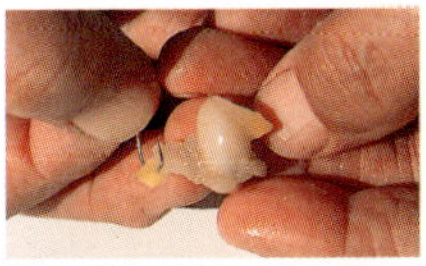

①まず水管にハリを刺す。場合によっては、針を水管に2度通しても可

②ベロをハリ先に持っていくように、やや長く伸びた水管をひねる

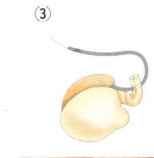

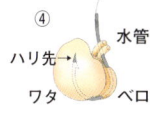

③ハリをベロに通す。なるべく縦に針が通るようにする

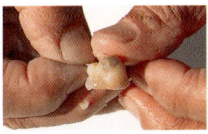

④ハリ先をワタの柔らかな部分に通し、わずかに針先を出す

アマダイ

冬　変化がある砂地底を的確に選ぼう

おもなポイント ▶ 水深30〜100メートルの砂地底

アマダイは比較的釣期の長い魚ですが、冬の西風や北風が吹き、海水温が下がるころからが一番の釣りどきとなります。時化のあと、移動性高気圧が張り出したときなどは、海も凪ぐので絶好のねらいどきです。

特に冬のボート釣りでは天候判断が重要となります。安全で楽しい釣りを心がけてください。

なお、アマダイは中深場をねらいますが、わりとやさしい釣りです。

アマダイ釣りの歴史は浅く、アマチュアの釣り人がさかんにねらうようになったのは15〜20年前ごろからです。

アマダイの仲間で代表的なのが、アカアマダイ、シロアマダイ、キアマダイの3種で、釣りで出合うもの、市場で流通しているものほとんどがアカアマダイです。

アカアマダイの2〜3倍の値がつく最高級の魚で、京懐石の世界で珍重されるシロアマダイは、アマダイの仲間のなかではもっとも浅い海域に生息しています。釣りではなかなか出合いませんが、水深35〜60メートルの海域をねらうとチャンスが高くなります。

キアマダイは3種のうちでは一番深いところに生息し、水深100メートル以上のポイントで、オ0メートル以上のポイントで、水深1も釣れれば立派な釣果といえるでしょう。

アマダイのポイントと定番外道

アマダイは大きな群れを作って行動する魚ではなく、水深30〜100メートルくらいの砂地が広がる海底に比較的広く散っているため、釣り場を選ぶのは比較的容易です。ポイントというよりも、エリアを選んでポツリポツリと拾い釣りをするわけで、1日に10尾も釣れれば立派な釣果といえるでしょう。

ニカサゴ釣りなどの外道としてまれに見かけます。

この3種のほか、たまに深場で釣れるソコアマダイ、より希少種のキツネアマダイ、ヨゴレアマダイ、ヤセアマダイなどがいます。

魚図鑑
アマダイ
[スズキ目アマダイ科]

アマダイには、アカアマダイ、シロアマダイ、キアマダイの3種がいる。いずれも身が柔らかいが、ひと手間加えて料理すると非常においしい。料理の世界、とくに京都では「グジ」と呼び、新鮮なシログジはマダイなどより高値がつく。

また、徳川家康が駿河湾奥のアマダイを好んで食べ、大いに気に入ったことから、これを「オキツダイ」と命名したのは有名。ただし、3種のうちのいずれだったのか、はっきりした証拠はないようだ。

アカアマダイは釣りや市場でもっともおなじみ。冬の釣りものとしてのイメージが強いが、周年釣れる魚で、水深70メートル前後をねらう。食味はシロアマダイよりワンランク下とされるが、市場価値も高いおいしい魚。身が柔らかいが、刺身を昆布締めにするとひと味違う。開きに薄塩をして一夜干しにした焼き物は絶品。

シロアマダイは、初冬のころたまに釣れるが、生息数は少なく職漁師にも貴品扱いされ、高値で取引される。料理法はアカアマダイに準ずるが、高級懐石料理などで蒸し物などに用いられる。

3種のなかで一番深い海域に生息するキアマダイは、水っぽいが、ひと塩して一夜干しするとおいしい。

砂地の海底は、おおむね沖へ向かってゆるやかにかけ下っていますが、そんななかでも、ところどころに岩礁帯があったり、ヨブ（海底のくぼみ）があったりするなど、変化に富んでいるエリアを見つけることが大切です。

海図（航海用海図）を見ると、水深とともに底質が記載されています。岩礁は「R」で表記されていますが、海図にはすべての岩礁が記載されているわけではありません。なにも記載がないポイントの岩礁を見つけるには、それなりの実績と経験が必要です。魚探を使うのがもっとも手っとり早い探し方ですが、やみくもに走り回るのでは、能率がよいとはいえません。

そこで海図、海底地形図を見て、平行に入っている等深線が少し湾曲しているところを探します。こうした場所は、根が点在していたり、岩礁の海底だったりします。当然、周りの砂地にも変化があり、海流に変化が出るためプランクトンも集まりやすく、さらにそれを食べに小魚も集まるため、魚たちを求めて大きな魚もやって来ます。魚探にも魚群の反応が出ることが多くなります。

ただし、アマダイ釣りでは、魚探の反応が濃いと、すぐにエサを取られてしまうケースも多く、濃い反応のあった場所から少しずらして攻めてみるのもコツの一つです。

こうした海域に生息し、アマダイ釣りでよく顔を見せる外道としておなじみなのが、ホウボウ、カナガシラ、イトヨリ、ソコイトヨリ、アカボラと総称されるヒメコダイ、カスミサクラダイ、アズマハナダイの3種のほか、タマガシラ、タマガンゾウビラメ、トラギス類など多彩です。いずれも美味な魚ばかりで、外道扱いするにはもったいないほどです。

アマダイ釣りのタックル

海底をはうエサ（エビ、カニ類、環虫類）を捕食するアマダイをねらうには、当然、ハリのエサを海底にはわせるか、海底すれすれを漂うようにするため、テンビン仕掛けが適しています。

ドウヅキ仕掛けを使う地域もありますが、この場合、オモリをつなぐステイトを短くするか、または一番下のハリをつなぐサルカンにオモリを直結します。

テンビン仕掛けの構成はイラストのとおりで、ボート釣りの基本であるシロギス釣りの仕掛けと同型のものを1～2回り大きくしたものを使います。

2本バリが基本となり、上側のハリも海底近くに沈めるため、小型のトリプルサルカンを介して

35センチクラスのアカアマダイ。このクラスが平均サイズ。釣れたてはヒレが青く輝き、美しい

オモリは乗合船の場合50～80号を使いますが、ボート釣りでは他人とのオマツリをあまり心配せずに済むため、潮流の影響がない限り、もう少し軽めのオモリを使ったライトタックルで楽しむのがおすすめで、オモリは30～50号でほとんど間に合います。

ハリスは、それほど細くなくても食ってくるので、3号を標準とします。ハリス全長は2メートルを基準とし、食い渋りどきは3～4メートルとします。あまり長くするとタナ取りが難しくなるので、ほどほどの長さにしてください。

アマダイ釣りでは、ときどきサオを立てての誘いも有効。サオを下ろしたときに当たる可能性が高い

【キアマダイ】

3種のうち、一番沖の深い海域に生息しており、深場釣りの外道として、水深100メートル以上の砂地底でまれに釣れる。アマダイの仲間としてはやや小型の種で、大きくても35センチくらい

【シロアマダイ】

東日本、北陸の以南、以西、アカアマダイよりもう少し浅い、水深35～60メートル程度の砂地底に生息。アカアマダイより大型に育ち、ときに体長60センチ以上、3キロ近い大型もいる

【アカアマダイ】

東日本、北陸の以南、以西、水深30～100メートル程度の砂地底に生息。体長30～35センチ級が多い。アマダイの仲間としてはもっともポピュラーな種

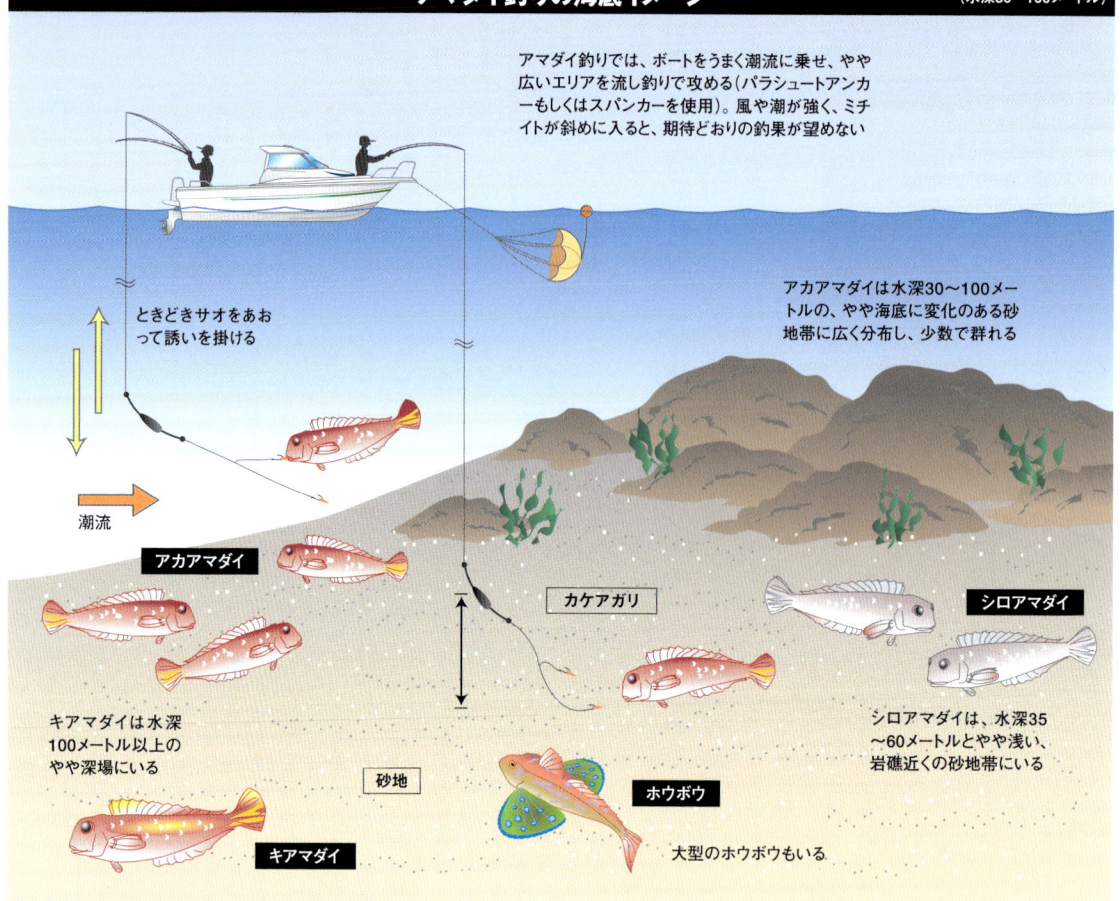

アマダイ釣りの海底イメージ （水深30～100メートル）

アマダイ釣りでは、ボートをうまく潮流に乗せ、やや広いエリアを流し釣りで攻める（パラシュートアンカーもしくはスパンカーを使用）。風や潮が強く、ミチイトが斜めに入ると、期待どおりの釣果が望めない

ときどきサオをあおって誘いを掛ける

潮流

アカアマダイは水深30～100メートルの、やや海底に変化のある砂地帯に広く分布し、少数で群れる

アカアマダイ

カケアガリ

シロアマダイ

キアマダイは水深100メートル以上のやや深場にいる

シロアマダイは、水深35～60メートルとやや浅い、岩礁近くの砂地帯にいる

砂地

キアマダイ

ホウボウ
大型のホウボウもいる

　アマダイは砂地底をねらうが、近くに岩礁域があったり、カケアガリやヨブなどの海底に変化があるエリアがベスト。
　このようなポイントの上を、パラシュートアンカーやスパンカーを使って、ボートをゆっくり流しながらねらう。
　仕掛けを着底させたらミチイトを張り、ときどき、ハリのエサを海底から1～2メートル上げて、すぐに下ろすような誘いも有効。
　付けエサは、オキアミの1尾がけやアカエビなどが適する。
　なお、外道の小魚にも美味なものが多い。

　つなぎます。
　サオは7対3調子、2.4メートル前後、オモリ負荷25号程度で間に合います。ライトタックルで大型のアマダイをヒットさせると、ボート釣りならではのスリルが味わえるため、少し硬めのものが、大きめのしっかりしたものを

　シロギスザオを使う人もいます。ハリスの一部に小さめのガン玉を付けることもありますが、付けなくても釣果はほとんど変わらないようです。
　エサはオキアミの1尾掛けです

アマダイ釣りのタナ取りと誘い方

①着底
②タナ取り
ミチイトのたるみをとったら、エサの位置を海底スレスレにするため、ハリスの長さと同じぶんだけリールを巻いて、オモリ(テンビン)が海底から1～2メートルのところにあるようにタナをとる
③誘い
サオを頭上方向にゆっくり立てる
④エサがユラユラ落ちる
サオをスーッと海面近くへ下げる
⑤アタリ
サオ先にグイッと明確なアタリがある

アマダイは動くエサ（特に上からユラユラ落ちてくるエサ）に反応する

※アマダイ釣りでは、小魚にハリのエサを取られることがよくある。エサ取りが多いときには、こまめに仕掛けを上げてエサの点検をすること

釣り方解説　冬　アマダイ

アマダイの釣り方の基本

アマダイ釣りは、比較的やさしく、砂地底を広くねらうため、タナ取りもやさしく、オモリを海底すれすれかハリス長の分だけタナを切った程度に保っていればサオをしぼってくれます。根掛かりなども少なく、初めての人でも比較的に釣りやすい、マイボートフィッシングのターゲットとして最適な魚といえます。大きさは35センチ級を中心に、ときに40〜45センチオーバー、1〜1.5キロ級が食ってくる魚です。

エサを付けたハリをまず海中へ入れ、次にオモリ（テンビン）を投入します。このとき、先に入れたハリとハリスの流れ具合を見て、その潮上側へオモリを落とします。ハリの上やハリスの上へオモリを落とすと、テンビンに絡んで釣りにならないので注意しましょう。

その後、一気にミチイトを送ってオモリを海底に着けます。着底後は少しミチイトがたるんでいるので、そのたるみ分をリールに巻き取り、さらにハリスの長さぶんのミチイトを巻き取って、ハリのエサが海底すれすれになるようにタナ取りします。

ボートを潮に乗せゆっくり流して釣ると、仕掛けが少しずつ移動してハリのエサをアマダイにアピールできるため、近くにいるアマダイが食いつくという理想的な状態となります。また、よりアピール度を高めるため、ときどきサオをゆっくり上下させる誘いも有効です。

アマダイは海底のエサを見つけて口にすると一気に反転するため、明確なアタリが出て、ゴク、ゴク、グイーッという感じでサオ先を絞ります。なお、向こう合わせでハリ掛かりしますが、ハリを飲みこまれることが多いため、軽くサオを頭上に立てるアワセを行うと、うまく口先にハリが掛かります。

ハリ掛かりしたあとのヒキは相当強く、シロアマダイなどはときに2〜3キロ級の大型も交じるので、場合によってはハリス切れを防ぐため、リールのドラグを使ってのヤリトリが必要です。

なお、アカアマダイでも40センチ以上の良型と思われる場合は、無理なリーリングは慎んでください。海面に見えてからひと暴れするものもいるので、取り込みは慎重に。あぶないと思ったらタモですくいましょう。

アマダイねらいをはじめとする、中深場釣りの定番外道のいろいろ。ホウボウ（上）、通称アカボラと呼ばれる魚の一つヒメコダイ（上右）、トラギス（上左）、タマガンゾウビラメ（下右）、カナガシラ（下左）

アマダイ釣りの仕掛け

サオ：2.1〜2.7m　7：3調子　オモリ負荷30号
リール：小型電動
ミチイト：PE2〜3号、200メートル
ハリス：フロロカーボン2〜3号、全長2〜3m
ハリ：チヌ3〜4号もしくは伊勢尼8〜9号
テンビン：鋳込み型30〜40cm（または中型片テンビン）
オモリ：30〜60号（水深、潮流によって使い分け）

シロギス用中型片テンビン
クッションゴム50cm（なくても可）
スナップ付きヨリモドシ
エダス：25センチ
12V

エサの付け方
オキアミの尾ビレを切って、その先端からハリを刺す。背に沿ってハリ先を腹に抜いたら、オキアミが真っ直ぐになるようにする

このへんにハリ先を抜く

冬

ヒラメ

白身のおいしさと強烈なヒキが魅力

おもなポイント ▼ 水深30～80メートル程度の岩礁が近い砂地底

生きエサを泳がせて釣る魚はいろいろありますが、なかでもヒラメは最高におもしろいといわれます。アタリがあってからアワセるまでに微妙なやり取りを行い、苦心してハリ掛かりさせたあと、軟らかなサオを大きく曲げてくれるヒキは、ヒラメならではのパワーといえるでしょう。冬に釣れた寒ビラメなら食味はマダイ以上で、美食家もうならせるおいしさです。

ボート釣りは穏やかな凪の日に楽しみたいものですが、ヒラメのポイントは比較的岸に近く、風の影響を受けない釣り場も選べるので、安全にのんびりと釣りに興じられるのがありがたいところです。

また、ヒラメは置きザオ釣法にもっとも適したターゲットともいえるでしょう。

ヒラメは典型的なフィッシュイーターなので、エサには生きた小魚を使わなくてはなりません。生きエサとして最適なのは、体長10～15センチぐらいのマイワシとされます。最近は、生きたマイワシを購入できる街道筋の釣りエサ専門店なども増えてきました。しかし、手に入りにくい時期もあるので、ボート釣りでは、釣り場で最初に生きエサを釣ることから始めるのが普通です。

マイワシが釣れるエリアは限られるので、生きエサに使えるほかの魚を釣ることになるでしょうが、カタクチイワシ(シコイワシ)が釣れれば最良です。

夏から秋にかけてはウルメイワシがたくさん釣れることも多いのですが、このイワシは生命力が弱く、ハリに刺して海底に沈めるとすぐに死んでしまうので、よいエサとはいえません。カタクチイワシに次いでよいエサは、体長10～15センチの小アジです。同サイズの小サバも元気よく泳いでくれるのでよいエサになります。

そのほか、生きエサに適した小魚をよい順に並べると、シロギス、ヒメジ、イトヒキハゼ、サビハゼ、

魚図鑑
ヒラメ
[カレイ目ヒラメ科]

ヒラメはカレイと同じように、体の表、裏がある特殊な体形の魚。ふ化直後は目が両面にあり、普通に泳いでいるが、体長1.5センチ程度になると目が片側に移動を始め、4～5センチに育つと目は片側に固定され、いわゆるカレイ、ヒラメ型となり、海底に着いた生活に変わる。

ヒラメは最大で全長1メートル前後まで育ち、40センチ未満の若魚はソゲと呼ぶ。秋から冬にかけて旬を迎え、特に冬のものは寒ビラメと称し、食味最高と評される。一方、春～初夏の産卵後のものは身に締まりがなくなり、水っぽく、味が落ちるので"猫またぎ"といわれる。

生息域は水深10～100メートルの砂地底だが、砂礫底から岩礁域にも入り込む。特に、険しい岩礁域の中層に小アジやイワシなどが群れる夏～秋には、砂礫底から岩礁帯にそれらを捕食するため岩礁の中層までやって来る。このようなポイントでは、生きエサで曳き釣りでねらったり、弓角を使った曳き釣りでねらう漁法もある。

ヒラメは大変上品な白身で、懐石料理にも用いられるが、身が柔らかいので、昆布締めなどにするとさらに美味。エンガワの料理も抜群。近似種に、ガンゾウビラメ、タマガンゾウビラメがいるが、どちらも小型の種。

本ですが、近くに岩礁帯があって、いろいろな魚が寄るようなポイントを選ぶようにします。

ねらう水深は10〜100メートルとかなり幅がありますが、ボートでは水深30メートル以内のほうが釣りやすいでしょう。

近くにカサゴやメバルが釣れる岩礁帯がある砂地底のエリアにアンカリングするのが、安全でおすすめの釣り方です。近くに危険な岩礁がない、ある程度広いエリアならば、パラシュートアンカーなどを使って流し釣りとしても構いません。

凪の日なら、もう少し沖側で水深50〜80メートル程度の、アマダイが釣れるエリアでボートを流しながら、釣れたトラギスか、あらかじめ用意した生きエサを使って、じっくりとねらうと、良型、大型のヒラメが釣れる可能性があります。

さらに、マイボートならではのちょっと欲張った楽しみ方として、1本は置きザオとしてヒラメをねらい、もう1本、いわゆる"バケモノねらい"のサオを出し、オキアミエサでアマダイを釣ると、夕

なお、釣りでは一般的に、夏〜秋の高水温時は深場をねらうことが多いと思います。しかしヒラメの場合、冬でも水深20メートル前後というけっこう浅い海域（あまりに浅いところは不可）でも釣れた実績がかなりあります。

ハモノをねらいながらのんびり釣ろう

どのようなターゲットをねらう場合でも、サオは手持ちとし、ていねいに誘いをかけたり、まめにタナ取りを繰り返すのが、正しい釣り方、釣りの基本といえるでしょう。しかし近年では、ロッドホルダーの普及で、置きザオでアタリを待つというスタイルが多くなっていると思います。

だれよりもよい釣果を収めよう、少しでも釣果をよくしようと、一生懸命、誘いを工夫してがんばることもよいのですが、これは競技会における釣りのスタイルではないかと考えます。

食のおかずや酒の肴が増えるかもしれません。

トラギスなどです。岩礁域にいる小魚ではネンブツダイなども生きエサとして使えます。

生きエサの用意ができたら、そのエサを弱らせないように素早くハリに刺し、ただちに海底に沈めます。生きエサが元気に泳ぐほど、ヒラメのヒット率が上がります。

タナ取りは、生きエサが海底すれすれから、その上1〜1.5メートルあたりを泳ぐよう、わずかにオモリを海底から浮かす程度にして、サオをロッドキーパーにセットしてアタリを待ちます。

仕掛けがボートの揺れで不自然な動きをしないよう、胴がゆったりと曲がり、揺れを吸収してくれる軟らかなサオを使うのが鉄則です。

ヒラメはこんな海域をねらう

ヒラメは普通、砂地底に棲息し、低活性時は砂に身を隠して動かないこともあります。しかし、少し活性が高まると、目の前に小魚などがやってきたときにパッと飛び出してそれを捕食したり、さらに高活性となると、積極的にエサを追い、ときには険しい岩礁帯に群れるアジやイワシを追って中層まで上がってきます。よって、砂地をねらうのが基本ですが、近くに岩礁帯があっ

一年を通して釣れるヒラメは、そのパワフルなヒキと食味が魅力。なかでも、冬に釣れた寒ビラメは特においしいとされる

釣り方解説　冬　ヒラメ

【タマガンゾウビラメ】 
北海道南部以南、以西各地の、水深50〜100メートルの砂地底に生息。体側全域に斑紋模様が複数ある。全長20センチ程度の小型種で市場価値はないが、食味は結構よい

【ガンゾウビラメ】 
東北地方以南以西の、ヒラメよりやや浅い海域の砂地底、砂礫底に生息。最大でも40センチ未満。やや丸みを帯び、体側のほぼ中央に斑紋がある。食味はヒラメよりやや落ち、市場価値も低い

【ヒラメ】 
日本全国の沿岸近くの水深10〜100メートルの砂地底、砂礫地に生息。生きエサを使わないと釣れる確率は低い。同属のカレイの仲間はよく似た魚だが、これらは生きエサでは釣れない

ヒラメ釣りの海底イメージ

（水深15～50メートル）

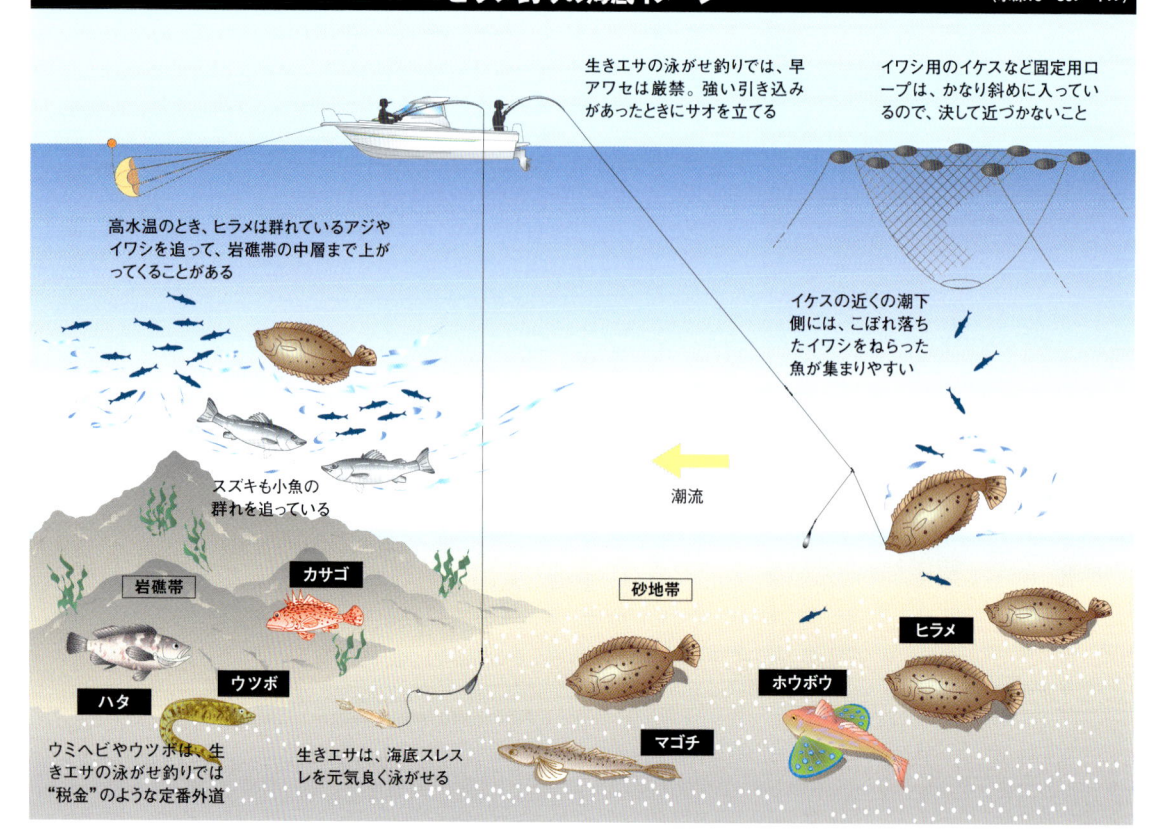

生きエサの泳がせ釣りでは、早アワセは厳禁。強い引き込みがあったときにサオを立てる

イワシ用のイケスなど固定用ロープは、かなり斜めに入っているので、決して近づかないこと

高水温のとき、ヒラメは群れているアジやイワシを追って、岩礁帯の中層まで上がってくることがある

イケスの近くの潮下側には、こぼれ落ちたイワシをねらった魚が集まりやすい

スズキも小魚の群れを追っている

潮流

岩礁帯　カサゴ　砂地帯　ヒラメ

ハタ　ウツボ　マゴチ　ホウボウ

ウミヘビやウツボは、生きエサの泳がせ釣りでは"税金"のような定番外道

生きエサは、海底スレスレを元気良く泳がせる

　寒ビラメをメインとした生きエサの泳がせ釣りでは、岸近くの比較的水深が浅いエリアがポイントとなる。
　砂地帯のなかでも、近くに高根などがあって海底に変化がついているエリアでは、潮の流れにアクセントがつくので、プランクトンが多く集まり、それを捕食する小魚の群れが回ってくる。この小魚の群れをねらってヒラメなどのフィッシュイーターも集まってくるので、こうしたポイントを見つけるとよい。

　ヒラメのほか、アマダイ、大型のホウボウやカサゴ、マゴチ、ハタ、スズキ、フッコなどもねらえる。
　なお、イワシ用のイケスなどが入っているエリアでは、その潮下側が好ポイントとなる。これは、イケスの下に弱ったり死んだイワシが落ちるよう穴が開いているため。しかし、こうした場所は、イケス固定用のアンカーロープが延びていたりするので、プレジャーボートで入るのはマナー違反。トラブルの原因となるので、絶対にやめよう。

ヒラメ釣りでの生きエサの付け方

アタリがあったあとのエサのイワシには、歯形がくっきりと残っている。ヒラメはエサを横ぐわえし、弱ったところでのみ込むので、早アワセすると食い込みが浅く、ハリ掛かりしない

生きイワシが手に入る釣りエサ店がある場合は、クーラーボックスに少なめのイワシを入れ、エアポンプを利かせ、時折海水を入れ替えるなどして、極力エサが弱らないようにする

特に夏場はイカエサを使うことが多い。ハリは、骨に通さないよう注意し、エンペラ先端の中央少し下吸い口の下に刺し、孫ハリスを胴の中央少したるませる

エサの付け方。小アジやキスなどは写真上のような鼻掛けにする。孫バリをつける場合（写真下）は、腹ビレの後ろにそっと刺し、孫ハリスは必ずたるませる

　生きエサは、10～15センチのマイワシ、カタクチイワシ、アジ、サバ、シロギス、トラギスなどがよい。このほか、ネンブツダイ、ヒメ、ハゼ類なども使える。マルイカ（小型のケンサキイカ）、ヤリイカ、ムギイカ（小型のスルメイカ）などのイカエサも有効

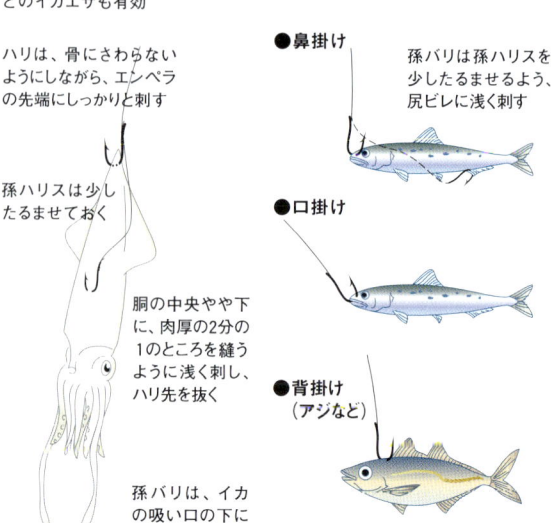

ハリは、骨にさわらないようにしながら、エンペラの先端にしっかりと刺す

孫ハリスは少したるませておく

胴の中央やや下に、肉厚の2分の1のところを縫うように浅く刺し、ハリ先を抜く

孫バリは、イカの吸い口の下に刺す場合もある

●鼻掛け
孫バリは孫ハリスを少したるませるよう、尻ビレに浅く刺す

●口掛け

●背掛け（アジなど）

釣り方解説　冬　ヒラメ

92

反対に、マイボートフィッシングでは、もっとのんびりと、「今夜のおかずが釣れればいいや」といった軽い気持ちで釣りを楽しむのもよいと思います。

そのようなのんびりした釣りにぴったりなターゲットがヒラメかもしれません。魚の絶対数が少ないため、「一日粘ってなんか型を見た」といった程度の釣果となるので、のんびり構え、ボートの上で仲間と釣り談義にふけったり、かたわらでシロギスやアマダイなどのハモノねらいでプラス

生きエサの泳がせ釣りでヒラメをねらう場合、早アワセは厳禁。アタリがあったら違和感を与えないようサオを手持ちにし、しばらくしたらそっと聞き上げてみる

アルファーとなるおかずを釣るなど、マイボートならではの楽しみ方が満喫できます。初期のアタリを感じたら、すこしサオ先を下げる気持ちで、決してミチイトを張らないようにわえたエサをパッと離してしまうような大ビラメなら、鋭いヒキを繰り返すので、ドラグで適度にミチイトを送るやり取りを繰り返し、海面に浮かせたら大型のタモで取り込みます。

「仲間は運よくヒラメを釣ったが、自分の今夜のメニューはシロギスの天ぷらだ」ということもあるでしょうが、そんなことがあるのもマイボートでのヒラメ釣りだと思って、最初からほかの釣りも楽しめるよう準備するのが私は好きです。

ヒラメ釣りの仕掛けと釣り方の注意

ヒラメは置きザオで待つ釣りなので、サオはオモリの負荷に負けるくらいの柔らかい胴調子のものを選びます。少し波風があってボートの揺れが大きくなるような日は、オモリを3〜5割ほど重くして、仕掛けが不自然に跳ねるのを防ぎます。

ヒラメに限らず、生きエサを使う魚は、捕食しにきたとき、まずエサを横からくわえることが多いようです。

このとき、ボートが揺れたり不自然にサオを持ち上げたり

すると、魚は違和感を感じ、くわえたエサをパッと離してしまうことに注意し、しっかりと生きエサを食わせるようにします。

違和感さえ感じさせなければ、やがてエサを頭からくわえ直し、飲み込みにかかります。サオ先の動きは次第に大きく、ガク、ガクッ、グイーッとなりますが、この時点ではまだアワセを入れてはいけません。

もう少し待つとエサを完全に飲み込み、グイー、グイーッと走るように強いヒキが伝わってきます。このとき、余裕を残してサオを立てると、さらにヒキの強さが増してくるので、ここで大アワセを入れます。魚が小さいと強いヒキがなかなか出ないことがありますが、ヒラメ釣りでは、とにかく待つことが肝心です。

アワセが利いてガッチリとハリに掛かると、1キロ以上のヒラメならサオを大きく曲げて、リーリングの途中でも強いヒキを楽しませてくれます。3キロを超える

ヒラメは尾を跳ね上げる力がめっぽう強く、尾が少しでもタモから出ているとままあるので、せっかく掛けたヒラメは慎重に取り込みましょう。

ヒラメの生きエサ釣りの仕掛け

サオ：2.4〜3.0m、胴調子、オモリ負荷30号
リール：中型両軸受け（ドラグ、クリック機構つき）
ミチイト：PE4号、200〜300メートル
ハリス：フロロカーボン5号、90〜120センチ
捨てイト：フロロカーボン4号、100〜130センチ
ハリ、孫バリ：グレ11〜13号
オモリ：50〜60号

●ハリス（遊動式）
孫ハリス 8〜10センチ
孫バリ
ハリ
ゴム管（なくても可）
ビーズ玉
ブランスイベル（遊動式）
ビーズ玉
捨てイト
オモリ

●ハリス（固定式）
←サキイト（フロロカーボン。ミチイトに直結→）
ハリス
ハリ
クレン親子サルカン（8×7）
捨てイト
オモリ

深場の根魚五目

冬 幻と呼ばれる貴重な一尾をねらう

おもなポイント ▼ 水深100〜500メートルの岩礁帯

深場には、多彩な根魚が生息していますが、なかでも人気なのが、クロムツ、アカムツ、アラです。これらの釣り場は水深が相当深く、ポイント選びが難しいでしょうが、いずれも高級魚なので、それを手にするうれしさは最高。アラ、ムツ類とも、深場の魚のわりにはアタリも強く明確で、釣り味、食味とも第一級。ときには、カサゴやキンメダイ、アコウダイなど、おいしい魚との出合いも期待できます。

水深100〜500メートル前後という深海の根魚をねらうのが深場釣りの世界です。

ひと口に深海の根魚といっても魚種は多彩で、それぞれの魚はその習性に合った異なるエリアに棲息しており、岩礁周りの平根や砂礫の混ざる砂地帯までが対象エリアとなります。

もっとも険しい岩礁や急なカケアガリに群れるのがムツとクロムツで、同じエリアにはメダイの大物もいます。

深場の根魚五目釣りのポイント

深場の根魚釣りでは、海底の形をきちんと見極めて岩礁帯を見つけ出し、ターゲットの棲息ポイントの上を通るよう、ボートを潮に乗せて流します。

もし、ムツ、クロムツを専門にねらうならば、魚探をよく観察し、険しい岩礁帯の頂上付近をピンポイントでねらい、潮回りを繰り返します。ムツとクロムツは、ときにかなりの群れで集まっており、岩礁の頂上付近や変化のあるカケアガリに、海底から3〜10メートル離れて群れているのが確認できます。潮の状況がよいときにそんなポイントの上を通過すれば、必ず食ってきます。サオ先を叩くように、ガク、ガク、グイーンと強烈に当たるのがムツとクロムツの特徴で、深場の根魚釣りのなかで一番アタリが多く、釣り味のよい魚です。

ムツは、潮に濁りのあるときは

魚図鑑 深場の根魚

東日本の深場の根魚釣りで出合うムツと呼ばれる深海魚は、スズキ目ムツ科の「ムツ」「クロムツ」と、近年、スズキ目スズキ科からスズキ目ホタルジャコ科に移された「アカムツ」「ワキヤハタ」「オオメハタ」の5種。体色こそ異なるが、形、雰囲気が似ているので、これらをまとめて"ムツ"という。いずれも歯が鋭いので、扱い方に十分注意したい。

釣りで"クロムツ"と混称されるムツとクロムツは、そのほとんどがムツ。北海道南部以南、以西の、水深100〜400メートルの険しい岩礁域に群れ、最大で90センチ程度。クロムツは水深300〜600メートルの深海域に生息し、最大で体長1メートル、10キロを超える。

アカムツは、本州全域の水深100〜500メートルの砂礫底や、あまり険しくない岩礁近くに生息。最大で体長60センチ、3キロを超え、身はやや柔らかいが脂の乗りはクロムツ以上で非常に美味。

"シロムツ"の通称で呼ばれるワキヤハタとオオメハタは、尻ビレの形と付き方が異なる程度で極めて似ており、判別が難しい。いずれも、東日本以南、以西の沿岸近くの、水深100〜300メートルの岩礁近くや砂礫底に生息し、全長は最大で25センチ程度。

水深100〜150メートル程度の岩礁帯で釣れますが、深場の魚のなかでも目が良いので、澄み潮だと魚探反応があっても口を使いません。そんなときは、もう少し深い水深180〜350メートル程度をねらうとよいでしょう。大きさは30〜40センチが主体ですが、ときに50センチを超える良型も顔を見せます。

クロムツは、本来深海の魚で、日中なら浅くても水深300メートル以上、もしくは、キンメダイやアコウダイがいる水深400〜600メートルの海域付近が釣り場となります。大きさはムツよりやや大きいものが主体で、ときに5キロを超えるビッグな1尾にも出会えます。

ムツもクロムツも周年釣れる魚で、いくぶん浅い海域で釣れるムツは、潮に濁りが入る春〜夏によく釣れることもあります。食味は、脂の乗った白身で、周年あまり変わりません。

ムツ、クロムツよりさらにおいしいアカムツをねらう場合は、険しい岩礁帯を外し、平根や砂礫の混ざる砂地帯を広く探ったほうが釣れる確率が高まります。まれに、かなり大きな群れを作ることもありますが、通常は群れでいることが少ないので、広い範囲から拾っていくようにねらうとよいでしょう。

シロムツは、ムツの仲間のうちでは市場価値が一番低く見られていますが、ほかのムツ類に近いエリア、険しい岩礁の際や変化のある砂礫地周りに、ときにわりと大きな群れでいます。

深場のアカムツねらいの折りに一緒に釣れるのがアラです。大型のアラは険しい岩礁の際の砂礫地に、身を隠すようにひっそりと潜んでおり、水深100〜150メートルのエリアでは小型が主体、水深250〜350メートルのエリアでは良型〜大型が釣れ、ときに3〜5キロ級以上の大型もいます。

さらに深い海域、水深300〜500メートルではキンメダイ、もう少し深いところではアコウダイが釣れ、そのほか、通称ノドグロと呼ばれるユメカサゴも定番の外道です。

深場の根魚五目釣りの仕掛け

深場の根魚釣りでは、水深の深いところをねらうにはドウヅキ仕掛けが標準です。一般にムツ類ねらいの場合は4〜5本バリを使います。より深い場所でキンメダイ、アコウダイをねらう乗合船などでは、15本以上ハリを付けた仕掛けを使うこともあ

アラも周年ねらえる魚だが、冬から春にかけての季節が、最適な釣期とされている

りますが、ハリ数が少ないほうが気軽に釣りが楽しめ、仲間とのオマツリも少なく、釣魚資源保護の面からもおすすめです。

深場の根魚には、意外と目の良い魚もいますが、ハリスの太さにはあまり神経を使わなくても大丈夫です。漁船などでは平気で14〜20号程度のハリスを使いますが、ミキイトはワンランク太くし、8〜10号程度を標準と考え、ムツ、クロムツ釣りでは根掛かりが多いところをねらうので、オモリをつなぐステイトは、逆にワンランク細いイトを使ったほうが回収が楽でしょう。

一方、アラ、アカムツ、カサゴ類をねらう場合、昔は近年より魚影が濃く、深場ゆえにドウヅキ仕掛けで一度に多点掛けしたものですが、近年は数が減って幻と

深場釣りのターゲット、アカムツ。白身ながら脂が乗り、食味は最高。釣期が長い魚だが、産卵時期の夏から秋にかけてが一番のチャンス。あまり群れを作らないので、広く探ったほうが釣れる確率が高まる

【アカムツ】
クロムツに体形がやや似ているのでこの名がつけられた。幼魚は沿岸近くの浅い岩礁にいるが、成長とともに深場に移る。食味が非常によく、市場価値も高い。新潟などではノドグロと呼ばれる

【クロムツ】
ムツとこの種とが"クロムツ"として混称されるが、こちらが標準和名でいうクロムツ。ムツより明らかに体色が黒く、ウロコの数も異なるが、区別しにくい。また、棲息数はムツよりはるかに少ない

【ムツ】
クロムツより体色が明るく、銀色がかった褐色で、ギンムツという俗称でクロムツと区別する場合もある。目が大きいのが特徴で、ハリをのまれると鋭い歯によるハリス切れに泣かされる

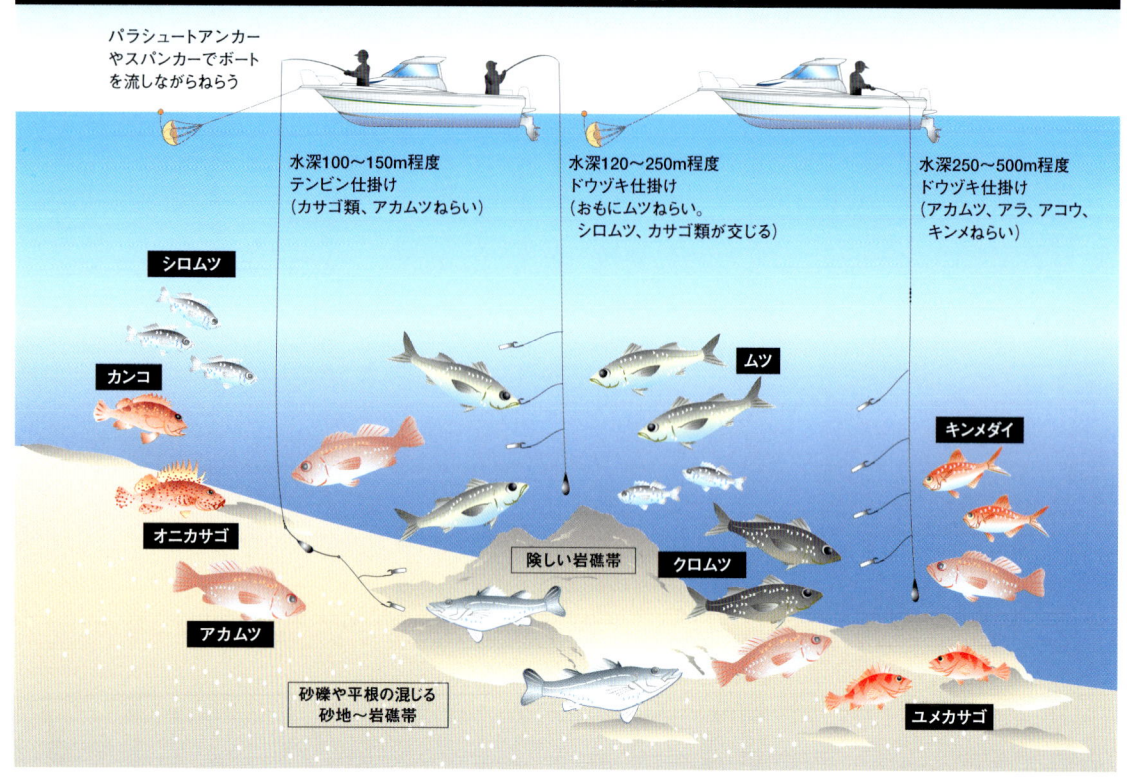

深場の根魚五目釣りの海底イメージ

(水深100〜500メートル)

- パラシュートアンカーやスパンカーでボートを流しながらねらう
- 水深100〜150m程度 テンビン仕掛け（カサゴ類、アカムツねらい）
- 水深120〜250m程度 ドウヅキ仕掛け（おもにムツねらい。シロムツ、カサゴ類が交じる）
- 水深250〜500m程度 ドウヅキ仕掛け（アカムツ、アラ、アコウ、キンメねらい）

魚種ラベル：シロムツ、カンコ、オニカサゴ、アカムツ、ムツ、クロムツ、キンメダイ、ユメカサゴ

海底地形：険しい岩礁帯／砂礫や平根の混じる砂地〜岩礁帯

　深場の根魚釣りでは、ターゲットの生息場所（底質やタナ）に合わせて、ドウヅキ／片テンビンの二つの仕掛けを使い分ける。底から離れたところにいる魚（ムツ、クロムツ、シロムツ、アコウダイ、キンメダイ）をねらう場合はドウヅキを、砂礫帯や平根など根掛かりが少ないエリアの底近くにいる魚（アラ、アカムツ、カサゴ類など）をねらう場合は、おもにテンビンを使用する。なお、この釣りでは、以下に挙げたほかに、数種のカサゴ類を含む多彩な魚種が釣れる。

○ムツ：水深100〜350メートルの険しい岩礁帯（海底から少し離れる）
○クロムツ：水深300メートル以上のカケ上がっている岩礁帯（海底近く）
○アカムツ：水深100〜400メートルの砂礫や平根が混ざる砂地帯や岩礁帯（海底近く）
○シロムツ：ムツ、アカムツと同じポイント（海底から少し離れる）
○キンメダイ：水深200〜500メートルの岩礁の上やカケアガリ（海底からやや離れる）
○アコウダイ：水深500メートル以上のカケアガリ（海底すれすれ）
○アラ：アカムツがいるエリアに近い（海底すれすれ）
○オニカサゴ：水深100〜150メートルの砂礫や平根が混じる砂地帯（海底すれすれ）

（左）ドウヅキ仕掛けの場合は仕掛けが長くなるため、絡みがないかを確認しながら順にエサを投入し、最後にオモリを放り投げる
（右）ドウヅキ／片テンビンとも、オモリは1〜2メートル底を切り、置きザオで待つことが主となるが、ときどき、サオ先を頭上まで持ち上げて誘いをかけることも重要

深場の根魚五目釣りの釣り方

　ムツ、クロムツねらいのタナは、オモリを底から3〜5メートル切ったところ、アラ、アカムツ、カサゴ類は底近くが中心です。

　ハリは、歯の鋭いムツ、クロムツの場合は特に、アゴにうまくかかるよう、ハリの先端が内側に曲がっているネムリバリ（ムツバリともいう）を使うのが常識です。

　エサは、サバやサンマ、イカの切り身／短冊、カタクチイワシ（シコイワシ）が一般的で、いずれも冷凍エサで構いません。シコイワシとイカの切り身など、2種類のエサを併用することも可能です。大型のアラねらいには、小型のヤリイカの1パイ掛けもおすすめです。同じ釣り場の中層でサバが釣れることもあり、そんなときは釣れたてのサバを切り身にして使うと効果抜群です。

　されるようになり、片テンビンを使うケースも増えています。群れが小さいとどうしても海底近くで行動するため、仕掛けを海底すれすれに這わせ、しかもハリスを長めに取り、ハリのエサが自然に漂うようにしたほうが有利だからです。

うれしい外道、カンコ（大型のウッカリカサゴ）。同じく定番外道のマサバ、ゴマサバの深場で釣れたものは大型が多く、食味もよい

いずれの魚も向こうアワセでハリ掛かりします。というのも、オモリが重いので、魚がハリのエサをくわえて反転したとき、自然にアワセが利いてハリ掛かりするわけです。よって、アワセはまったく必要ありません。アタリが来たらそのまま少し待つと、2尾目、3尾目と続けてハリ掛かりすることも多くあります。

アラ、アカムツはかなり深い海域の釣りとなるため、ボートは潮に乗せて流しながら釣ります。風に向けてボートを立て、パラシュートアンカーを張って微速で操船しながら、仕掛けがほぼ垂直に入るようにして釣ります。

パラシュートアンカーを使用する場合は、風が強すぎたり二枚潮になると、仕掛けが斜めにフケてしまい、底立ち（オモリの着底）がわかりにくくなることもあります。こんなときは、もう少し浅い海域で同じ仕掛けが使えるオニカサゴ釣りや、さらにどするのが得策です。仕掛けは海底まで一気に沈

め、オモリが着底したらすぐにミチイトを張ります。ドウヅキ仕掛けならばオモリが海底すれすれか、海底からせいぜい1～2メートル離してねらいます。

片テンビン仕掛けの場合は、オモリはハリス分ほど上げてねらいます。海底はボートが流れることで水深が変わるため、まめにタナの取り直しを繰り返します。ときどき誘いをかねてサオを頭上にゆっくりと立てることも大切です。

アタリはムツ、クロムツがもっとも明確で、ゴク、ゴク、グイーンとサオを引き込みます。アワセは不要で、少し待っていると追い食いもあるので、頃合いを見てリーリングに入ります。

アカムツもほぼ同様ですが、クロムツよりやや弱く、上層に来てひと暴れするのが特徴です。アラの場合はグイッと一気に引き込みます。3キロを超える大型のものになると、一瞬、根掛かりのように感じることもあり、サオを立てるかリーリングに入ると、かなり強いヒキが伝わってきます。上層まで巻き上げてくると、

魚はまだ見えなくとも、口から出た細かな泡が最初に海面に浮いてくる場合があります。これが見られれば大型のアラと思ってほぼ間違いありません。間もなく海面下に白っぽい魚影がゆらゆらと浮いて来ます。アラは空気袋を膨らませて海面にボカリと浮かびますが、最後のひと暴れで暴れてハリが外れ、海底に戻ってしまうこともありがちです。よって、取り込みの際にはタモを使ったほうが賢明です。

アカムツは空気袋があるので、海面近くで暴れることがないので、タモも不要で、海面に浮いたら、取り込みの際にはタモを使ったほうが賢明です。

エサは、サバ、サンマ、イカの短冊、またはイワシや小型のヤリイカを1尾掛けにする。サバが釣れたら、それを使うと効果的

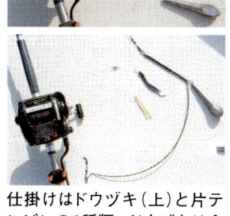

深場の五目釣りの仕掛け

サオ：2.1～2.7m深場用、オモリ負荷100～200号
リール：大～中型電動
ミチイト：PE6号500～600メートル
ミキイト：フロロカーボン10号
ハリス、エダス：8～10号
ハリ：ムツ16～17号
オモリ：150～250号
（水深と潮流によって使い分ける）

ミチイト
●ドウヅキ仕掛け　●片テンビン仕掛け
ミキイト：各1.2メートル
エダス：60センチ
親子サルカン：8×7
大型片テンビン
ハリス：1メートル
エダス：60センチ
親子サルカン：8×7
ハリス：1.5メートル
ステイト：フロロカーボン6号、50センチ
12V

仕掛けはドウヅキ（上）と片テンビンの2種類。ドウヅキは食いが立ったときに有利。片テンビンは、食い渋りどきに海底すれすれをねらう場合に有利となる。水深300メートル以上をねらう場合は、PE6号を500メートル以上巻いた大型電動リール、水深300メートル程度までなら中型電動リールで対応可能

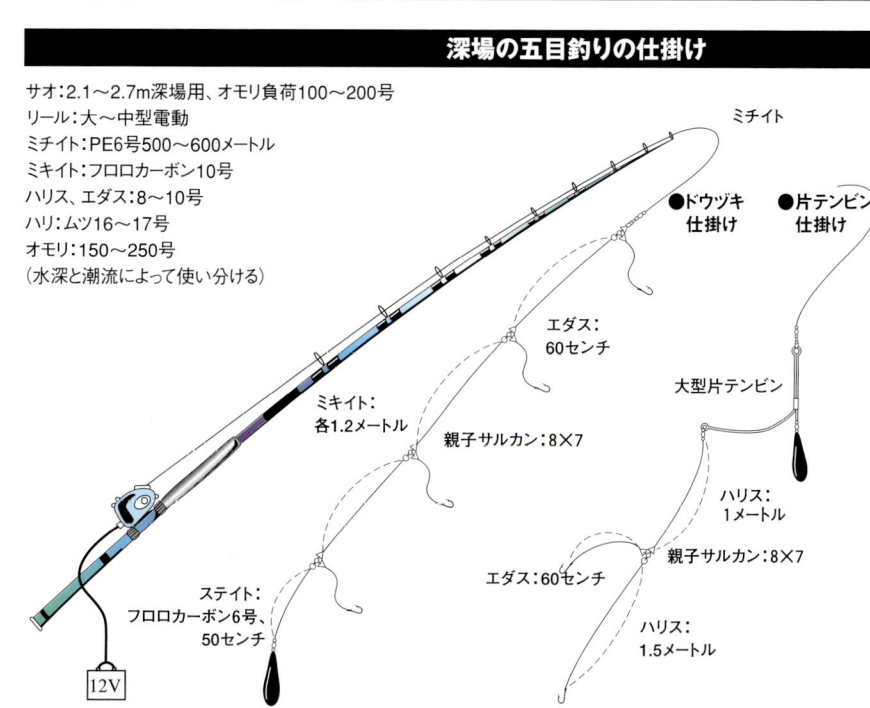

ヤリイカ

冬　イカ類のなかではもっとも深場をねらう

おもなポイント ▼ 水深100〜200メートルの岩礁周り

秋が深まると釣れ始めるヤリイカは、ポイントの水深が100〜200メートルと、イカ釣りのうちでも一番深い海域の岩礁周りをねらうため、釣り味はやや乏しいかもしれません。

しかし、そのおいしさに魅せられたファンは、最盛期を迎える冬場に、天候がよい日を見計らって釣り場に通います。

イカ釣りでは、どの種類をねらうにもポイント選定が大切ですが、なかでもヤリイカは的確にポイントを選ばないと釣果が伸びません。

スルメイカなどは群れが大きいと結構広い範囲に広がりますが、ヤリイカはやや険しい岩礁周りを中心とした海底すれすれの場所に群れることが多いので、確実なポイント選びをした上で、海底から10メートル程度までのタナを集中的にねらうことが重要です。

ポイントをひと口に説明するなら、沖のムツ場、つまり、クロムツを中心に、近くでメダイやオキメバルなどが釣れるところとなります。

ヤリイカはイカ類のなかでも神経質だといわれ、イカヅノの長さは11センチが標準です。

しかも、派手に誘うと驚いて群れが散ってしまうともいわれる上、足の肉質が柔らかいので、たとえツノに乗っても足切れでバレてしまうこともあります。

したがって、ヤリイカ釣りは、底近くをソフトに誘ってねらう釣りとなります。

GPS魚探が欠かせないヤリイカのポイント選び

ヤリイカが釣れるエリアは、沖合の、海底がやや険しい岩礁域や急なカケアガリとなっている付近なので、そんな海底の状況を的確に知ることが好釣果につながります。

魚図鑑　ヤリイカ［ツツイカ目ヤリイカ科］

ヤリイカは、胴の先端が槍のごとく尖っていることから、この名がついた。

北海道南部以南、以西の外洋の沿岸を北上するように大きく回遊する。関東や伊豆、駿河湾には秋から冬に大きな群れがやってきて、寒くなると最盛期を迎える。

スルメイカなどと同じような海域にもいるが、もう少し険しい岩礁回りや急なカケアガリを好んで群れが寄り、水深100メートル以深、ときに水深250メートル前後までが釣り場となる。

最大で胴長60センチ前後に育ち、このクラスのものを"パラソル級"という。

日中は深みにいるが、初春の産卵期には夜間になると沿岸近くに寄る地域もあり、堤防からの夜釣りでもねらえる。エリアにより時期は異なるが、春、産卵が終わると身も痩せ、やがて一生を終える。

同じ仲間のケンサキイカ（マルイカによく似ているが、ヤリイカのほうが足が短く（生きているときは特に短く見える）、区別は容易。ただし、イカ類は慨してメスよりオスのほうが大型に育ち、ヤリイカ、ケンサキイカのオスはともに胴の先端が尖り、慣れないと見間

ヤリイカは、活性が高いと海底から20〜30メートル上層まで群れが上がったり、ごくまれに、ツノに掛かって釣り上げられる仲間を追って海面近くまで上がってくることもありますが、そういった行動はめったに見られず、通常は、海底すれすれか、せいぜいその上10メートル前後までがタナとなります。ときには、かなり大きな群れが岩礁付近のカケアガリに広く散るようにいることもありますが、絶対数が少なくなった近年では、広い範囲で入れ掛かりになる、ということは少ないようです。

また、こういった深場のポイントの多くは、陸からかなり離れた沖にあり、ヤマダテでは

ヤリイカ釣りでは水深100〜200メートルのエリアがポイントとなるので、やや釣り味は乏しいが、透き通った身の美しさと食味が魅力。胴長50センチを超える大型のものはパラソル級と呼ばれる

も、底まで仕掛けを沈めることができません。

しかも、中層にいるサバは概して細身で、底に沈められた仕掛けに掛かるサバは丸々と太った良型、ということがほとんどです。

サバの群れはあちこち移動を繰り返しながら回遊しているので、カンナが付いた先だけで反応が消えるのを待って仕掛けを投入する、あるいは、サバの反応のないところを選んで釣る、などの対策が必要となり、そのためにも、ヤリイカ釣りでは魚探が欠かせません。

特に、サバの群れが中層にいるときはほぼ確実に仕掛けを途中で止められ、下層に白く薄いヤリイカの反応があって

ボートの位置を決めにくいものです。

そこで、魚探で海底の地形、底質、状況をしっかりと見極め、GPSプロッターで好ポイントを記録し、同じポイントを正確に繰り返して攻めることが好結果を得るための条件となるでしょう。

ヤリイカ釣りで重要な外道のサバ対策

相模湾、伊豆、南房方面のヤリイカ釣りでは、必ずといっていいほどサバに悩まされます。

サバがイカヅノにかかると、かなり深くのみ込んでしまい、釣り上げたあとの処置に時間がかかってしまいます。強引に抜いたり、口を大きく切って取り出したりする光景をよく見かけますが、チモト（ハリスを結ぶところ）がスクリュータイプになっていて、4〜5秒で簡単に取り外しや交換ができるツノも発売されているので、これを使うのがおすすめです。このタイプのツノは、サバが掛かった場

写真のゴウドウイカ（標準和名アカイカ）は、常磐沖などでよく見られるイカだが、相模湾で釣れるのははまれ

合、エラ側からツノを引き出すこともでき、能率よい釣りができます。

サバが多いときには、ツノの数を多くするとサバが掛かる確率も高くなるので、ツノを4〜5本にするのも得策です。

ヤリイカ釣りでは、いかにサバにかかる時間を減らすかを考えることも大切なのです。

ヤリイカ釣りの理想のタックル

1日シャクり続けるヤリイカ釣りでは、イラストに示したとおり、なるべく軽いタックルが理想です。

違える。

食味のよさはケンサキイカと優劣がつけがたいほどで、とくに釣りたての生きているものをさばくと、身が透き通り、とびきりのおいしさを味わえる。

ヤリイカ釣りでは、ときに大型のスルメイカが釣れるが、そんなときに、スルメの肝とヤリイカの身を使って塩辛を作ると、極上の一品となる。

【ヤリイカ】

成長した雄の体形は著しく細長く、先端は槍のごとく尖っているのでこの名がある。最大で胴長50センチを超えるものもいる。メスは育っても体長30センチ前後までで、ややズングリした体形となる。夜間は沿岸の浅い海域も釣り場となるが、日中はやや沖の水深100〜200メートルの岩礁近くに群れる

サオはあまり長いと疲れるので、2.1〜2.4メートル程度が使いやすいでしょう。調子は先調子のほうが微妙なノリを判断しやすく有利ですが、波のあるときはせっかく乗ったイカがバレてしまうことも多いので、そんな日は7対3調子

ヤリイカ釣りの海底イメージ （水深100〜200メートル）

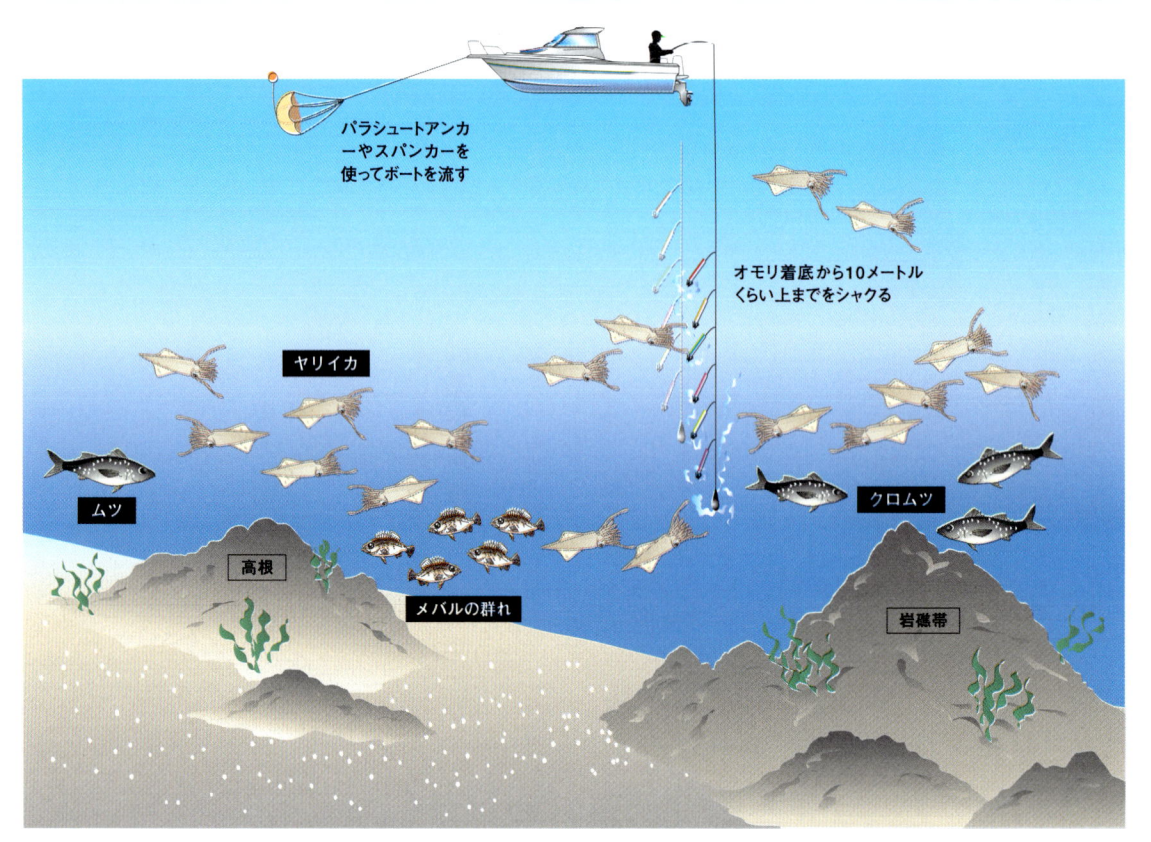

- パラシュートアンカーやスパンカーを使ってボートを流す
- オモリ着底から10メートルくらい上までをシャクる
- ヤリイカ
- ムツ
- 高根
- メバルの群れ
- クロムツ
- 岩礁帯

ヤリイカは、おもに岩礁帯の角や高根周りに群れており、普通は海底スレスレのところから、せいぜい10メートルくらい上までの範囲にいる。しかし、夜間や日中でも潮に濁りがあるときなどの高活性時には、海底からかなり上まで上がってくることもある。

ヤリイカ釣りのベストポイントは、ムツなどをねらう沖の岩礁帯が中心となるので、根掛かりに十分注意し、オモリを着底させたらすぐに2〜3メートルタナを切り、幅70〜100センチ、3〜5秒間隔で、ややソフトに、上へ上へとシャクって誘う。

オモリが海底から10メートルほど離れたら、再び仕掛けを沈めてシャクリを繰り返す。仕掛けを沈めているときに乗ることもあるので、なにか異常を感じたらすぐにシャクってみて、重さを感じたら、ゆっくり一定のスピードでリーリングに入る。

ヤリイカ釣りでは、スルメ釣りなどよりもソフトなシャクリで誘いをかける。乗ったあとも、いくぶんゆっくりとした一定のスピードでリーリングする程度が理想的です。

リールも軽さを重視し、3〜4号のPEラインを300メートル巻ける程度の、小型電動がおすすめです。

オモリも軽いほうが楽ですが、サバが多いときは軽過ぎないように注意し、水深、潮流を考慮して、80〜120号を使い分けます。

ツノ数は5〜7本セットしたものが市販されています。慣れた人には7本セットでもよいでしょうが、サバ対策などを考えると5本セットのほうが有効な場合もあります。

また、ツノにはさまざまな色があり、その日の潮色などでアタリカラーが決まることもあります。そんなときは、ツノがチモトで外せるタイプなら、予備を各色用意しておき、アタリカラーを多く混ぜるようにするのも得策です。

（右）ヤリイカ釣りでは、外道のサバをいかにかわすかが能率アップの秘訣。ただし、深い場所で釣れるサバは、比較的大型が多く、食味もよい（左）サバのほか、外道としてメバルやカサゴ類が釣れることもある。向かって右はウケクチメバルというメバルの仲間

ヤリイカ

誘いはソフトに リーリングはためらわず

スルメイカ釣りはかなりシャープにサオをあおって釣りますが、ヤリイカ釣りではその1/3程度の、ソフトでかつ小さめのあおり方で誘います。

オモリが着底するまでは一気に仕掛けを沈め、直ちにタナ作に入ります。1～2メートル切ったら誘いの動作に入ります。2～3回に分けて、70～100センチ幅で3～5秒間隔でサオを頭上にあおり、サオを下げながらリールを巻いて次の誘いに入ります。それを4～5回繰り返すとオモリは海底から10～15メートル離れるので、再びオモリを着底させ、同じ誘いを繰り返します。ヤリイカのポイントはかなり根掛かりが激しいこともあるので、オモリが着底する前後は十分注意してください。

ヤリイカがツノに乗ると、あおったときのサオ先の戻りがなくなり、重みを感じます。このノリを感じたら、決してサオを下げたりミチイトを送ったりすることなく、直ちにリーリングを開始します。イカが小さいと、途中で乗っているのかと不安になることもあります。そこで躊躇すると、せっかく乗ったイカが外れてしまうので、一定のスピード、リズムを守って仕掛けを上げます。

イカが海面下に見えても、絶対に仕掛けをたるませないように、一気に抜き上げてください。複数掛かっているときは下側のイカがどこに掛かっているかを確認し、慌てることなく落ち着いて順に取り込んでください。

イカ類は、真水に長時間浸けていると身の透明感が損なわれ、身が固くなる。釣果はビニール袋などに直接触れないよう、氷などがきちんと包んで持ち帰るなど、デリケートな扱いを心がけよう

ヤリイカ釣りのタックルと仕掛け

●ヤリイカ用仕掛け
サオ：2.1～2.4メートル　8：2～7：3調子
　　　オモリ負荷80号程度（ヤリイカ専用ザオもあり）
リール：小型電動
ミチイト：PE4号　300メートル
オモリ：80～120号（水深、潮流によって使い分け）
ミキイト：フロロカーボン4号
　　　　（全長は5本ヅノで8メートル、7本ヅノで10.5メートル程度）
エダス：フロロカーボン2.5～3号　8～10センチ

ヤリイカ専用ヅノは長さ11センチが基本。さまざまな色が用意されており、潮色によってアタリカラーが決まることもある

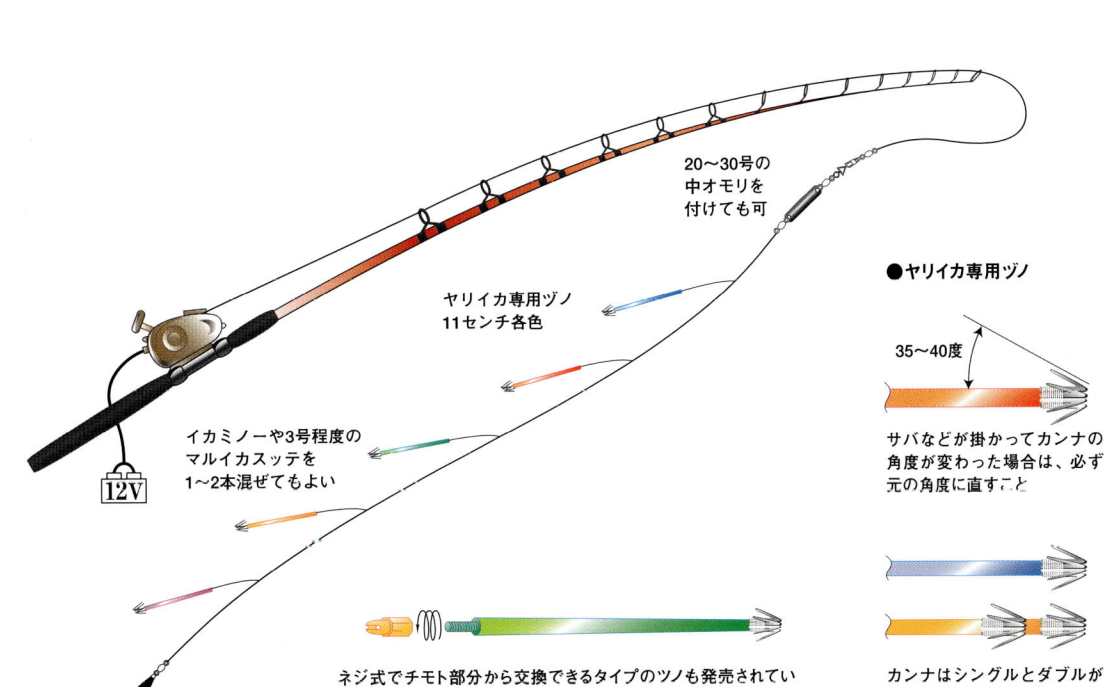

20～30号の中オモリを付けても可

ヤリイカ専用ヅノ
11センチ各色

イカミノーや3号程度のマルイカスッテを1～2本混ぜてもよい

12V

●ヤリイカ専用ヅノ

35～40度

サバなどが掛かってカンナの角度が変わった場合は、必ず元の角度に直すこと

ネジ式でチモト部分から交換できるタイプのツノも発売されている。サバなどがツノを深くのみ込んだとき、アタリカラーに変えたいときなど、予備を用意しておけばすぐ交換できて便利

カンナはシングルとダブルがあるが、相模湾などではシングルが有利

新鮮な魚を自分で料理し
おいしさを存分に味わう

果料理編

釣

調理器具

魚料理のために揃えておきたい

ここでは、魚料理を作るにあたって、最初に揃えるべき調理器具をご紹介します。

魚の料理を作る場合などは、包丁の善し悪しが料理の味も左右します。特に刺身を作る場合などは、包丁の善し悪しが料理の味も左右します。

そのほかにも、魚料理ならではの調理器具、あれば便利な道具などがありますが、それらはそのつど必要に応じ買っていけばよいでしょう。

包丁

魚をさばく、切るために、包丁とまな板は絶対に必要な道具です。いずれも家庭には当然あるでしょうが、包丁に関しては、魚専用のものを揃えたいものです。魚包丁といわれるものはいろいろありますが、とりあえず、出刃包丁と刺身包丁の2本が必需品です。

出刃は、大、中、小いろいろなサイズがありますが、まずは刃渡り18センチ程度の中型の出刃があれば、小魚から3キロ程度のマダイまでをさばけます。加えて、「アジ切り」などの通称で呼ばれる小出刃があれば万全です。

刺身包丁にもさまざまな種類がありますが、大半の料理人が使うのが柳刃包丁です。柳刃包丁は本来、西日本の料理人が古くから使っていた刺身包丁です。東日本では俗に「マグロ包丁」、「タコ引き」などともいわれる「平切り包丁」が多く使われていました。

しかし、刺身を切る、とくに削ぎ切りにする場合には、柳刃のほうが使い勝手がよいで、多くの料理人がこれを使うようになっています。一流の料理人ならば、平切りと柳刃を使い分けるのでしょうが、釣り人ならば、柳刃包丁が1本あれば十分です。

なお、包丁ではありませんが、専用のウロコ落としを用意しておくと便利です。

まな板

まな板は家庭にあるものが使えますが、特に刺身は清潔な道具を使って作りたいものです。まな板や包丁は、調理器具のなかでも一番雑菌が付きやすいので、手入れが悪いものは、家族や自分のためにも使いたくないもの。使い終わったら、すぐに手入れをする習慣をつけてください。洗剤を付けてスポンジやタワシなどでよく磨き、水気を拭いてから干しておきます。

まな板を購入するのであれば、木製のものか、プラスチック製で表面がざらざらついているものだと、魚が安定して使い勝手がよいでしょう。長さは30～40センチが目安となります。

なお、片面は下処理から骨付きの切り身を作るまで、もう一面は刺身専用と決めて使うのが理想です。

■ 揃えておきたい包丁各種

- ウロコ落とし
- 小出刃（アジ切り）
- 出刃包丁
- 刺身包丁（柳刃）

■ 包丁の手入れに欠かせない砥石

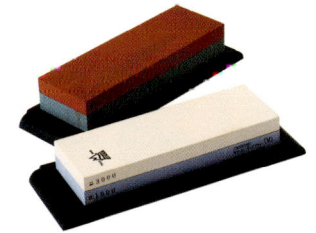

写真奥が粗砥と中砥、手前が中砥と仕上げ砥の組み合わせ

砥石を使う前には、水に浸けるなどして、十分に水を含ませる

包丁の研ぎ方

切れ味のよい包丁と悪い包丁とでは、刺身の断面（切り口）の見た目に違いが出ます。また、切り口が醜い刺身は、細胞の粒子が崩れているためすぐに酸化が始まり、魚によっては酸味が出てしまいます。よって、包丁はいつでも最高の切れ味で使うことが大切です。そのためにも、使い終わったあとにきちんと研いでおく習慣をつけておきましょう。これは、道具を常に清潔にしておくという、衛生面での注意にもつながります。

包丁を研ぐ道具には、簡単に使える簡易研ぎ器などもありますが、やはり砥石を使いたいものです。砥石の目の荒さは、刃こぼれなどを修正する荒砥、通常の研ぎに使う中砥、仕上げ用の仕上げ砥までいろいろあります。理想としては中砥と仕上げ砥の2種類を揃えたいところですが、1200番程度の中砥一つでも十分です。

包丁を研ぐときは、砥石に十分水を含ませることが肝心です。事前に桶などに水を張って、そのなかに砥石を沈めておきましょう。

さて、包丁は表（返しがあるほう）の先から根元へと、順次、均一に研いでいきます。刃筋が砥石に対して30～40度の角度になるように包丁を置き、刃（返し）を砥石にピタッと付け、均一な力で軽く押し付けながら前後させます（写真①、②）。

このとき、刃先だけ研ぐように急角度を付けてはいけません。返し全面が均一に砥石に当たっているように研ぐことが重要で、返しの面が丸味が帯びるような研ぎ方は失格です。

50回程度往復させると刃がわずか裏側へめくれ上がるので、裏を研ぎます。裏は表の半分程度の時間でよいでしょう（写真③）。

最後に表を10回ほど研ぎ、さらに裏を10～15回研げば、すばらしい切れ味になっているはずです。研ぎ具合を確認する場合は、刃先に親指の腹をそっと当ててみます（写真④）。

研ぎ終えたらよく水洗いして、ペーパータオルで拭いたら、サラダ油を薄く塗ってからしまってください。

なお、研いだ直後に使う場合は、魚の切り口に鉄分の匂いが移るので、使う前に野菜くずなどを切り、その後もう一度洗ってから使うようにします。

土鍋

フライパン

両手鍋

ソースパン

中華鍋

アルミホイルの落し蓋

天ぷら鍋

ミルクパン

調理器具

鍋類と落し蓋

魚を煮る、炒めるなどの調理には鍋が必要ですが、意外と重宝するのがフライパンです。煮魚やちょっとした汁物くらいはこれで作れます。

中型の中華鍋も一つあると便利で、利用度の高いものです。炒め物や揚げ物にも使えますが、コンロの五徳が小さいと不安定になるので、油ものを調理する際には十分注意しましょう。

蒸し物を作るには蒸し器が必要で、専用の蒸し鍋がほしいところです。下側半分は、普通の鍋としても使えます。また、中華鍋の上に置く木や竹製のせいろでもよいでしょう。

釣り好き、魚好きの方には、釣った魚で鍋料理を楽しむ方も多く、中型の土鍋も必需品の一つといえるでしょう。

天ぷらやフライ、から揚げなどを作る際には、天ぷら鍋があると重宝します。温度計付

きのものなどいろいろあります が、あまり小さすぎると、一度に入れられる材料の量が限られるので、中くらいの大きさのものがよいでしょう。

なお、ここでは、いろいろな種類の鍋を紹介しましたが、最低限、大きさの違う鍋が二つとフライパンがあれば、いろいろな料理が作れます。

最後に、煮魚を作るときなどの必需品である落し蓋についても触れておきましょう。

落し蓋は、使う鍋の直径より少し小さなものが必要です。よって、木製やステンレス製の市販品だと、いくつかサイズを揃える必要があります。

そこでおすすめなのが、アルミホイルやキッチンペーパーで代用すること。これらに適度に穴を開ければ、鍋の大きさにも自由に合わせられますし、それ自体が軽いので、魚が煮崩れしません。

鍋類と落し蓋・魚焼き具

106

魚焼き具

魚の焼き物(塩焼き)は、人気の高い料理です。ガスコンロに付属の魚焼きグリルがあれば、たいがいの焼き魚は作れます。グリルと同じように手軽に焼き魚が楽しめるのが、両面焼き器です。魚を乗せる網の上下に熱源があるので、ひっくり返す必要もなく、裏表とも均一に焼けるのでおすすめです。

グリルや両面焼き器がない場合は、ガスコンロの上に焼き網を置いて上手に焼きますが、直火では絶対に上手に焼くことはできません。下側にガスの炎を拡散させる石綿板が付いている焼き網を使い、火元からやや離した「遠火の強火」で焼くのが常識です。なお、ガスコンロの上には、炎を拡散させる石綿板を必ず置きましょう。

焼き魚を作りたいなら、魚を空中に浮かせて焼かなければなりません。その際、プロの料理人は「てっきゅう」という器具を使い、串に刺した魚をこれに載せて仕上げます。てっきゅうも市販もされていますが、レンガが2個あれば代用できます。この場合、ガスコンロの上には、炎を拡散させる石綿板を必ず置きましょう。

なお、開きにした平らな魚であれば、フライパンでも焙り焼きにできます。

魚に踊り串を打って本格的な焼き魚に仕上げます。

その他の便利な調理器具

① 泡立て器 卵を泡立てたり、自家製のドレッシングを作るときに使います。

② ボウル 魚を汁に漬け込む、ツマなどを水にさらすなど、ボウルは使い道が多い道具です。

③ バット 揚げ物でパン粉などをまぶすときや、酢に漬けるときなどに必要です。

④ ゴムべら 和え物を作ったり、味噌漬けの味噌を練ったりするのに使います。

⑤ フライ返し(ターナー) 煮魚や焼き魚を器に盛るときに使うと、姿を崩すことが防げます。

⑥ 粉ふるい 揚げ物を作るとき、バットに切り身を並べて小粉を付ける際に便利です。

⑦ 皮剥き器(ピーラー) 大根の皮むきやゴボウのささがき作りなどに便利です。

⑧ 菜箸(さいばし) 揚げ物を取り出すなど、熱くなったところからできるだけ手を離して作業する際に使用します。

⑨ 水きり網 組み合わせるボウルとサイズを合わせたものを用意しておくと、なにかと便利な道具です。

⑩ スライサー 刺身を盛る際には欠かせないツマを作る場合、家庭では専用器具を使うと簡単です。

⑪ 平ザル 洗った魚を置いたり、一夜干しを作るときなどに便利です。

⑫ 計量カップ 目盛りの付いた専用のものが便利ですが、容量を把握していれば、普通のカップでも構いません。

⑬ 計量スプーン 専用のものでなくても大小のスプーンで十分間に合います。料理に慣れないうちはスプーンやカップで分量を量ることをおすすめします。慣れると目分量で加減できるようになります。

⑭ たまじゃくし、網じゃくし 汁物を椀にそそぐときに使う必需品。アクを取る専用の網じゃくしもあります。

*

これらのほかに、**キッチンばさみ**があると、内臓を取り出すときなどに役立ちます。また、小~中型の魚の半身を刺身にするときや締めサバを作るときなど、血合い骨(身の中央に縦に並んでいるたくさんの小骨)を取り除くために使う**骨抜き(毛抜き)**、つみれを作るときなどにはなくてはならない**すり鉢**、**すりこぎ**、本格的な焼き魚を作るときに魚の姿を整えたり、土佐造りを作るときに必要な**金串**、大根おろし、おろし生姜、おろしわさびなどを作るため**おろしがね**なども必需品です。巻き寿司や押し寿司の形を整えるときに使う**簀巻き**(すまき。「竹簾・たけす」ともいう)、飾り野菜などにも凝るならば**型抜き**などもあると便利です。

レンジグリル

てっきゅう

焼き網

両面焼き

釣果をおいしく食べるために

魚料理の基礎知識

釣り人なら、自分で釣った魚はぜひともおいしく食べたいもの。なかには、おいしい魚を食べるために釣りをしているという人もいるでしょう。おいしい魚を新鮮なうちに食べられるのは、マイボートアングラーならではの特権でもあります。ここでは、よりおいしく魚を料理するための基礎知識について見てみましょう。

生け締めの大切さとその方法

魚をおいしく食べるには、釣り上げた直後から、鮮度を保って持ち帰るための心配りをしなければなりません。そのために必要なのが、「生け締め」のひと手間です。野締めで自然に絶命した魚より、生け締めにして血抜きをした魚のほうが、余計な血が回らず、身が締まって鮮度落ちしにくくなり、はるかにおいしさが保たれます。また、釣り場から家までの持ち帰り方にも十分気を遣いたいものです。

生け締めの方法

特に青ものなど血合いの多い魚は、締め方や持ち帰り方によって味に大きな差が出ます。きちんと血抜きをしてクーラーボックスに入れて持ち帰ると、血合いにもピンク色が残りますが、粗末に扱うと、血合いはどす黒くなり生臭さも感じます。

また、白身のマダイやカワハギなども、血抜きをして鮮度が保たれていれば、その身には透明感が残り、身はプリッとしています。生け締めの仕方はいろいろありますが、もっとも手軽な方法は、エラがつながっている部分に包丁を刺すことです。この部分には動脈に相当する血管が集まっていて、すぐに大出血します。ただし、魚をバケツなどに入れて少し時間が経つと、魚自体が弱ってしまい、血が十分に出なくなるため、完全な血抜きをするためには、釣った直後に処理する必要があります。

魚によっては、血抜きするだけですぐに絶命するものもいますが、イサキやマダイなどは10分以上も暴れ続ける場合があ

身を傷めないよう、暴れさせないことも重要。特に青物は、釣った直後にエラの付け根と頭の後ろ（脊髄から脳天までに深く包丁を刺す。大出血し、すぐにおとなしくなるので、新しく汲んだ海水が入った容器のなかに頭から入れて、日陰で5〜10分置く

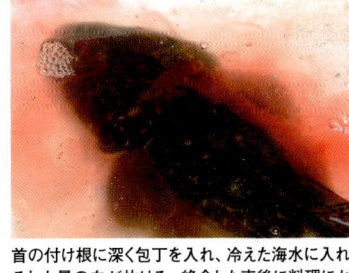

釣った魚の保存法

釣り人は常に「釣った魚を無駄にしないこと」を心がけねばなりません。そのため、釣果の保存も重要なテーマとなります。釣果の保存法には、いくつかの方法がありますが、いずれも、魚が新鮮な状態で処理する必要があります。釣果に恵まれたときには、数日中に食べるもの以外、帰宅したらすぐに保存してしまいましょう。

新鮮なうちに保存したものと、古くなってからあわてて保存したものとでは、あとから料理した際の出来映えやおいしさがまったく違ってしまいます。

持ち帰り方

魚の鮮度を保つには、海中にいるときの体温以上の温度にすることは厳禁。ていねいに処理する場合は、血抜きする際の海水にも氷を入れるほどです。自宅へ帰る際のクーラーボックスにも、氷入りの海水をたっぷり入れ、そのなかに魚体が真っ直ぐなまま完全に漬かるように入れます。おいしい刺身の秘訣は、節取りしたあとも身がきちっとした状態を保つことにあります。魚体を曲げたままクーラーボックスに入れ、湾曲した状態で硬直した魚は、さばいたときに身を伸ばすことともなり、それだけで締まりがなくなってしまいます。

また、イカ類を持ち帰る場合は、身が真水に触れると白くなってしまうため、十分な注意が必要です。そこで、ペットボトルに水を入れて凍らせたものを使うか、イカを水が入り込まないようビニール袋に密封するかして持ち帰ります。

カワハギ、マゴチ、ヒラメなどを生かしたまま持ち帰りたい場合は、クーラーボックスにたっぷりの海水を入れ、エアポンプを利かせておきましょう。暑い時期には、ビニール袋に適量の氷を入れ、水温が上がらないようにします。

首の付け根に深く包丁を入れ、冷えた海水に入れると大量の血が抜ける。絶命した直後に料理にかかり、新鮮なうちに食べると、とびきりおいしい

マゴチは生かして持ち帰り、食べる直前に締める。容器内の海水を温めないようビニール袋入りの氷を浮かせ、エアポンプを利かせれば、半日以上は元気

り、打撲によって身を傷めてしまいます。そのような魚は、エラを切ったついでに、頭の後ろ（脊髄付近）まで包丁の先を突き刺すと早く絶命します。

このあと、血が早く抜けるように頭を下に向け、バケツなどに汲んだ海水のなかに5分くらい入れておきます。汲み置きの海水だと、夏場などはすぐに温まってしまい、魚も生ぬるくなってしまい硬直しにくくなるので、かならず汲みたての海水を使いましょう。

生け締めが終わったら、すぐに十分な氷と海水を入れたクーラーに、魚を沈めるようにして入れる。体が曲がらないようにして硬直させたほうが、さばいた後の身崩れが起きにくく、おいしい刺身となる

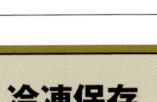

冷凍保存

保存方法のなかでも一番手っ取り早いのが冷凍です。しかし、家庭用冷蔵庫の多くは、冷凍室の温度がマイナス20度前後なので、魚の種類による差はありますが、やや水っぽくなるのは免れず、解凍した魚でおいしい刺身を、というわけにはいきません。

一方、マイナス50〜60度で冷凍できる釣り人向けの冷凍庫も市販されており、これならかなりおいしい刺身用の冷凍も可能です。

魚を丸ごと冷凍する場合、魚が新鮮であれば、まったく下処理しない釣ったままの状態でも、ウロコや内臓をきちんと処理してからのものでも、あまり変わりはありませんが、下処理をすると空気や水に触れる部分が多くなるため、解凍後、部分的に柔らかくなったり水っぽくなったりする魚もあります。

丸ごと冷凍する場合は、1尾ずつビニール袋に包み、空気に触れないようにしてから冷凍室に入れます。大型魚の場合は、切り身にしたり、柵取りしてから冷凍することもあります。

なお、冷凍保存でおいしさがある程度保たれている期間は、普通の冷蔵庫なら30日、マイナス50度冷凍なら6カ月以上です。

保存法あれこれ

干物

　一夜干し程度の干物は、保存用とは考えにくく、あくまで身の水分を少し抜くことでおいしさを引き出すための調理過程の一つ。通常、おいしく食べられるのは1週間程度。
　塩をする方法には、振り塩と漬け塩の二通り。振り塩はあくまで目分量となるため、適正な量の見極めと、均一に振りかけるのが難しい。量は普通の塩焼きよりやや濃い目（30～50％増し）とし、30センチ以上の高さから、パッ、パッと振りかける。開きの場合は両面に振りかけたのち、素手かペーパータオルでこすってより均一になじませ、ザルか干し籠に広げて干す。丸干しは、下処理したのちに塩を振り、腹や頭のなかにも、手に残って付いている塩をこすりつけ、全体に塩をする。
　漬け塩は、10％の塩水（水1リットルに対し塩100グラム）に、開きにした魚や、下処理した姿のままの魚を漬ける。漬ける時間は魚の大きさや形によって異なり、25センチ以下の開きなら30分程度、30センチ以上の開きや大型の切り身、イワシなどを丸干しにする場合は60分程度。その後、必ずペーパータオルか乾いた布巾で余分な塩水を拭いてから干す。塩水がベットリ付いたままだと、乾く時間も余計にかかり、魚が塩分を吸うので味が濃くなってしまう。
　干すときの天候次第で味が決まる干物は、秋～冬の晴天で冷たい風が適度に吹いているときに、最高の仕上がりとなる。一夜干しは、そんな天候の夕方5時ごろから干し始め、翌日の朝に2～3時間弱い日に当てる程度で取り込むのが理想。
　干物には、丸干し、開き、切り身など、いろいろな作り方があるが、もっとも保存性がよいのは、身がよく乾く開き。開きの場合は、身を表にして時間の7割を干したら、皮が表になるよう裏返して残りの3割の時間干す。裏返すとき、網やザル、魚体の一部に塩水が付いているようなら、軽く拭いておくこと。長期保存させるなら、小魚の場合、同じような条件の日に2～3日干し、夜は冷蔵庫内に取り込む。
　天候が悪い日、湿度が高い季節、春～夏の気温が高く蒸し暑い日には、よい仕上がりは望めない。特に夏の夜に一夜干しにすると、生臭さが出てしまう。干物作りに向いていない時期や天候のときは、ザルに広げ、冷蔵庫内で空気に触れる状態で24時間乾かすと、ちょうど一夜干し状態となり、夏でもおいしく食べられる。干物の保存性を高め、より長く保存するなら、干し上がったものをラップに包んで冷凍するのがおすすめ。

酢漬け

　南蛮漬けやマリネなどの酢漬けをおいしく食べられるのは、アジなどの小型魚を姿のまま揚げた場合は1週間程度、酢がなかまで均一に浸透しにくい大型魚の切り身を揚げた場合は3～4日。
　なお、中～大型の魚の刺身が余ってしまった場合も、薄く塩、コショウをし、片栗粉か小麦粉をまぶして揚げて南蛮酢に漬けておくと、4～5日はおいしく食べられる。

味噌漬け 粕漬け

　味噌漬けや粕漬けは、魚の旨味を増すことを目的とした調理法の一つだが、保存性も高まる。1週間以上日持ちするが、漬け過ぎると味が濃くなり、身が締まりすぎてしまうので、おいしく食べられるのは3～4日後。長時保存したい場合は、漬けて3日後くらいに味噌や粕をていねいに落とし、一切れずつラップして冷凍する。自然解凍してから焼けば、1カ月以上おいしく食べられる。
　味噌漬け、粕漬けともに、大型の魚の切り身で作ることが多い調理法だが、35～40センチ程度の魚の半身を刺身に、骨付き側を味噌漬けなどにするのもおすすめ。骨なしの切り身なら一切れ100グラム前後、骨付きの切り身なら130～150グラム程度が食べやすい。
　味噌は塩分があるためそのままでよいが、塩分が薄い西京味噌や塩分がない粕には、切り身に適量の塩をして、半日ほど置いてから漬ける。
　味噌も粕もそのままでは硬いので、日本酒（甘口好みの場合はミリン）でゆるいクリーム状に溶いたのち、切り身と切り身の間に均一に密着するよう、ていねいに漬ける。魚と味噌または粕の間にガーゼを敷いて漬け込むと、取り出して焼いたとき、きれいで上品な仕上がりとなる。直に漬けた場合は、水または玉酒で軽く洗い、水分を拭き取ってから焼く。
　なお、味噌、粕に漬けることで焦げやすくなっているので、火加減には十分注意すること。

塩漬け

　新巻鮭に代表される魚の塩漬けは、強く塩をすればかなり長持ちするが、食べるときにちょうどよい塩加減とするための塩抜きが意外に難しいもの。料理は、ぶつ切りにして鍋に使ったり、切り身を焼いたりする。
　保存を考えた塩蔵や、塩をしてから酢漬けにする（締めサバなど）場合は、いずれもベタ塩にする。ベタ塩とは、魚の身が塩で見えなくなるくらい、たっぷり擦り付けること。保存用に行うなら、その状態のまま容器に並べて冷蔵庫に入れる。身からかなりの水分が出て濃い塩水がたまるので、これを適宜捨てることも大切。
　締めサバ、アジの酢締めなどを作る場合、三枚におろして腹骨をすき取り、皮を付けたままベタ塩にする。塩をする時間は、保存を考えないものなら10～30分、ある程度の保存を考えるなら5～6時間。酢で締める前には、酢洗いをし、塩を落として使う。

魚料理の基礎知識

保存法

刺身の作り方

新鮮な魚のうまさをストレートに味わえるのが刺身です。下処理が済んだ魚をきれいに洗い、水気を拭いたものを、三枚(あるいは五枚)におろして節取りし、皮を引いてから作ります。生のまま食べる料理なので、包丁やまな板の清潔さを保つことをしっかり念頭において調理しましょう。

アカムツのお造り。引き切りで切った刺身(皮付きの霜皮作り)と、そぎ切りの重ね盛り。大根のツマと大葉を使い、紅タデ、おろしワサビ、穂ジソを添えた

節取りと柵取り

三枚におろした半身から、まず腹骨をすき取り、続いて血合い骨を取りながら、背側と腹側に切り分けることを節取りといい、こうしてできた四半身を節といいます。

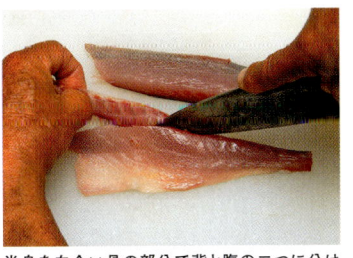

半身を血合い骨の部分で背と腹の二つに分けることを節取りという。魚の大きさや料理によっては、節がそのまま柵になることもある

血合い骨の位置や数は魚の種類によって異なりますが、白身魚なら前側3分の1程度まで10～15本、青ものなら前側から3分の2程度まで20本前後あります。

この節を切り分けたり、形を整えたりすることを柵取りといい、こうして取った柵を食べやすい大きさ、厚さに切ることで刺身となります。

ただし、小～中型魚は三枚下ろしした半身をそのまま一柵としたり、小アジやイワシなどは、半身そのままを刺身として盛る場合もあります。

中型以上の魚でも、半身のまま使う場合や、マゴチなど半身の幅が狭い魚の場合は、毛抜き

皮の引き方

でていねいに血合い骨を抜き取ります。

普通の刺身は、皮を引いてから刺身に切ります。包丁を進めるのと反対側に、尾側の皮の端をつまんで引っ張ることから、皮を取ることを「皮を引く」といいます。

包丁の使い方は、手前(右から左)に引くのが関東流で、この場合は出刃包丁が使いやすいでしょう。反対に、手前の皮の端を押さえて、向こう側(左から右)に包丁を進めるのが関西流です。いずれの方法も、皮をま

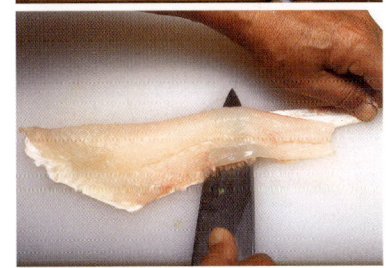

包丁を節の左端から右向こうに入れるのが外引き(写真上)、右端から左手前に入れるのが内引き(写真下)。外引きは柳刃、内引きは出刃が使いやすい。包丁の柄が邪魔にならないよう、節はまな板の手前に置き、包丁の刃はまな板から浮かすことなく水平にする

魚料理の基礎知識

刺身の作り方

魚料理の基礎知識

刺身の作り方

刺身の切り方

刺身の切り方

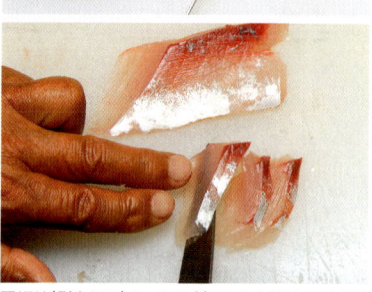

平切り(引き切り)は、やや斜めにした柳刃包丁を引いて、柵の右から切る(写真上)。5～7切れをひとまとめにして皿に盛る。写真下のそぎ切り(すき切り)は、包丁をかなり寝かせて、柵の左から切る。一切れずつか、何枚かを重ねたものを皿に盛る

雑切りとたたき

アジのたたきなど、柵を雑切りにして使うときの切り方(写真上)。大きさは好みで、粗く大きくしても、細かく切ってさらに包丁で叩いてもよい。細かく刻んだネギやショウガを交ぜ(写真下)、細かく叩いて味噌など交ぜればナメロウとなる

刺身の切り方と盛り付け

柵取り後の刺身の切り方には、大きく分けて二通りあります。

一つめは、柵の右端から置き、平切りで、柳刃包丁で引いて切ることから引き切りともいいます。

まな板にピタリと沿わせた状態を保つことが重要で、一気に包丁を進めます。そのため、包丁の柄が邪魔にならないよう、節はできるだけまな板の手前側に置き、包丁を持つ手がまな板の端から外になるようにします。

な板に付け、包丁の刃がまな板にピタリと沿わせた状態を保つ

1枚目を切ったら少し右に倒すように置き、続いて2枚目を切って1枚目の横に少しずらして重ねるように置きます。3枚目以降も同じ要領で重ねていきます。5～7枚くらいをひとまとめにして、皿に大根のツマ、大葉を敷いた上に盛り付けます。

二つめは、柵の左端から切るそぎ切り(すき切りともいう)です。包丁をかなり斜めにして使い、ひと切れの面積を大きく取ります。薄く切ることが多いので薄造りともいい、フグ刺しなどはこの切り方です。並べる形を考えながらひと切れずつ皿に盛るか、何枚かをいったんまな板の上に重ねて置いてから盛るかします。

糸造りは、小魚の柵か、ある程度の厚さの柵を薄く切ったものを、包丁の先端を使って縦にスイ、スイッと2ミリ程度の幅に切り、適度な量をひとまとめにして、こんもりと皿に盛るかします。

イカは、平らな身を6～7センチ幅に切ってから、縦にスイ、スイッと切れば糸造りになり、これを皿にこんもりと盛ったものがイカそうめんです。また、そぎ切りにすれば普通の刺身となります。

アジやマグロ、タコなどは、ぶつ切りにしてザックリと盛り付ける方法もあります。

ツマと飾り物

刺身の盛り付けにちょっと工夫を凝らせば、料理店のようなお造りができます。そのとき重要なのがツマと飾り物です。ツマは大根がもっとも一般的で、ほかにキュウリなどで作

飾り物あれこれ

①大葉　②大根のツマ　③小菊の花　④かいわれ人根　⑤白髪ネギ　⑥パセリ　⑦紅タデ　⑧穂ジソ　ここに挙げたほかにも、キュウリやニンジンのツマ、刻んだミョウガやアサツキ、万能ネギ、セロリ、木の芽などを、魚や料理に合わせて適宜使用する

魚料理の基礎知識 — 刺身の作り方

ツマを作る

簡単にツマを作るには、スライサーなどを使うと便利。氷水にさらしたのちによく水を切って、パリッとさせる

薬味

ワサビやショウガ、モミジおろしなどが薬味の定番。ワサビは生のおろしたてがあればベスト

のが簡単です。カツラ剥きにした大根などをていねいに千切りにするのが本来の作り方ですが、スライサーなどを活用してもよいでしょう。なお、ツマは氷水にさらし、水を切ってパリッとした状態で盛り付けます。

ツマ以外で一番よく使われるのが大葉で、刺身数枚をひと盛りにするところに1枚ずつ敷くのが一般的です。大葉とツマの間にレモンの輪切りを挟むように置くのもよいでしょう。

そのほかの手に入りやすい飾り物には、紅タデ、穂ジソ、小菊などがあり、来客をもてなすなど豪華な一皿を創る際に使えます。紅タデは薬味（ワサビやショウガ）の脇に置くのもおすすめで、毒消しの役割りも果たすようです。

薬味とたれ

刺身の薬味としては、おろしたワサビやショウガが一般的です。薄造りの刺身のときに、ポン酢醤油と組み合わせて使うモミジおろしは、大根に太めの箸で7～8カ所穴を開け、しんなりさせたタカノツメ（赤唐辛子）を差し込んで、これをおろし金ですって作ります。面倒な場合は、大根おろしに一味唐辛子を適量混ぜて少し水気を絞ったものを使います。中国風は、醤油に少量の砂糖などを混ぜたもよく、瓶詰めのモミジおろしも市販されています。

刺身のたれは生醤油が定番ですが、好みでたまり醤油やポン酢醤油、ダシ醤油を使ってもよいでしょう。また、和風の刺身に飽きたら、韓国風、中華風、エスニック風の刺身もおすすめです。韓国風の刺身だれは、醤油にコチュジャン、おろしニンニク、酢、少量の砂糖などを混ぜたものを使います。中国風は、醤油にニンニク、唐辛子、ゴマ油などを混ぜます。エスニック風にするなら、刻んだ青唐辛子にナンプラーをたらすと、ピリッとした辛味が利いて、かなり雰囲気の違った味が楽しめます。

小魚の場合は、半身をそのまま盛り付けた方がボリューム感がでて、食べ応えもある。写真はウルメイワシの刺身。ショウガ醤油がよく合う

白身の魚は薄いそぎ切りにして一切れずつ放射状に盛ると美しい。写真はクロソイの薄造りモミジおろしとアサツキの小口切りなど添え、ポン酢醤油でいただく

皮目を焦がし、湯引きして、引き切りでざっくり切り、雑盛りにした例。この場合、皮付きの節がそのまま柵になる。写真のカサゴの焼きちりは、カラシ醤油が合う一品

魚料理の下準備とポイント

魚料理では、魚をさばいたあと、調理に入る前にしておくべき下準備がいくつかあります。
また、揚げ物、焼き物、煮物には、それぞれの調理法ごとに共通する、料理を上手に仕上げるコツがあります。
ここでは、比較的使う機会の多い、基本的な下準備と、調理のコツをご紹介します。

隠し包丁 飾り包丁

隠し包丁は、1尾丸のまま煮付け、焼き物にする際、皿に盛ったときに見えないよう、下側になる左腹に入れる

飾り包丁は、煮付け、焼き物などを作る際に、皮目にやや深く、×型や真っ直ぐに入れる包丁目

隠し包丁とは、魚を姿のまま料理した際に、それを皿に盛ったとき、内臓を処理した跡が見えないように入れる包丁目のことです。
姿のままの魚は、頭を左、腹を手前にして、左側が見えるように盛るのが基本。そのとき、とかく崩れやすく醜くなりがちな切り口が見えないよう、隠し包丁は皿に盛ったときに見えない側（右腹）に入れます。
一方の飾り包丁とは、魚を煮たり焼いたりするとき、火が通りやすくするためと、皿に盛ったときにきれいに見え、かつ、食べやすいように、魚の皮目に入れる包丁目のことです。

湯通し

熱湯をかけるか熱湯にくぐらせたのち、流水にさらしながらウロコの残りなどを洗い取る。これにより、にごりがかなり抑えられ、生臭くない仕上がりとなる

煮魚や鍋に使う魚、潮汁に使うアラなどは、少しでも生臭さを消し、濁りのない美しい仕上がりにするため、ザルに入れて熱湯をかけたり、場合によっては、煮立ったたっぷりの湯にさっとくぐらせたりします。この作業を湯通しといいます。
ていねいに作る場合は、湯通ししたあと、流水で汚れを洗い、ウロコの残りやぬめり、血の汚れなどもきちんと取り除き、ざるに上げて十分水を切ってから次の工程に入ります。

玉酒と酢洗い

カワハギの肝を玉酒に浸しているところ。日本酒を同量の水で割ることで、酒のにおいが邪魔にならず、水っぽくなることもない

魚を調理する場合、味や食感を保つため、さばき終わった身を水で洗うことは基本的にしません。
しかし、料理によっては、塩を洗い流したり、生臭さを抑える意味で切り身を洗う場合もあります。
カワハギの肝を生で食べる場合などは、玉酒（水で倍に薄めた日本酒）を使い、汚れを落として生臭さを抑えます。
一方、酢締めにする場合には、ベタ塩にした塩を洗うため、水で倍に薄めた酢で酢洗いをします。

霜降り

まな板に置いた柵の皮目に、サッと熱湯をかける。大きさや魚の種類により、皮の固さが異なるが、目安は1キロ級マダイの1柵で15秒ほど

皮付きのまま、その美しさやおいしさを残して作る刺身を、皮造り、皮霜造りなどと呼びます。
これは、皮付きのままの柵を皮目を上にしてまな板に置き、皮目に熱湯をかけ、すぐに氷水に入れてあら熱を取ってから刺身に切ります。この熱湯をかける作業を霜降りといいます。
熱湯をかける時間は、20～25センチ程度の柵で10～15秒を目安に、大きさや魚の種類によって異なる皮目の硬さによって時間を調節します。

土佐造り

本来は、わらを燃やした火を使うが、家庭ではガスの直火で構わない。網などに乗せると、皮がくっついて見苦しい仕上がりになる

皮造りは皮の表面が丸まりがちなので、なるべく平らに直してから刺身に切る

刺身にする柵の皮目をあぶるように直火に当ててほどよく焦がし、これを刺身にしたものを、すべて土佐造りと呼びます。
あぶる際には柵に金串を打つのが一般的ですが、その場合、あぶったらすぐに金串を回しながら引き抜き、柵を氷水に入れてあら熱を取ります。
カツオの土佐造りが有名ですが、サバ、メジマグロ、マダイ、イサキ、タチウオなど、ほとんどの魚で作れます。
なお、カツオを土佐造りにし、薬味の野菜、ニンニク、ショウガの絞り汁、ポン酢醤油をかけ、叩くようにして味を染み込ませたものを、カツオのたたきといいます。

魚料理の基礎知識 — 下準備とポイント

揚げ物のコツ

天ぷらなどの揚げ物は、衣をカラリと、なかをふんわりと揚げたいもの。そのコツは二つです。

一つめは温度管理。油の温度は175度を基準に、170〜180度の間を保ちます。油の温度が急に下がらないよう、なるべくたっぷりと油を使い、一度に少しずつ揚げるのがポイントです。20センチ級のシロギスなら一度に2尾、12〜13センチのハゼなら3尾ずつくらいに留めます。

二つめは、揚げる時間。揚げすぎると硬くなり、なかのふんわり感がなくなるので、1尾につき1〜1分半以下で揚げましょう。

油の温度の簡単な測り方は二つ。衣を落としてすぐに浮き上がってくる(左)か、油のなかに入れた箸の先から細かな泡が出てくる(右)かすれば、およそ180度である

揚げ物の最大のコツは、油の温度を急激に下げないため、一度にたくさんのタネを入れすぎないようにすること

焼き魚のコツ

魚の焼き方、焼き具にはいくつかありますが、ここでは網に乗せて焼く場合を中心に説明します。

まず、網には熱くなってからサラダ油を塗り、焦げ付きや皮が剥がれることを防ぎます。

姿の魚は皿に盛ったとき表になる左側から焼きます。焼き時間は、魚や切り身の大きさによって異なりますが、表裏合計で8〜12分が目安。表6割、裏4割の時間配分で、焼き具合に十分配慮しながら、均一に焼き目が付くようにします。ただし、途中で魚の位置を変えたり、箸でさわったりすることは厳禁。焼きむらが出そうなら、網ごと少し位置をずらすなどして調節します。魚を箸で触るのは、裏返すときの1回だけ。場合によっては、ターナー(フライパン返し)などを併用するのもコツです。

なお、姿のまま、あるいは、ヒレ付きの切り身を焼くときは、ヒレにたっぷりの化粧塩を打つか、ヒレをアルミホイルで包むかして、ヒレが焦げて美しさを損なわないようにしましょう。

見た目を美しく仕上げる場合には、ヒレを焦がさないよう、事前に化粧塩を打つ(左)か、ホイルで包む(右)かしておく

魚を置く前には、十分に熱した網にサラダ油を塗っておくとよい。こうすることで、焦げ付きや皮の剥がれなどを防ぐことができる

煮魚のコツ

煮魚の味は、使う調味料の割合、分量で決まります。慣れないうちはなるべく調味料を多めにすると失敗しにくいでしょう。

魚は皿に盛ったとき表になる左側を上にして、複数の魚を煮るときは重ならないように平らに置き、落し蓋をして煮ます。

火加減は始めやや強め、煮立ってきたら中火程度を保ちます。煮立つ泡で落し蓋(アルミホイルがベスト)が鍋の半分ほどまで持ち上げられ、煮汁が魚の上にたえずかかっている火加減を保ちます。落し蓋が魚に乗ったままでは火が弱く、逆に、吹きこぼれるようなら強過ぎです。火加減がちょうどよいと、魚の上にお玉などで煮汁をかけるといった作業は必要ありません。

なお、焼き魚同様、煮ている途中で魚を箸で触るのは厳禁。触るのは皿に盛るときのみで、この場合もターナーなどを併用するとよいでしょう。

関東風の煮魚の調味料の割合は、酒、砂糖、醤油、みりん各1:1:1:1が基本。味が濃い場合は、水1を加えてもよい

煮魚を作る際には、必ず落とし蓋をして、全体に煮汁を行き渡らせる

出来上がりを皿に取り出す場合は、ターナーなどを併用すると崩れにくい

シロギス
【三枚おろし&開き】

ボート釣りではもっともおなじみのシロギスは、食の世界でも人気の魚。小型魚ゆえ、鮮度が落ちやすいので、さばき方をしっかり覚え、手際よく処理したい。

1 下処理の最初の作業はウロコ落とし。これはほとんどの魚料理に共通する。シロギスなどの小魚は、小出刃を使うとやりやすい。尾から頭へ、こするようにしてウロコを起こしながら取る

2 腹（肛門からエラ下まで）に浅く包丁目を入れる。塩焼きなど姿のまま使う料理では、腹の少し右側に、包丁目を入れる。これを、隠し包丁という

3 内臓を取り出しやすいよう、エラから処理する。エラぶたを広げ、エラの上下、周りのつながっている部分に包丁を入れ、エラを包丁の先に引っかけ要領で取り出す

4 エラと内臓が一緒に取れる場合もあるが、残った場合は初めに入れた包丁目から内臓を取り出し、水洗いする。③～④の作業は、小魚ほど難しく、無理をすると醜くなるので、ていねいに行う

5 フライにするなら、中骨と内臓を取った頭つきの状態で使うと見栄えがよい。ウロコを落としたら、背ビレの両側すれすれに包丁を入れ、中骨の頭と尾のつながっている部分をはさみで切る

6 中骨を取ったら、エラぶたを開き、包丁か先の細いはさみでエラを切って取り出す。その後、内臓をつまみ出すようにして取り出し、腹の内部の汚れを拭き取る

7 開きにしたり、三枚におろす場合は、ウロコを落としたら続けて頭を落とし、同時に内臓を取ると手早くできる。その後、背側から三枚におろす

8 新鮮なシロギスなら、内臓がしっかりしているので、三枚におろしながら頭と内臓をつなげて取る方法が早い。頭の付け根の右側に浅く包丁を入れ、背開きにする

9 右面を開いたら、内臓を切らないように注意し、頭の付け根部分で中骨を切り、頭を落とす。頭を持ち上げると内臓がつながって取れる。その後、肛門と腸がつながった部分を切る

10 中骨は首の側から削ぎとるようにして取り除く。天ぷらなど揚げ物に使う場合は、背ビレや血合い骨を残しておいても、まったく気にならない。ムニエルなどにする場合は血合い骨を取る

11 刺身などに使う場合は、内臓部分の腹骨を取ったのち、左右の身を切り離す。このとき、背ビレ、腹ビレを身に残さないようにしないと、皮が引きにくい。大型の場合は節取りし、血合い骨を取る

12 刺身にする場合は皮を引く。シロギスのように小型で皮が薄い魚は難しい。まな板の手前側に半身を置き、皮の端を引っ張りつつ、刃をまな板にピタリと付けたまま、一気に包丁を進める

魚料理の基礎知識　さばき方の基本【シロギス】

カワハギ
【五枚おろしと肝の取り出し方】

カワハギはその名のとおり、ウロコ代わりの硬い皮を剥ぐ必要があるが、さばき方は簡単。コツをつかめば普通の魚よりやさしい。おいしい肝の取り出し方もマスターしたい。

1 カワハギはウロコがないので、すぐにさばける。まずは頭を落とし、肝を取り出すため、ツノの後ろに包丁を入れ、中骨より上の部分を切る。このとき、内臓を傷つけないように注意する

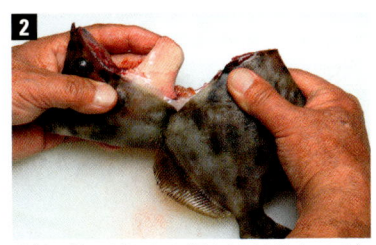

2 手前に折るようにして、胴から頭を外す。1で包丁を入れたときに内臓を傷つけていなければ、まな板はまったく汚れない

3 頭側においしい肝が入っているので、これを取り出すため、目の下から口の下まで包丁を入れ、頭部を上下二つに切り分ける。同時に、背ビレ、腹ビレ、尾ビレを切っておく

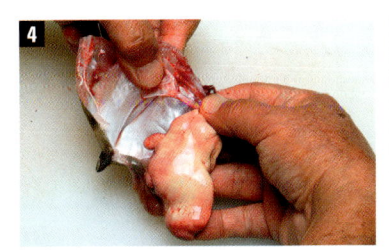

4 二つに分けた頭部の下側に肝がスッポリ入っている。まず、腸などほかの内臓を取り除いたあと、肝がつながっている細い筋（2～3カ所）を切り、肝を崩さないように取り出す

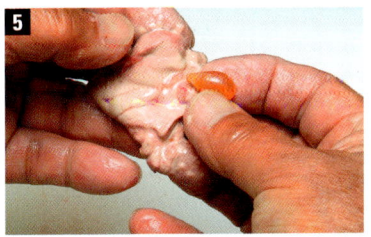

5 肝にはニガ玉（脾臓）が付いている。これをつぶすと肝に苦味が付き、せっかくのおいしさが台なしになるので、絶対につぶさないように注意して取り除く

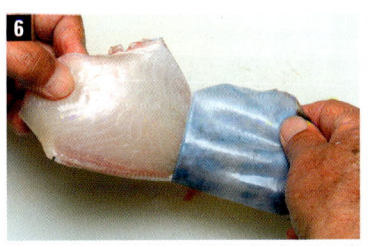

6 続いて、胴の皮を剥ぐ。切り口（腹付近）の皮の端をつまみ、尾のほうへ引けば簡単に剥ぎ取れる

7 大型のカワハギなら、五枚おろしのほうが身（節）がきれいに取れる。まずは背ビレ、腹ビレの脇に包丁目を入れる。続いて、中央を中骨まで切る

8 中央の包丁目から、身を持ち上げる要領で左右の節を取る。中型以下のカワハギなら三枚おろしでもよい

9 頭はエラをかき出すように取り、皮に包丁目を入れて皮を剥ぐ。腹側の部分とともに、鍋や潮汁の材料に使う

10 ユニークな形を生かし、姿のまま煮付けやムニエルに使う場合は、内臓を処理する前に皮を剥ぐ。頭の真上、各ヒレの付け根の皮に浅く包丁目を入れ、頭の近くから一気に皮を剥がす

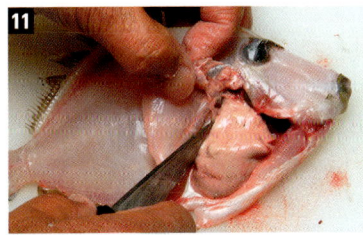

11 右側の腹を大きく切って広げないと、内臓を処理しにくい。エラぶたの下を折るように開き、肝を崩さないように取り出したのち、エラと内臓を取り除く

12 写真下は姿のまま処理したもの。上は刺身、ぶつ切りなどに使うように頭を落として処理したもの。キモは流水で洗ったら、玉酒（水で2倍に薄めた日本酒）に一時漬けておくと臭みが取れる

魚料理の基礎知識 — さばき方の基本【カワハギ】

マダイ
【三枚おろし】

マダイは釣ってよし、食べて最高の魚。大きさはさまざまだが、姿、形がよく、このさばき方をマスターすれば、中〜大型のほかの根魚もさばけるようになる。

1 ウロコを取る。出刃包丁でもできるが、マダイは比較的ウロコが大きく硬めなので、ウロコ落としを使うのがおすすめ。ヒレの付け根付近は特にていねいに落とす

2 腹に包丁を浅く入れ、内臓を出す準備をし、続いてエラを取る。エラぶたを広げ、エラの上下と腹につながる膜を切り、包丁の先に引っ掛けるか、指でつまむかして取り出す

3 エラにつながって内臓の大半が出てくるが、内部に残った内臓は腹の包丁目から取り出す。その後、流水で内部を洗い、水気を拭いておく

4 頭を残す場合。頭の後ろに、中骨を切らないよう斜めに包丁を入れる。次に、背ビレに沿って浅く包丁を入れたら、同じ切り口から包丁の先で中骨をこするようにしながらより深く切り進む

5 背側からだと腹骨部分が切りにくい。中型魚以上なら、背側から中骨近くまで包丁を進めたら、あらためて腹側から包丁を入れる。ていねいにさばくことで、きれいに半身が取れる

6 4と同じ要領で、骨が付いた側から残りの半身を取る。このとき、まな板の端から頭を出すとさばきやすい。なお、頭を残すさばき方は、刺身やから揚げで姿造りとする場合に用いる

7 半身に付いている腹骨と血合い骨を取る。腹骨はすき取り、血合い骨は骨抜きで抜く。大きめの魚は、血合い骨を境に背と腹の二節に切り分け、この骨を取り除く

8 中骨一枚と半身二枚で三枚おろし完了。片側に骨を残す二枚おろしの場合、骨なしの半身は刺身、フライなどに、骨付きの半身は切り身やぶつ切りにして煮物、焼き物、鍋などに使う

9 頭を落とす場合。頭の後ろに斜めに包丁を入れ、最初に頭を落とす（タスキ落とし）。頭の付け根の中骨は、大型魚だとかなり硬いが、包丁の刃元を使い、関節部分に刃を入れると切りやすい

10 頭を残す場合の4と同じように、背側から2回に分けてていねいにさばくときれいに身が取れる。包丁の先が中骨をこするコツコツした感触を感じながら切り進めるとうまくいく

11 背側から包丁を入れ、中骨まで進んだら、魚を逆に置き、臀ビレ側からていねいに包丁を入れる。その後、尾の部分をつなげたまましっかり押さえ、腹骨の部分を一気に切ると半身が取れる

12 節を刺身にするなら、通常は皮を引く。煮物などで皮付きの切り身を使う場合は、味がよくなじみ、見た目にもきれいに仕上がるよう、皮目にやや深く包丁目（飾り包丁）を入れる

魚料理の基礎知識 / さばき方の基本 / マダイ

118

カツオ
【三枚おろし】

青ものと呼ばれる回遊魚の多くは
紡錘形の体形で、さばき方はほぼ共通。
特にカツオやメジマグロなど、ウロコが少なく
特殊な付き方をした魚は比較的さばきやすい。

1 カツオ類やメジマグロのウロコは、少量で付き方が特殊。まずは、背ビレに沿って付いているウロコをそぐように落とす。イナダ、ワラサなどウロコが全体に付いている青ものはすべて落とす

2 背ビレに沿ったウロコを取ったら、続けて胸ビレの周りに付いているウロコをそぎ取る。その後、左右とも、胸ビレのすぐ後ろから頭のほうへ、斜めに包丁を入れる

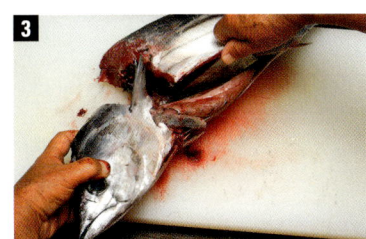

3 頭の後ろに左右から包丁を入れ、中骨を切り、腹にも浅く包丁目を入れると、頭を落とした際に内臓も一緒に取れる。これをタスキ落としという。その後、腹のなかも念入りに水洗いする

4 滑らないよう水気をよく拭いたら、まずは魚の右面から、背ビレに添って浅く包丁を入れる。次に、同じ場所から深く包丁を入れ、包丁の先が中骨に触れる感触を確かめながら切り進める

5 腹側も背側と同様に包丁を入れる。その後、身を持ち上げるようにして、頭側から中骨に沿って包丁を入れ、尾のところでつながっている部分を切る

6 これで半身のさばきが終了。なれた料理人は半身を一気にさばく(大名おろしという)が、慣れない人がこれを真似すると、骨に身がたくさん残る失敗につながる

7 左面は骨側をまな板に密着させ、背側からていねいにさばく。右面と同じく、包丁の先に中骨が触れる感触を確かめながら包丁を進める

8 腹を手前にし、尾の近くの骨をまな板に押し付ける要領でしっかり抑え、尾のほうから腹側を切る。最後は、腹の骨を切る要領で三枚おろし完了

9 左右それぞれの半身から、ハラスの部分を切り取るようにしながら、腹骨を取る

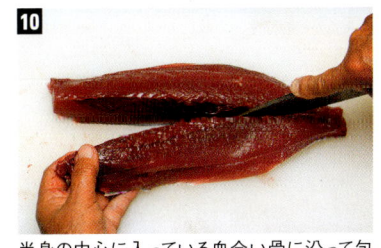

10 半身の中心に入っている血合い骨に沿って包丁を入れ、背と腹の二節に切り分ける

11 血合い骨が残っているほうの節は、この骨に沿って包丁を入れ、血合い骨を切り離す。血合い部分は取り除いてもよいが、新鮮なカツオなら、血合いごと刺身にしてもおいしい

12 これで節取り完了。カツオ、メジマグロなどを土佐造りにする場合は、皮を残しておき、ガスの直火で皮目を焼く。刺身にする場合は皮を引く

ヒラメ
【五枚おろし】

平たい魚体で表裏があるヒラメ、カレイは、五枚おろしという方法でさばくのが一般的。このさばき方はそれほど難しくはなく、三枚おろしよりもきれいに節取りできる。

1 ヒラメ、カレイは生命力が強いので、エアポンプなどを使って生かして持ち帰り、新鮮なうまさを味わいたい。まずは、エラぶたを開いて包丁を入れ、エラを切って生け締めにする

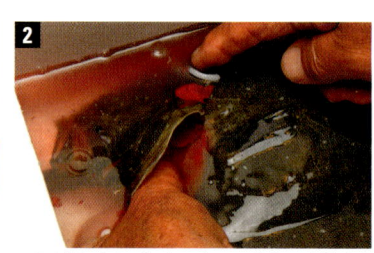

2 エラを切ったら、海水のなかに入れて血抜きをする。調理する直前に生け締め、血抜きをすると、白く透き通り、弾力あふれる身のうまさを味わえる

3 ヒラメのウロコは細かいので、皮を傷付けないよう注意しながら、包丁（できれば柳刃）ですき取るのが望ましい。ただし、かなり熟練を要するので、出刃包丁を使ってこそぎ落としても構わない

4 白い裏面も表面同様にウロコを落とす。出刃包丁でこそぎ落とす場合は、尾の側から頭の方向に向かって、力の入れ具合に注意しながらていねいに進める

5 頭を胴から切り離し、そのついでに内臓を出す。頭を付けたままおろすときは、裏面に包丁目を入れ、エラと内臓をつなげたまま一度に取り除く

6 腹の汚れとウロコを流水で洗い流したら、刃先が中骨に当たるように胴の中央に真っ直ぐ切れ目を入れ、続いて、背、腹のヒレに沿って包丁目を入れる

7 最初に入れた中央の包丁目に刃先を入れ、身を持ち上げながら剥がす要領で骨すれすれのところを切り進む

8 腹側に続き、背側も同様にして節取りしていく。なれないうちは、一度に切ろうとせず、何度かに分けて包丁を使う

9 裏面も同じ要領で背側、腹側を取っていく。なお、エンガワの部分を中骨に残してさばく場合は、⑥でヒレに沿って包丁目を入れる際に、エンガワの分だけ内側にずらす

10 中骨一枚と身四枚（四節）で五枚おろし完了。骨付きであら炊き風に仕上げるエンガワの煮付けを作る場合などは、ヒレ側に残したエンガワを中骨から切り離し、これをぶつ切りにする

11 エンガワはもっともおいしいところ。節取りした身にエンガワを付けてさばいた場合は、身からエンガワ部分を切り離す

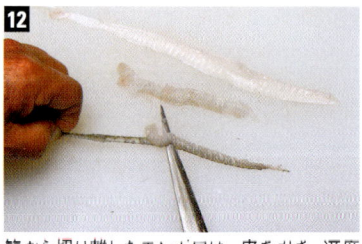

12 節から切り離したエンガワは、皮を引き、適度な長さの刺身状に切り分ける。最大で4本しかとれない貴重な部分なので、ていねいに処理したい

魚料理の基礎知識　さばき方の基本　ヒラメ

マゴチ
【独特なさばき方】

強いヒキが楽しめるマゴチはボート釣りでも人気の魚だが、特徴的な体形のため、さばき方も独特だ。このさばき方を覚えると、ホウボウなどの魚にも応用可能だ。

1 生かして持ち帰ったら、食べる直前に生け締めにし、血抜きをする。まず、首の根元に包丁を入れて中骨を切る

2 中骨を切ったら、すぐに海水のなかに入れ、大量の血を出させて絶命させる

3 数分でおとなしくなるので、直ちに料理にかかる。ウロコが細かいので、出刃包丁を使って落とす

4 胸ビレの根元にタスキ（斜め）に包丁を入れ、頭を落とす。このとき内臓まで切らないよう注意し、頭と内臓をつなげたままにすると、あとの処理が楽になる

5 裏返し、腹の中央にも浅く包丁を入れる。このときも、内臓を傷付けないように注意すること

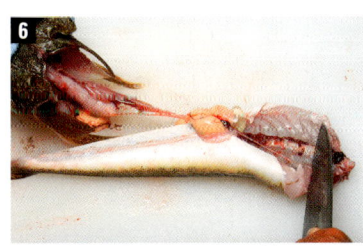

6 中骨を包丁で押さえ、頭を上に折るように引くと、内臓はきれいにつながって取れる。この方法をマスターすると、まな板をほとんど汚さずに済む

7 汚れを洗って水気を拭いたら、まな板に平らに置き、背ビレ、中骨すれすれに包丁を入れ、左側の身を切り離す

8 次に、中骨をまな板にピタリと付け、中骨すれすれに包丁を入れて、右側の身を切り離す

9 ここまでで節取り完了。なお、マゴチのあら（頭や骨）からは上品なだしが取れるので、ぜひ活用したい

10 切り取った身（節）には腹骨が付いているので、これをすき取る

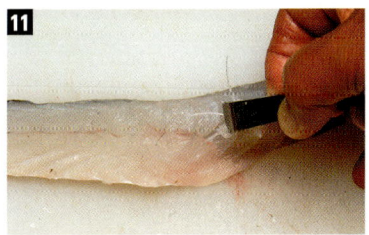

11 血合骨は節の頭側からおよそ三分の一のところまで付いているので、骨抜き（毛抜き）を使ってていねいに引き抜く

12 節をまな板の手前ギリギリに置き、包丁をまな板に沿わせるつもりで皮を引いて終了

小魚のさばき方
【手開き、松葉おろし、ハゼのさばき方、つぼ抜き】

小魚はときとして大釣りすることもあり、その下処理に手間がかかるが、独特のさばき方を覚えると、新鮮さを損なうことなく、要領よく作業を進められる。

イワシの手開き

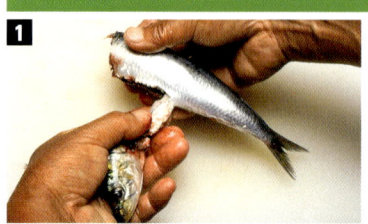

1 イワシは身が柔らかいので、指で開くと素早くさばける。ウロコは持ち帰る途中でほとんど落ちる。残っていたら冷水のなかで指でこするときれいに取れる

2 頭を下に折るようにちぎり、内臓をつなげたまま取り除く。続けて、腹に親指を刺す要領で、尾ビレ側に開いていく

3 開いた身には少し汚れがついているので、氷を入れた2〜3％の塩水に入れ、あとでまとめて洗う。使う直前まで冷やしておき、十分に水気を拭き取って調理する

メゴチの松葉おろし

1 背ビレの尾側の付け根からから、ヒレの部分の皮をそぐように包丁を進めたら、包丁を立てて首の付け根で中骨を切る。このとき、腹皮は切らずにつなげておく

2 裏返して頭を右に置き、中骨の端を包丁の先でしっかり押さえる。このとき、骨を切らないよう、包丁を斜めに使う。そのままの状態で頭を手で持ち、尾の方向に引くとツルッと皮が剥ける

3 中骨すれすれに包丁を入れ、骨を取り除けば松葉おろし終了。天ぷらではこのまま使う。なお、さばく前に薄い塩水でサッと洗い、ペーパータオルで拭いておくとぬめりが取れる

ハゼのさばき方

1 ハゼのさばき方には、エラとワタだけを抜く方法（写真上）と、開きとがある。いずれの場合も、最初に小出刃でウロコを落とす

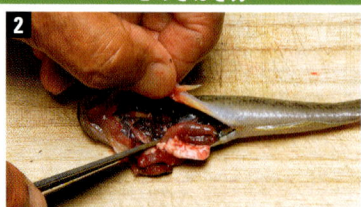

2 甘露煮や長期保存用の丸干しにする場合は、腹に包丁目を入れ、そのまま包丁の先でエラと内臓をかき出し、水洗いする。干物にする場合は十分に水気を拭き取っておく

3 天ぷらなどに使う開きにする場合は、頭を残したまま背開きにし、頭と内臓を一緒に取り除く。このさばき方は、もう少し大きな魚の開きを作る際にも使える

メバルのつぼ抜き

1 ツボ抜きは、小型でも口が大きいカサゴやメバルに最適。ウロコを落としたら、割り箸を口から入れ、エラの外側を通し、腹の両脇の奥まで突っ込む

2 2本の箸をまとめてつかみ、魚をぐるりと回転させながら引き抜くと、内臓とエラがつながって出てくる

3 内臓を出したら、口から水道水を入れながら、箸にペーパータオルを巻いたもので腹の内部を洗うように拭き取る

あらの活用法
【頭と中骨の利用法、骨付き切り身の取り方】

さばいたあとに残る魚のあら（頭や中骨）には、旨味成分がもっとも多く含まれているので、これらを無駄にせず、上手に活用したいもの。また、骨付きの切り身の取り方も覚えたい。

頭の割り方　その1

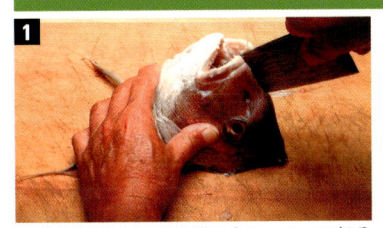

1 マダイのような扁平体形の魚は、カマの部分を広げるようにまな板に立て、口先から包丁を入れる。目の近くまでは柔らかく、包丁が入りやすい

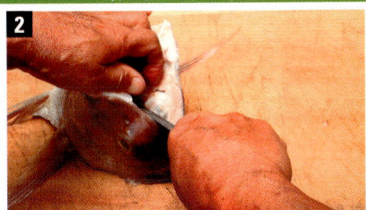

2 頭は骨はかなり硬い。切れ目を指で力強く開きながら、包丁を真下に強く押す。左右の厚さが少し異なるが、中心をずらして切ると、若干割りやすい。割れないときは木づちで包丁の背を叩く

3 割った頭はカマつきで兜（かぶと）煮、兜焼き、兜蒸しに使うほか、ひと口大に刻み、潮汁、大根など野菜類との炊き合わせ、鍋の材料などに使う

頭の割り方　その2

1 イナダ、ワラサ、サバなどの青ものやカサゴなど、円筒型の魚は頭に幅がある。このタイプの魚は頭の骨が意外と柔らかく、頭を割るのは簡単

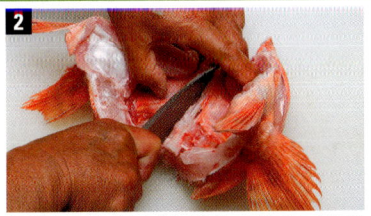

2 背側を下にしてまな板に置き、左手で左右に開くように押さえ、出刃包丁の先を頭の前の部分に突き刺す。そのまま、少し引く要領で刃元を押し付けるようにして、グサッと頭の骨を切る

3 意外と簡単に包丁が入り、そのまま二つに割れることもある。下アゴ部分などがつながっている場合は、つながっている部分に包丁を当て、包丁の背を手でポンと叩くと二つに割れる

中骨の利用法　その1
中～大型魚の中骨は、そのままか、適度な大きさに切り、いろいろな料理に使う。塩をして焼いてもおいしいし、あら煮、潮汁などもおすすめ

中骨の利用法　その2
シロギス、小アジなど、小型魚の中骨もおいしい。薄く小麦粉を付けるか、ただ素揚げにするだけの骨せんべいがおすすめ。潮汁も作れる

あらの下処理　その1
写真はカワハギ。頭や中骨をひと口大に切っておくと使いやすい。生臭さを出さないため、まずは流水でよく洗っておく

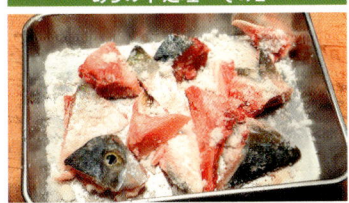

あらの下処理　その2
写真はブリ。水洗い後、ベタ塩（全体に塩をまぶす）にして30分おき、湯通しして塩を洗い流す。これであらから生臭い水分が出て、旨味が増す

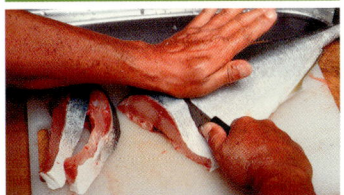

中骨付きの切り身　その1
二枚におろした骨付きの半身は、中～大型魚なら切り身にして煮付け、鍋などに使う。小型魚なら、あらと一緒に煮物や潮汁にしてもよい

中骨付きの切り身　その2
中型以下の魚は、頭と内臓を取ったあと、筒切りにしてもよい。魚によっては内臓（特に真子、白子）も美味。写真はスケトウダラ

イカ
【スルメイカ、アオリイカ、コウイカ】

イカは種類が多彩だが、スルメ、ヤリ、アオリなどのツツイカ目と、胴内に大きなコウを持つコウイカ目とで、さばき方のタイプを大別できる。

スルメ(ムギ)／ヤリ／ケンサキ(マル)イカの場合

1 胴の中央に浅く包丁を入れ、身を切り開き、骨を外す。内臓のうち肝を使うことも多いスルメイカなどでは、薄い骨の上に浅く包丁を入れる

2 胴を切り開いたら、エンペラの周りをしっかり押さえ、頭足をつかんで持ち上げるようにして、内臓をつなげて取り除く

3 エンペラの尖った方をつかみ、皮を剥がす。スルメは皮が剥がしにくいので、ペーパータオルでつかむ。エンペラは皮をはいで刺身にしたり、皮付きで刻んで煮付けなどに使う

4 胴の内側にも薄皮がある。つかみにくく、剥がしにくいが、ペーパータオルを使うと比較的やりやすい。これをていねいに取り除くと食感がよくなる。アオリイカ、コウイカでもこの作業は共通

5 リング揚げなど筒のまま使う場合は、胴内に指を入れ、胴と頭足がつながっている数カ所の筋を切り離したあと、頭足をつかみ、胴内で切れないように注意しながら内臓を引き抜く

6 続けて骨を抜き取ったら、内部をよく水洗いする。その後、エンペラと身の先端をつかみ、身を引き抜くようにして皮を剥く

アオリイカの場合

1 胴の切り方、内臓のはずし方は、基本的にヤリイカなどほかのツツイカと同じ。背側の中央を包丁で切り開き、骨を外したら内臓を取り除く

2 スミが胴内に出してしまっている場合もあるので、流水で洗ったのち皮を剥ぐ。皮の剥ぎ方もツツイカ類と同じだが、エンペラが胴の全周にあるのでむしろ簡単。胴の内側の薄皮も剥ぐ

コウ(スミ)／カミナリ(モンゴウ)イカの場合

1 コウイカ類は大量のスミが出るので、新聞紙を敷いた上でさばくと後始末しやすい。まずは、コウに沿って周りにぐるりと包丁目を入れる

2 コウを外して内臓を取り除く。多くの場合、スミで胴内が汚れているので、流水できれいに洗って水気を拭く。その後、エンペラ部分から皮を剥ぐ。周りにほとんど身がないので、コウは捨てる

ゲソ(頭足)と肝の処理

1 ゲソの処理は全イカ共通。目の上で内臓を切り離し、縦に包丁を入れて口(カラストンビ)と目を取り除く。触腕(2本の長い足)は、包丁で吸盤をこそぎ取って使う

2 スルメイカなど肝を使う場合は、スミ袋、ワタをていねいに取り除き、肝だけを崩さないよう注意して洗う。コウイカのスミを料理に使う場合は、破かないように注意して墨袋を取っておく

タコ
【マダコ、イイダコ】

タコは、刺身（薄造り、湯洗い）を除けば、ほとんどの料理でゆでたものを使用する。柔らかく仕上げるには、十分に塩もみし、高温で一気にゆで上げるのがコツだ。

マダコの場合

1 指を突っ込み、頭と呼ばれる胴を裏返す。手で強引に裏返せるが、難しい場合は内臓の一部が胴内につながっている筋を包丁で切るとラク

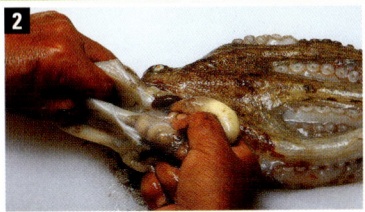

2 内臓すべてをまとめてつかみ、一気に切り離して捨てる。胴内の汚れを流水で洗ったら、裏返した胴を元に戻す

3 ゆでダコをていねいに作る場合は、口ばしと目を取り除く。包丁の先を使い、それぞれをくり貫くようにして取る

4 擂り粉木（すりこぎ）や麺棒などで、ていねいに、時間をかけて足を叩く。これによって繊維がほぐれるので、たくさん叩いた方が柔らかな仕上がりとなる

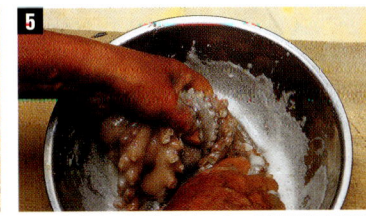

5 タコをボウルなどに入れ、たっぷりの塩を振り、全体を強くていねいに揉んでぬめりを取る。その後、十分に水洗いする

6 沸騰した湯に足のほうからゆっくり沈めると、形よくゆで上がる。ゆで時間は1キロ級で1分程度が目安。大きな鍋を使い、十分な湯量で、短時間でゆで上げるのが柔らかく仕上げるコツ

7 ゆで上がると足はきれいに丸くなる。ゆで過ぎると身が硬くなり、味も抜けてしまうのでほどほどに。鍋が小さい場合は、足を切り分けてゆでるとよい

8 ゆで終えたらザルにとって、そのまま自然に冷ます。刺身や天ぷらは好みの厚さの引き切りかぶつ切りに、柔らか煮は小ぶりの足を1本丸ごとなど、料理に合わせて足を切り取って使う

9 薄造り、湯洗いなどは、皮を剥いて生で使う。釣れたてなら吸盤がまな板に吸い付くので、その状態にして、皮のなかの身を転がすように包丁を入れるとうまく剥ける

イイダコの場合

1 処理は基本的にマダコと同じ。指を入れて胴を裏返し、内臓、口、目を取り除く。胴の端に少し包丁を入れると作業しやすい

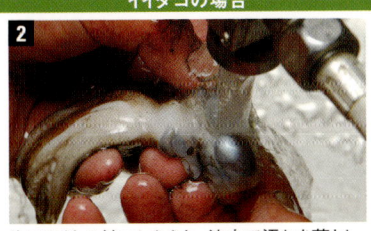

2 塩でよくもみ洗いしたあと、流水で汚れを落とし、胴を戻す。冬のイイダコには、胴内においしい卵（飯粒状なのでイイダコという）が入っているので、これは胴に入れたまま煮付けなどに使う

3 沸騰したたっぷりの湯に、一度に5〜6杯ずつ入れ、1〜2分ほどゆがく。足から静かに入れると形よく仕上がる。ゆで上がったらザルに取り、自然に冷ましてから冷蔵庫でよく冷やす

魚料理の基礎知識 — さばき方の基本 — タコ

釣果料理レシピ集

ボートアングラーの多くは魚好きのはず。楽しい釣行でおいしい魚を釣ったら、ぜひとも、おいしい料理にしていただきたいものです。

しかし、料理を知らなければ、せっかくの釣果も生かせないのです。料理は決して難しいものではありません。基本を覚えれば料理作りが楽しくなり、釣りの楽しさ、作る楽しさ、食べる楽しさと、まさに、「釣って食して楽しさ10倍」となるわけです。

魚のおいしさは、なんといっても鮮度のよさにありますが、新鮮な魚を食べられるのは釣り人の特権でもあります。ぜひとも自ら包丁を持って、魚と向かい合ってみてください。

刺身

マダイの姿造り、イナダ、アジとの三種盛り
マゴチの洗い
タチウオの刺身
カツオの土佐造り
ワカシ、イナダの刺身 ネギ油風味
アジのたたきと刺身盛り合わせ
カワハギの薄造り
モンゴウイカ、スミイカの飾り刺身
シロギスの笹漬け
アマダイの昆布締め
スルメイカの塩辛
ウッボのたたき
締めサバ

揚げ物・焼き物

ホウボウのから揚げ姿造り 甘酢あんかけ
シロギスの天ぷら
シロムツとサバの竜田揚げ
シイラのピリ辛中華風から揚げ
アジの南蛮漬け
タチウオの骨せんべい
イシモチのさつま揚げ
イサキの塩焼き
タチウオの塩焼き
シイラの和風ホイル包み焼き
ヤリイカの杉板焼き
カマスの干物
興津鯛の一夜干し

蒸し物・煮物

カンコの蒸し物 ピリ辛オイルがけ
クロソイの姿蒸し
アラの信州酒蒸し
アカムツの白ワイン蒸し煮
マルソウダのなまり節
マンビキの煮びたし
関東風メバルの甘辛煮
メバルの沢煮
イシモチの焼き煮
ハゼの甘露煮と昆布巻き
イイダコと大根の炊き合わせ
スルメイカの姿煮

鍋・ご飯物・汁物

根魚五目の寄せ鍋 外道魚のつみれ入り
カワハギのちり鍋
マダコのしゃぶしゃぶ
ヒラメの寿司懐石
マダイのタイ飯
アオリイカのゲソ丼
イカめし
ひゅうがめし
カサゴの味噌汁
スミイカのスミ汁
アジの水なます
カレイのあらで作る味噌汁
マダイの潮汁

刺身

新鮮な魚のうまさをストレートに味わう

一番人気の魚料理といえば、なんといっても刺身でしょう。自分で釣った魚なら鮮度は抜群、おいしさは保証つきです。おいしい刺身を作るには、さばき方の基本とコツを覚える必要がありますが、慣れればそんなに難しくはありません。ぜひ、おいしい刺身にチャレンジしてみてください。

MENU

マダイの姿造り イナダ・アジとの三種盛り	128
マゴチの洗い	130
タチウオの刺身	131
カツオの土佐造りとたたき	131
ワカシ、イナダの刺身 ネギ油風味	132
アジのたたきと刺身盛り合わせ	133
カワハギの薄造り	133
モンゴウイカ、スミイカの飾り刺身	134
シロギスの笹漬け	135
アマダイの昆布締め	135
スルメイカの塩辛	136
ウツボのたたき	137
締めサバ	137

マダイの姿造り イナダ、アジとの三色盛り

美しいピンク色が映える豪華な一皿

釣った魚を、頭と尾をつなげたまま三枚におろせれば、姿造りを作るのは比較的簡単です。姿造りはどんな魚でもできますが、美しさが光る刺身の代表といえるのは、なんといってもマダイでしょう。釣れたてなら目もパッチリ輝き、その容姿と美しいピンク色が、食卓の主役にふさわしい豪華な一品に仕上がります。

ここで取り上げた三種は、マダイねらいでは各種の魚が釣れるので、それらを盛り合わせたほうが、食べ飽きることもなく、それぞれのおいしさがグンとアップし、釣り人ならではの素晴らしい取り合わせが楽しめます。

マダイが上品なおいしさ、イナダがちょっと酸味を感じるおいしさ、アジのたたきはネギの風味が効いた定番の味を堪能できます。

[材料] 4人分

1キロ級マダイ	1尾
1キロ級イナダ	1/2尾
25センチ級アジ	1〜2尾
大根のツマ	1/3本分
大葉	5枚
長ネギ、ショウガ、生ワサビ、飾り野菜	適量
大根のツマ	1/3本分

刺身 / レシピ集

さばき方は118、119ページ参照

1 マダイは、ウロコを落としたら腹の中心に包丁を入れ、エラと内臓を出し、水洗いして水気をきちんと拭いておく。その後、頭をつけたまま、右面から三枚おろしにかかる

2 左面をさばくときは、頭をまな板の端から落とし、中骨がまな板に密着するように置くと、身が骨に残ることなく切りやすい。おろした身は背と腹の二節に切り分け、血合い骨も切り取る

3 二節は霜皮造りにする。サッと熱湯をかけ、直ちに氷水に入れて冷やし、ペーパータオルで水気を拭く。残りの二節は皮を引く。これらは薄めの平切り（平造り）にして、少しずつずらしながら並べておく

4 胸ビレは一番上の条を包丁で裂き、この条の部分をエラブタの間に入れるように挟む。こうすることでヒレが形良く上向きになる

5 尾頭付きの骨は、大根のツマを適量置いた上に載せ、尾は三角形に切った大根の切れ端につまようじを2本刺し、これで固定して斜め上に向ける。頭は大根のツマを枕にして、斜め上向きにする

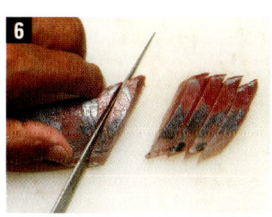

6 イナダは三枚におろして皮を引いたら、食感を楽しむため、マダイより厚めの平切りにし、マダイと同じように並べていく

7 アジは三枚におろした身の皮を引き、たたき状に切る。そこにネギ、ショウガを混ぜてから、マダイの頭の脇に盛る

8 マダイの刺身は5切れ程度ずつまとめて包丁に載せ、ツマと大葉を敷いた骨の上に並べる。そのほかの刺身もバランスよく並べ、飾り野菜と薬味を載せ、アジのたたきの上にワケギを散らして完成

マゴチの洗い

生かして持ち帰り、食べる直前に調理する

さばき方は121ページ参照

1 さばき終わったら、半身から腹骨をすき切りで取る。さらに、身を腹側と背側に切り分けて節取りするか、骨抜きで引き抜くかして、血合い骨を取り除く

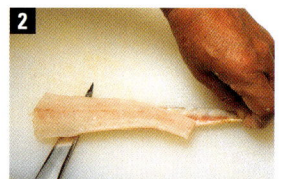

2 皮を下にして身を置き、皮の端をしっかりと押え、包丁の刃をまな板に水平につける要領で皮を引く

3 洗いは薄造りがおいしい。包丁を斜めに使い、切り取る面を左手の指で軽く押え、節の左端から薄いそぎ切りにしていく

4 薄切りにした身は、次々と氷水に放り入れる。すべての身を切り入れたら、さっと混ぜて急冷。薄造りにした身はすぐに白くなり、縮むように硬直する

5 氷水のなかで混ぜた後、ザルに取って十分に水気を切ったら、ペーパータオルなどで軽く水気を取る

6 やや深めの器にかき氷を敷き、少な目のツマと大葉を敷いた上に、身をざっくりと盛り付ける

[材料] 4人分
1.5キロ級マゴチ……… 半身
大根のツマ、大葉、紅タデなど
……………………… 適量
ワサビ……………… 適量
かき氷……………… 適量

マゴチの真のおいしさを知るには、洗いが最適です。ただし、身が硬直する前と、硬直して時間が経ったものとを食べ比べると、その味の著しい違いに驚きます。

マゴチは生命力が強く、生かして持ち帰りやすいので、ほかの魚とは別に大きめの発泡スチロールなどを用意し、マゴチだけを1〜2尾入れ、エアポンプを効かせて泳がせておきましょう。

洗いは素早く調理するのがポイントで、食べる直前に活け締め、血抜きをし、手早くさばいたら、そぎ切りでパッパッと薄切りにして次々と氷水に放ち、身を全部入れたら、素早く混ぜて一気に冷やします。身が縮むように硬直するので、すぐにザルに取り、軽く水気を取って皿に盛り付ければ、本格的な洗いの完成です。

なお、マゴチは特殊な体型の魚ですが、腹を下に置いたままで三枚におろせるので、慣れると簡単です。

刺身

レシピ集

カツオの土佐造りとたたき

カツオを使った料理としてもっともポピュラーなのが、土佐造りとたたきでしょう。

正式には、カツオに限らず皮付きの身の表面を直火（本式はワラを燃やした火）であぶり、ほど良く焦がしたもの（おもに刺身）を土佐造りといいます。

これをカツオで作り、薬味とポン酢醤油などをなじませるように叩き込んだものがカツオのたたきなのですが、土佐はカツオで有名だということもあり、土佐造りとカツオのたたきが混同されているようです。

土佐造りを作る際には、火を通し過ぎないことが大切で、強火で一気にあぶり、柵の中心は生の状態とすることがポイントです。

さばき方は119ページ参照

[材料] 4人分
- 3キロ級カツオ ……… 1/2尾
- おろしショウガ ……… 大さじ2
- 針ショウガ ……… 適量
- ニンニクの薄切り …… 2カケ分
- アサツキの小口切り …… 適量
- レモン ……… 適量
- ポン酢醤油 ……… 適量
- 大根のツマ、大葉など …… 適量

[作り方]

①節取りした身に、縦に1本、横から3～4本の串を扇型に打つ（これを扇串という）。これを皮面から直火であぶる

②家庭ではガスの強火の炎に直接当てる。3キロ級のカツオの場合、あぶる時間は、皮面が30～40秒、皮面以外が10～15秒が目安

③あぶったら、直後に氷水に取り、すぐに回しながら串を抜く

④カツオの土佐造り、たたきは、普通の刺身より若干厚め（6ミリ程度）の平切りにする。これを皿にバランスよく並べていく

タチウオの刺身

上品な白身のわりに脂ののりもよいタチウオは、筒切りにしてからおろせるため、さばき方が比較的簡単です。

また、定番の塩焼きのほか、南蛮漬け、ムニエルや煮つけ、小ぶりのものなら一夜干しと、さまざまなレシピが楽しめます。

そんな多彩なタチウオ料理のなかでも、釣れたてで作る刺身は旨さ抜群。

ただし、タチウオの美しい白身は、時間が経つと白濁し、プリプリ感もなくなってしまいます。

つまり、タチウオの刺身は、新鮮だからこそ味わえる、まさに釣り人の特権ともいえる料理なのです。

[材料] 4人分
- 90センチ級タチウオ
  （30センチ長の筒切り）… 1切れ
- 大根のツマ ……… 適量
- 大葉、レモン ……… 適量
- おろしワサビ ……… 少々

[作り方]

①胸ビレのすぐ後ろに包丁を入れて頭を落とす。続いて、胴を用途に適した長さの筒切りにし、内臓が入っている部分はこれを処理する

②筒切りしてから三枚におろす。刺身にする場合、背ビレはついたままでも構わない

③背と腹側の二節に切り分け（内臓があった部分は背側の節のみ利用）、それぞれの皮を引く。皮の端を引くように押さえ、包丁は反対側へ進めること

④刺し身は太めの糸造り（拍子木造りともいう）がおすすめ。各節を5～6センチ長に切ったら、4～5ミリの幅で縦に切り、重ねて皿に盛る

ワカシ、イナダの刺身 ネギ油風味

ネギとゴマ油の香りが食欲をそそる中華風刺身

さばき方は119ページ参照

1 ウロコを落とし、エラと内臓を取り除いたら、骨に身が残らないよう、ていねいに三枚おろしにする

2 半身にはそれぞれ腹骨がついているので、これをそぐようにすべて取り除く

3 半身の真ん中に残っている血合い骨を取り除きつつ、背と腹の二節に切り分ける。その後、節についている皮を引く

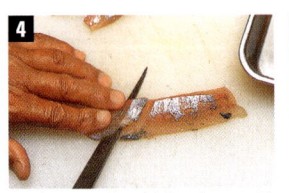

4 そぎ切りで薄い刺身に切る。節の左端から包丁を斜めに使い、ひと切れの面を大きくとる。そぎ切りにした切り身は大根のツマの上にバランスよく並べていく

5 長ネギの白い部分を6センチ長に切り、これを縦に切り広げ、細く切って白髪ネギを作る。これを氷水にさらし、パリッとしてきたら水気を軽く絞り、刺身の上にこんもりのせる

6 ゴマ油に粉唐辛子を適量入れ、フライパンで熱し、沸騰したらすぐに白髪ネギを盛った刺身に回しかけて完成。つけダレにつけても、ドレッシングを全体にかけて和えてもよい

ワカシ、イナダはブリの若魚で、ときも大釣りすることもありますが、まだ脂ののりが足りず、身が軟らかくて、目をおくと水っぽくなるため、刺身は釣ってきたその日の夕食で早めに食べたほうがよいでしょう。とはいえ、同じワサビ醤油の刺身ばかりでは飽きがくるもの。そこでおすすめなのが、刺身の上に白髪ネギを盛り、熱々のゴマ油をジュッとかける、風味豊かな中華風刺身です。

イナダなどの刺身は、普通、4～5ミリ厚の平切りにしますが、サラダ感覚のこの料理では、薄いそぎ切りにします。熱々の油をかけると刺身の一部が白くなりますが、それもまたおいしいもの。油を補うことでひと味違った食感でおいしくいただけるし、ビールにもよく合う一品です。つけダレには、ゴマ風味の中華風ドレッシングのほか、和風のワサビ醤油やカルパッチョ風のイタリアンドレッシングもピッタリ合います。

[材料] 4人分
- 30センチ級ワカシ……… 2尾 (40センチ級イナダなら1尾)
- 長ネギ……………………… 1本
- 粉唐辛子…………………… 適量 (タカノツメの小口切りでも可)
- 大根のツマ………………… 適量
- 大葉………………………… 適量
- ゴマ油……………… 大さじ4
- つけダレ…………………… 適量 (ワサビ醤油、中華風ドレッシング、イタリアンドレッシングなど)

レシピ集

刺身

カワハギの薄造り

カワハギは冬に肝がもっとも大きくなり、その味は"海のフォアグラ"とも賞されるほどです。また、身も太って脂がのり、生かして持ち帰ったものをまな板の上で生き締めにすると、透き通る美しさとプリプリとした食感が絶品です。

これらのうまさを存分に味わえるのが、フグ刺しのように薄く切った身に、よく叩いた肝を添え、薬味を利かせてポン酢を合わせて食べる薄造りです。

さっぱりとした白身に、こってりとしたうまさの肝がとてもよくマッチし、その味はフグ刺しより上と絶賛する人も多いほど。この味を知ると、すっかりカワハギ釣りにはまり込んでしまいます。

さばき方は117ページ参照

[材料] 4人分
- 25センチ級カワハギ ……… 3尾
- ポン酢醤油 ………………… 適宜
- モミジおろし ……………… 適宜
- アサツキ …………………… 適宜

[作り方]
① うす造りは大型のものを五枚おろしにし、節取りする

② 包丁をなるべく斜めに使い、節の左端から薄いそぎ切りにし、皿に並べる。うす皮はマナ板側に残すよにする

③ 肝は塩水で軽く洗ったら、10〜20秒程度熱湯にくぐらせる。その後、すぐに氷水に入れ、荒熱を取る

④ 肝の水気を拭いたら、包丁でよく叩く。薬味はモミジおろしにアサツキの小口切り、ポン酢醤油がよく合う

アジのたたきと刺身盛り合わせ

味がよいからそう名づけられたというアジは、どんな料理にも合う魚です。

釣り人に一番の人気はたたき。三枚におろしたらザクザクと切って、ネギやショウガと混ぜるだけで、盛り方なども気取ることなく作れる、そんな漁師料理感覚の気安さが人気のようです。

姿盛りも簡単にできるので、釣れたてなら、プリプリ感が薬味とよく合うたたきと刺身の盛り合わせが絶品です。

さばき方は116、118ページ参照

[材料] 4人分

○アジのたたき
- 25センチ級マアジ ………… 4尾
- 長ネギ ……………………… 1/2本
- アサツキ …………………… 8本
- 根ショウガ ………………… 適量

○アジの刺身
- 25センチ級マアジ ………… 4尾
- 大根のツマ ………………… 適量
- 大葉 ………………………… 4本
- レモンの輪切り …………… 4枚
- おろしショウガ …………… 適量

[作り方]
① 下処理したら水洗いして水気を拭き、頭を落とさず三枚におろす。反対側はまな板の端から頭を出し、中骨を水平にしてさばくとよい

② 血合い骨を境に背と腹の2節に切り分けたら、腹骨をすき取り皮を引く。腹の部分の身を指で押さえながら引くと身が皮につかない

③ 刺身は節を5〜6ミリ厚の平切りにする。尾頭の土台は竹串を刺して丸く形どり、大根のツマの手前に形よく置く。この土台の上に、大根のツマ、レモン、大葉を敷き、その手前に平切りにした刺身を盛りつけ、おろしショウガを添える

④ たたきは節を重ね、5ミリ幅ほどの雑切りにし、荒みじんに切ったネギとショウガを一緒にたたくように混ぜ、大葉を敷いた皿に盛る

モンゴウイカ、スミイカの飾り刺身

肉厚の身で作る、細工を凝らした懐石風の刺身

さばき方は124ページ参照

1 下処理した身を5～6センチ幅で横に切り、節取りする。刺身の一切れは縦に切ると、身の繊維を断ち、柔らかく食べられる。節取りした身の表側には、2～3ミリ間隔で縦横に浅い（身の厚さの1／3程度）包丁目を入れる

2 節の表側に包丁目を入れると、食べたときにしっとり感があり、一段とおいしくなる。この節を平切りかそぎ切りでやや薄めの刺身に切り、きれいに並べてそのまま盛り付ける

3 花盛りは、薄くそぎ切りにしたものを1/2ずつ重ねて並べ、端から巻いて皿に盛り付ける。その後、花弁となる部分を開き、中央にイクラなどを飾る

4 鳴門巻きには、身が薄い小振りのイカを使用。表側に3ミリ間隔の縦の包丁目を入れ、大葉や焼き海苔などを芯に巻いてから、6～7ミリ幅の輪切りにする

5 焼き海苔を挟んだイカのお造りを"博多"と呼ぶ。身の厚みの中央を波状に切り（端はつないでおく）、海苔を挟んでから閉じて、ひと口大に切り分ける

6 木の芽和えは、節取りの際に出た切れ端や、刺身にして残った部分などを縦に細く切り、荒みじんに切った木の芽とざっくり混ぜ合わせる

[材料] 4人分

600グラム級モンゴウイカ（もしくはスミイカ） …… 2ハイ
小ぶりのスミイカもしくは同時期に浅場で釣れるマルイカ（23センチ級ケンサキイカ） …… 1パイ
飾り野菜（大葉、大根のツマ、ベニタデなど） …… 適量
イクラ、焼き海苔、ツバキの小枝など …… 適量

一般に、お造り、刺身は、複数の種類の魚の盛り合わせにするか、たとえ1種の魚でも盛り付けに変化をつけることで、より豪華な一品となります。

形、盛り付けに変化がつけやすいイカ類のなかでも、もっとも肉厚なモンゴウイカ、スミイカは細工造りに最適で、いろいろと工夫を凝らした盛り合わせができ、作る楽しみ、見て食べる楽しみを存分に味わえます。

ここでは5種類のお造りを少しずつ盛り合わせ、季節の花や葉を一緒に飾った、ちょっとお洒落な懐石風の一品としてみました。

なお、すべてのイカには内臓側にも薄皮があり、大型のイカになるとこの皮が結構しっかり張っているので、ていねいに剥がしてください。これを取ると、透き通るようなコリコリ感のなかに、しっとり感と甘みが感じられ、すばらしくおいしい刺身となります。

刺身

アマダイの昆布締め

　アマダイは、良型の釣れたてならば刺身も楽しめますが、昆布締めにするとしっとりした食感に昆布の味が染み込み、よりおいしくいただけます。

　昆布締めは普通、節取りした身を昆布で包み、12～24時間冷蔵庫に入れて風味を馴染ませますが、身の柔らかなアマダイは、薄い刺身状に切ったものを昆布に挟んだほうが作りやすく、また、短時間で出来上がります。

　ワサビ醤油のほか、薬味を添えたポン酢醤油もよく合います。

さばき方は118ページ参照

[材料] 4人分

38センチ級アマダイ …… 半身	日本酒 ………………… 適量
昆布（10×12センチ）…… 5枚	モミジおろし、メネギ、紅タデなど
塩 …………………… 少々	……………………… 適量

[作り方]

①下処理し、三枚におろしたアマダイは、節取りして皮を引く

②昆布は、硬く絞った布巾で汚れを拭き、日本酒に浸して柔らかくしておく。この上に、節の左端からそぎ切りにした薄い刺身を並べていく

③並べた刺身の上にごく薄く塩を振り、昆布を被せる。これを繰り返したものをラップでしっかり包み、軽く重石を乗せて冷蔵庫に60分置いておく

④刺身が崩れないように注意しながら昆布をはがし、刺身を一切れずつ皿に並べる。最後に、メネギやモミジおろしなどの薬味、ツマを飾って完成

シロギスの笹漬け

　海の女王と呼ばれるほど上品で美しい姿のシロギスは、釣れたての新鮮なものなら、その美しさを生かした刺身が魅力ですが、そればかりでは飽きてしまいがちです。

　そこで、ときにはひと手間かけた一品はいかがでしょう？

　笹の葉のさわやかな移り香が楽しめる「シロギスの笹漬け」は、福井県・小浜の名産である「小鯛の笹漬け」をヒントにした料理です。三枚におろしたシロギスの身は、笹の葉にも似て見た目にもピッタリ。そのままでも、寿司ネタとしてもお勧めです。

　小骨（血合い骨）と皮は、30分以上甘酢に漬けると柔らかくなるので、取り除かなくても構いません。

　盛り付けの際、仕上げに針ショウガを飾れば出来上がりです。

さばき方は116ページ参照

[材料] 4人分

20センチ級シロギス …………………… 10尾
甘酢（酢2：砂糖1：だし汁2。塩、醤油少々）…… 100ml
塩 ……………………………………… 適量
ショウガ ……………………………… 適量
酢（酢洗い用）………………………… 適量
笹の葉 ………………………………… 適量

[作り方]

①ウロコを取って三枚におろしたら、皮付きのまま軽く塩を振って、冷蔵庫のなかに10分ほど置く

②①を酢洗い（酢のなかで軽く洗うこと）したあと、だし汁などを合わせた甘酢に漬け込む。このとき、シロギスの間に笹の葉を挟む

ごはんとも酒とも相性抜群！

スルメイカの塩辛

さばき方は124ページ参照

1 胴を開いたら崩さないように肝を外し、ワタと墨袋を取ったら、さっと洗って汚れを取る

2 1の肝をたっぷりの塩に漬ける。ここまでの作業は、船上で釣った直後に行うのが理想。家で調理する場合は、なるべく早く持ち帰り、すぐに行う

3 エンペラを外しながら外側の皮を剥がし、3％の塩水で洗ったら、内側の薄皮も剥がす。スルメイカの皮は剥がしにくいが、残っていると食感が悪くなる。この身を細切りにして、重量の3％ほどの塩を振る

4 肝は12時間ほど塩漬けしたら、玉酒（水で2倍に薄めた日本酒）で周りの塩を洗い、水気を拭いておく

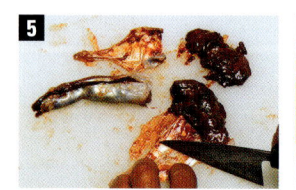

5 肝に縦に一筋の包丁目を入れ、平らに開いたら、皮を残すように中身だけをこそぎ取る

6 5を丹念に叩き、粘りが出てきたら器に入れる。この段階で密閉容器などに入れてもよい

7 分量のみりん、少量の日本酒を加え、混ぜるように練り、やや緩めのクリーム状にして、最後に隠し味程度の醤油を入れる

8 3の細切りにした身を加えてよくかき混ぜ、2～3日冷蔵庫内で寝かせると、ほどよく発酵した最高の塩辛となる。発酵を待たずにその日に食べても大変おいしい

レシピ集
刺身

[材料] 4人分

胴長25～30センチ級
スルメイカ ……………… 8ハイ
塩 ……………………… カップ2/3
日本酒、みりん …… 各大さじ3
醤油 ……………………… 少々
ユズ皮（好みで）………… 適宜

イカの塩辛にはスルメイカの肝が必要で、ほかのイカの肝では作れません。また、身ももちろんですが、肝の新鮮さがなにより重要で、鮮魚店で生食用（刺身用）として売られているイカでは、たとえ塩辛は作れても、どうしても生臭さがでてしまいます。その点、釣り人が釣ったイカなら新鮮さは保証つき。まったく生臭さのない塩辛が出来上がります。釣って持ち帰ったらすぐに作ることをおすすめします。

特に肝は、なるべく早く塩漬けにするのが最大のポイントです。よって、釣れた直後に生き肝を抜き取り、船上で下処理して塩漬けにしたものを密閉容器に入れて持ち帰れば、専門店のものよりワンランク上の究極の塩辛が作れます。

なお、冷蔵庫で寝かせて発酵を待つ間は、1日に2回ほどよくかき混ぜると、ムラができず、味がよくなじみます。

締めサバ

　外道扱いされることも多いサバですが、近ごろでは獲れた地域によるブランド化がなされるなど、次第に高級魚の仲間入りをしつつあります。

　"サバの生き腐れ"といわれるように傷みやすい魚ですが、丸まると太って脂ののった秋サバは味も絶品。

　特に締めサバは、釣ったその日の新鮮なもので作るのが最高で、このおいしさを味わえるのは、釣り人ならではといえるでしょう。

さばき方は119ページ参照

[材料] 4人分
40センチ級サバ……………………………………1尾
甘酢
（酢：カップ1、砂糖：大さじ3～4、だし汁：適量、塩、醤油：少々）
昆布……………………………………………………少々
塩………………………………………………………適量
ショウガ………………………………………………適量

[作り方]
①下処理したサバを二枚におろし、腹骨をすき切る
②①に強めの塩（ベタ塩という）をして、冷蔵庫で1～2時間寝かせる
③冷蔵庫から取り出したサバの身から余分な塩を取り除き、酢洗い（酢と水を1：1で混ぜたもので表面を洗うこと）したのちに、水気を拭き取る
④昆布、ショウガとともに甘酢に漬け、冷蔵庫に入れる。2時間ほど漬ければ刺身風に、12時間以上漬け込めば保存可能な締めサバとなる。骨抜きで血合い骨を抜き、背側から薄皮を剥がし、刺身状に切って完成

ウツボのたたき

　凶暴でグロテスクなウツボは釣り人の嫌われ者ですが、房総、伊豆、紀南、高知、大分など、地方によっては古くから食べられている魚です。

　ウツボは脂が乗った冬場が旬。凶暴な性質と見た目に似合わず淡白で、外見からは想像できないほどのおいしさです。

　栄養価も高いので、外道として釣れた際などに、滋養食、美容食としてチャレンジしてみてはいかがでしょうか。

　土佐の郷土料理であるウツボのたたきは、上品な白身のうまさと、コラーゲンたっぷりのプリプリした皮の食感が楽しめる、おすすめの一品です。薬味とポン酢との相性も抜群で、ウツボに対するイメージが大きく変わること請け合いです。

[材料] 4人分
70センチ級ウツボ…………………………………1尾
薬味（大葉、レモン、ショウガ、長ネギ）…………適量
ポン酢醤油……………………………………………適量

[作り方]
①タワシでこすって水洗いし、ぬめりをしっかり取ったウツボを、目打ち釘（なければ五寸釘などで代用）でまな板に固定し、背開きにする。慎重に包丁を進めて開いたら、中骨をそぐようにして取り除き、最後に頭を切り落とす
②肛門から尾側は骨が多いので、頭側の身を2等分にして串を打ち、皮側はしっかり（カツオの土佐づくりの3倍程度）、身側は軽く、火であぶる。その後、すぐに串を抜き、氷水に入れてあら熱を取ったら、ペーパータオルで水気を拭く。これを薄く平切りにしたら、大葉とスライスレモンの上に並べ、細かく切った薬味を乗せてポン酢醤油をかける

揚げ物、焼き物

上手に仕上げるためのコツをきちんと覚えよう

魚の揚げ物は和風、中華風などレシピは多彩です。油を多く使う料理ですが、慣れれば難しいことはありません。魚のおいしさをストレートに味わえる塩焼きなど、焼き物は簡単な料理と思われがちですが、上手に形よく焼くために、そのコツを覚えておきましょう。

ホウボウのから揚げ姿造り甘酢あんかけ

野菜たっぷりの甘酢あんがおいしい、豪華な尾頭付き料理

釣れたてのホウボウは刺身も最高ですが、白身でクセのない淡白さは、から揚げにもピッタリ。特に独特の色と形を活かした姿造りに最適で、大きなヒレや足も、パリパリッとした歯応えでおいしく食べられます。

魚のから揚げは、姿そのまま、骨付きのぶつ切り、骨なしの切り身など、いろいろな作り方がありますが、一番食べやすい骨なしの切り身にすると、見た目の分量が少なくなります。そこで、タケノコやハスなどもから揚げにして一緒に盛ると、ボリューム感が出る上、よりヘルシーな一品となります。

さらに、各種の野菜を入れた甘酢あんをたっぷりとかけ、ゴマ油の風味を補えば、食欲をそそる豪華さが満喫できます。

[材料] 4人分

35センチ級ホウボウ……… 1尾	ショウガ、ニンニク、タカノツメ
ハス（レンコン）、	………………………… 各適量
タケノコ（水煮でも可）	生ベーコン ……………… 50グラム
………… 各10センチ程度	オイスターソース、中華スープのもと
ニンジン ……………… 1/2本分	………………………… 各大さじ2
長ネギ ………………… 1本	醤油、ゴマ油 ……… 各大さじ3
ピーマン ……………… 1個	水溶き片栗粉 ……… 大さじ2〜3
キノコ類	日本酒 ………………… 大さじ4
（シイタケ、エリンギ、シメジなど）	砂糖 …………………… 大さじ5
………………… 合計1パック	酢 ……………………… カップ1/3
	塩、コショウ ……… 各適量

MENU

ホウボウのから揚げ姿造り甘酢あんかけ	138
シロギスの天ぷら	140
シロムツとサバの竜田揚げ	141
シイラのピリ辛中華風から揚げ	141
アジの南蛮漬け	142
タチウオの骨せんべい	143
イシモチのさつま揚げ	143
イサキの塩焼き	144
タチウオの塩焼き	145
シイラの和風ホイル包み焼き	145
ヤリイカの杉板焼き	146
カマスの干物	147
興津鯛の一夜干し	147

レシピ集

さばき方は121ページ参照

1 ホウボウはウロコが細かいので、ウロコ落としには出刃包丁を使うとよい。下処理し、三枚におろしたら、腹骨をすき切り、骨抜きで血合い骨をすべて取り除く。さらに、ひと口大に切りわける

2 身と一緒に盛るハス、タケノコはひと口大に、その他の野菜類、ベーコンは千切りにするか、細かく切り分ける

3 盛り付けの際に下に敷く頭の部分は、全体に片栗粉をまぶし、ヒレを広げて形を崩さないようにしながら、175度の油で揚げる

4 尾をつなげたままの中骨も、同様に片栗粉を付けて揚げる。頭も尾も水気をよく拭きとり、片栗粉をまんべんなくまぶすと、油が跳ねずに安全。いったん冷ましてから二度揚げすると、骨まで食べられる

5 ひと口大に切り分けた身に、薄く塩、コショウを振ったのち、片栗粉を付け、余分な粉を落として、175度の油でほどよく揚げる。一度に揚げる量を少なくし、何度かに分けて鍋に入れると、カラリと上手に仕上がる

6 別の鍋に多めのサラダ油を敷き、ベーコン、火が通りにくい野菜の順で炒める。塩、コショウなどで味を整え、火が通ったら分量のスープを入れ、最後に水溶き片栗粉でとろみを、ゴマ油で風味をつける

7 皿に頭と尾がついた中骨を置き、中央にホウボウの身、ハス、タケノコのから揚げをこんもりと盛る。骨なしの身は分量が少ないので、野菜類を一緒にすると豪華でおいしい

8 最後に、別鍋で作ったベーコンと野菜類の甘酢あんをたっぷりかけて完成。熱々のところをかけたほうがおいしいので、から揚げと甘酢あんは同時進行で作る。甘酢あんは濃いめの味付けがおすすめ

揚げ物、焼き物

シロギスの天ぷら

ボート釣りでおなじみの魚の定番メニュー

さばき方は116ページ参照

1 ウロコを落としたら、腹側をつなげた背開きにする。頭、内臓、背骨を取ったら、すき切りの要領で腹骨を取り除く。血合い骨は取らなくてよい。中骨は骨せんべいにするのがおすすめ

2 背開きにしたら、ざるの上に並べ、揚げるまで時間がある場合は冷蔵庫で冷やしておく。衣に少量の塩を入れるので、開いた身には塩をしない

3 同じ容量の天ぷら粉と水に、卵と塩少々を入れた衣を用意する。背開きにしたシロギスに薄く小麦粉を付け、衣にサッとくぐらせたらすぐ油に入れる

4 油の適温は175度が理想。衣を1〜2滴入れたとき底まで沈んですぐに浮いてくればよい。わずかに湿った箸の先端を入れて細かい泡が出るかどうかで見極めてもOK

5 タネ（材料）を熱した油に入れると、いったん沈んで大きめの泡がたくさん出る。その後、材料に火が通ると水分が抜けて浮き上がり、次第に泡が細かくなる

6 泡が小さくなり、タネが浮いてきて、周囲がカラッとなってきたら油から取り出す。油をよく切ってから皿に盛って出来上がり

上品で淡白な味のシロギスを食べるなら、なんといっても天ぷらが一番。釣れたての新鮮なものなら、白身のホクホク感がたまりません。

天ぷらにするには、20センチ程度の中型が最適で、これを背開きにして用意します。

天ぷら作りでもっとも大切なポイントは、油の温度管理。材料を入れたときに、油温が低下しないようにするには、家庭の鍋なら、一度に揚げる量は3〜4尾くらいが限度です。また、タネも衣も冷たい状態を保って揚げることも重要。これらを守れば、上手に天ぷらを揚げられます。

揚げ時間は1分半程度で、表面がカラッとなり、浮き上がってきたら出来上がりです。取り出して油をよく切ってから皿に盛ります。

揚げたての熱々をおろしショウガなどの入った天つゆで食べるもよし、山椒塩などで食べてもまた最高です。

[材料] 4人分
- 20センチ級シロギス …… 12尾
- 好みの野菜（ハス、ナスなど） …… 適量
- 天ぷら粉（小麦粉でも可） …… 1カップ
- 冷水 …… 1カップ（氷をひとかけら入れておく）
- 塩 …… 少量（ひとつまみ）
- 卵 …… 1個
- 28〜30センチ級アジ …… 1尾
- おろしショウガ、天つゆ …… 適量

レシピ集

揚げ物、焼き物

シイラのピリ辛中華風から揚げ

"シイラはおいしくない"とよく聞きますが、ハワイではマヒマヒと呼ばれ、人気のある白身魚です。

淡白なのでフライやムニエルにして食べることが多いのですが、ピリ辛の中華風ソースをかけたから揚げにも最適な魚です。

刺激的なソースの味は、シイラの釣期である暑い時期にピッタリ。熱々はもちろんのこと、冷めてからでも大変おいしくいただけます。

さばき方は119ページ参照

[材料] 4人分

4キロ級シイラ	1/4尾
塩、コショウ	各適量
片栗粉	カップ1/2
揚げ油	適量
長ネギ	1/2本
大葉	4枚

○ピリ辛中華風ソース

ニンニク	4片
タマネギ	1/3個
サラダ油	大さじ4
豆板醤	大さじ3
オイスターソース	大さじ2
ゴマ油	大さじ3
酒	大さじ3
砂糖	大さじ2
酢	カップ1/2
ショウガの絞り汁	大さじ2

[作り方]

①削ぎ切りで薄い刺身状に切ったら、軽く塩、コショウをして冷蔵庫で30分寝かせる。その後、全体に片栗粉を薄くまぶし、175〜180℃の油でカラリと揚げる

②ソースは、みじん切りにしたニンニクをサラダ油で素早く炒め、色がついたところで豆板醤を入れて香りを立たせたあと、みじん切りにしたタマネギを加え、火が通ったところで、酢、砂糖、ゴマ油、オイスターソース、ショウガの絞り汁、酒を入れて味を整える。①を皿に盛り付けたら、ソースをたっぷりかけて、白髪ネギ、刻んだ大葉を飾って出来上がり

シロムツとサバの竜田揚げ

シロムツは身がやや水っぽいので、揚げ物や焼き物に向いた魚です。

竜田揚げとは、紅葉の名所として知られる奈良県・竜田川のモミジに色が似ていることから名づけられた料理で、風味がよく、魚や鶏肉など、さっぱりした味の食材にぴったり。材料に味をつけるので冷めてもおいしく、お弁当のおかずなどにも最適です。

さばき方は119ページ参照

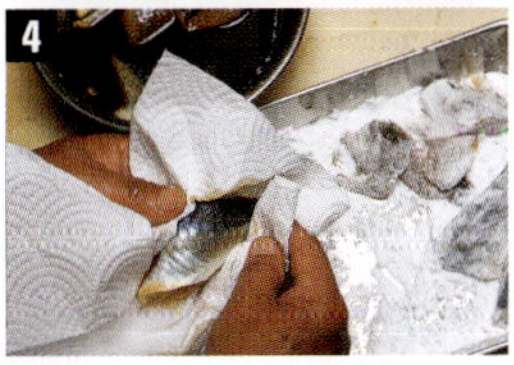

[材料] 4人分

25センチ級シロムツ	2尾
30センチ級サバ	2尾
片栗粉	カップ1/2
揚げ油	適量

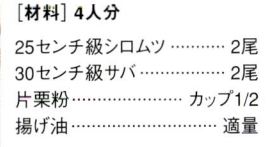

○漬け汁

醤油	カップ1/2
みりん	カップ1/3

[作り方]

①シロムツは、エラと内臓を処理したら軽く水洗いし、水気を拭き取ったら、頭を落とし、身はヒレと骨を付けたままぶつ切りにする

②サバは、三枚におろし、腹骨をすき切り、血合い骨を抜いたら、斜めに包丁を入れ、半身を二つに切り分ける

③切り身を漬け汁に入れ、10〜15分漬け込む。時間は材料の大きさに合わせて調整する

④余分な漬け汁を十分に拭き取り、片栗粉を全体にまぶす。油はねを抑えるためにも、水気が残らないよう注意する

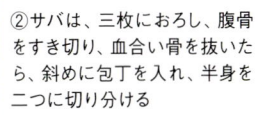

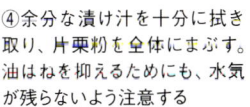

⑤165度の油で3〜4分揚げ、ほどよい揚げ色が付いたら取り出す。一度に入れる量を3〜4切れ程度にするとカラリと揚がる

アジの南蛮漬け

数日間保存できる、魚を使ったおすすめの総菜

1
頭の後ろの腹側を三角形に切って内臓とエラを取り出す。取り除いた部分は流水できれいに洗う。皮を引かないので、尾の近くにある"ゼイゴ"も忘れずに取る

2
水洗いした水分をきれいに拭き取る。揚げ物は、材料の表面に水気が残っていると油が跳ねて危険なので、特に腹の内部などもていねいに拭く

3
薄く塩、コショウをして、冷蔵庫で30分ほど寝かせておき、そのあと小麦粉をまぶす。腹の内部やエラの内側にもきれいに粉を付ける

4
揚げ油を175度に熱し頭を左にして入れる。20センチ級のアジなら一度に3～4尾ずつとし、油の温度が下がるのを防ぐ

5
揚げ時間は6分ほど。油の泡が小さくなったら取り出し、タマネギ、赤唐辛子の小口切り、レモンもともに南蛮酢へ漬け込む

6
1尾ずつ盛りつける場合は、適量のタマネギ、レモン、南蛮酢とともに赤唐辛子をあしらう。漬け込む日数によって味の変化も楽しめる

新鮮なアジは、生でも、焼いても、揚げてもおいしい魚ですが、これを3～4日後でもおいしく食べられるようにする料理が南蛮漬けです。

南蛮漬けは、江戸時代に渡来してきたポルトガル人やスペイン人によって伝えられた、油で揚げた材料を甘酢につけ込む料理で、タマネギや赤唐辛子を一緒に漬け込むのが特徴です。作りたてはホクホクした身のうまさと、数日漬け込んだは甘酢が染み込んだうまさと、味の変化も楽しめます。南蛮漬けは日持ちするため、ときに大釣りすることもあるアジ釣りで、たくさん釣れたときに作っておくとよいでしょう。

また、アジのほか、タチウオ、メバル、シロギス、カサゴ、はたまた、根魚釣りで釣れる小～中型の外道魚まで、幅広く応用が可能な一品で、釣果を無駄にすることなく食べるにも最適な一品といえます。

[材料] 4人分

- 20センチ級マアジ……12尾
- 小麦粉……適量
- タマネギ……中1個
- 赤唐辛子……4本
  （ぬるま湯でもどし小口切りに）
- レモン……少1/2個
- 塩、コショウ……適宜

○南蛮酢
- 酢……2カップ
- だし汁……2カップ
- 酒……大さじ2
- 砂糖……大さじ5
- 醤油……大さじ3

イシモチのさつま揚げ

イシモチ（特にシログチ）は、練り製品の材料として最高級にランクされる魚です。その身は練れば練るほど粘りが出て、"つなぎ"をまったく入れなくてもきれいに固まり、本来の旨みが100％生かされます。

九州は鹿児島県の名物料理「さつま揚げ」は、手軽に作れる練り物です。

イシモチを三枚におろしたら皮を引き、腹骨をすき取った身を包丁で細かく叩きます。このとき、中骨の周りに残った身もスプーンでこそげ取って使います。

揚げる際の形は、小さめのハンバーグ型にしてもよし、形を気にせずちぎってひとくち大にするもよし。また、野菜類やキノコ類、豆など好みのものを混ぜてもよいでしょう。ゴボウやニンジンなど硬めの野菜は、かなり細かい千切りにします。

なお、野菜などを混ぜる場合、その分量はすり身の30％程度までとしましょう。

さばき方は118ページ参照

[材料] 4人分
25センチ級イシモチ ……… 4尾
塩 ……………………… 適量
コショウ ………………… 適量
砂糖 ……………………… 適量
日本酒 …………………… 少々
ゴボウ、ニンジンなど… 適宜

[作り方]
①下処理を終えた身を、包丁で細かく叩く
②①に適量の塩、コショウ、砂糖を加え、日本酒を少したらし、フードプロセッサー（すり鉢でも可）でていねいに練り上げる。具を混ぜる場合はこのあとに入れる
③揚げ油を175度に熱し、4～6個ずつていねいに揚げる。火が通ると浮いてくるので、ほど良い揚げ色がついたら完成

タチウオの骨せんべい

中～小型の魚がたくさん釣れ、三枚におろして料理したときなどは、骨せんべいを作ると、残った中骨などを無駄にすることなく食べられます。

タチウオで作る場合は、ヒレや中骨の細い部分を、10センチ程度に切って使用します。アジやシロギスなどの骨で作る場合は、1尾分をそのまま使い、同じ要領で作ります。いずれの場合も、小麦粉を付けず、素揚げにしても構いません。

おやつとして、あるいはビールのお供としても最適な一品です。

[材料] 4人分
90センチ級タチウオの中骨 …………………… 1尾分
小麦粉 ……………………………………… 1尾
揚げ油 ……………………………………… 1尾
塩、コショウ ……………………………… 1/3本分

[作り方]
①三枚におろす際に取り除いた中骨（背ビレ付きでもよい）を利用する。食べやすいよう、10センチ程度の長さに切っておくとよい
②身を食べやすくするために取り除くヒレの部分のみでも利用できる
③骨に小麦粉をまぶす。ものによっては、粉を付けず、素揚げにしても構わない
④165度の油で、ゆっくり時間をかけて揚げる。ほど良く色づいたら揚げ上がり。揚がったものを完全に冷ましてから、二度揚げすると、少々太い骨も食べられる。軽く塩、コショウを振って完成

揚げ物、焼き物

レシピ集

イサキの塩焼き

魚本来の味が楽しめるシンプルな定番料理

さばき方は118ページ参照

1 ウロコを取り、右側に隠し包丁を入れて内臓を抜き、きれいに洗って軽く水気を拭いたら、全体に塩をしっかりつけ、冷蔵庫で30～60分寝かせる。塩の効果で旨味成分が増し、よりおいしくなる

2 焼く前に軽く洗って余分な塩を落とし、適宜飾り包丁を入れる。大型のものを網などで焼く場合は二枚におろして、切り分ける。その後、美しく焼き上げるため、ヒレに化粧塩を打つか、アルミホイルを被せる

3 串を打って焼くときは、初めに尾から頭に向かって魚体をくねらせるように"踊り串"を打ち、続いて3～4本の串を扇状にした"扇串"を打つ。このあと、化粧塩を打つ

4 串を打ち、鉄きゅうを使って、強火の遠火で焼くと一番美しく焼き上がる。ガスコンロを使用する場合は、中間に硬質石綿板を置いて熱を拡散させる。皿に盛ったときに表になる右面から焼き始める

5 焼き具合に十分注意しながら、美しく、均一に焼くよう心がける。焼き上がったらすぐに、軽く回しながら串を抜き取る。冷めてから抜くと串に身がつき、身崩れするので要注意

6 網に直接乗せて焼く場合は、網にサラダ油を塗り、表になる右面から焼く。網を使うと特に焼き崩れしやすいので、途中、箸でいじったりしないこと

7 魚の両側から熱源を当てる両面焼き器を使うと一番失敗が少ないが、器具によっては表面がカリッとならず、蒸し焼きっぽくなる欠点もある

8 ガスレンジの魚焼きグリルで焼く場合は、裏返したあと、初めに焼いた側が蒸されてしまい、表面がカリッと仕上がらない。よって、皿に盛ったときに表になる右面をあとから焼く

イサキのように姿の良い魚を塩焼きにするなら、尾頭付きの姿を形良く生かして焼き上げたいもの。また、白身で淡白な味を損なわないよう、特にていねいに仕上げたいものです。

塩焼きは、下処理ののちに塩をして焼くだけの簡単な料理と思われがちですが、見栄えよく焼き上げるには心配りが大切で、焼き具合で味が大きく変わる、意外に難しい料理でもあります。

焼き魚用の調理器具もいろいろあり、器具によって出来上がりの味にも違いが出ますが、どんな焼き方にも共通するコツは、焼いている途中で何度もひっくり返したり、いじりすぎたりしないことです。

もう一つ大切なのが塩の打ち方。下処理後の塩の効果で魚の旨味成分が増えて一層おいしくなり、化粧塩で焼き上がりの見栄えをよくします。

[材料] 4人分

25センチ級イサキ……4尾
塩……適量
筆ショウガ(ハジカミ)……4本
大根おろし……適宜
レモン……適宜

レシピ集

揚げ物、焼き物

シイラの和風ホイル包み焼き

　盛夏から晩秋にかけて、シイラは豪快なジャンプと鮮やかな色彩で釣り人を楽しませてくれます。

　シイラの釣期終盤には、その季節の味覚であるキノコ類を合わせた和風ホイル焼きがおすすめ。ご飯にも日本酒にもあう一品です。

　キノコ類は、シイタケ、マイタケ、シメジ、エリンギなど、手に入りやすいものならなんでも構いません。

　焼き上がったら、ポン酢醤油をかけて食べます。

　なお、具材を変えてバターを乗せ、ポン酢醤油の代わりとしてソースに工夫を凝らせば、洋風の味も楽しめます。

さばき方は119、123ページ参照

[材料] 4人分

シイラの切り身（100g程度） ……4切れ	長ネギ……………………1本
好みのキノコ類…………適量	サラダ油、塩…………各適量
ニンジン（中）…………1/3本	日本酒………………大さじ4
タマネギの輪切り……1/2個分	レモン……………………適宜
	ポン酢醤油………………適宜

[作り方]

①下処理したシイラを三枚におろし、厚めの切り身にして、薄く塩を振っておく。シイタケ、エリンギは石付きを取って薄切りにし、マイタケ、シメジは小房に分ける。タマネギは薄い輪切り、ネギは斜め切りに。ニンジンは輪切りにして型抜きで抜く

②アルミホイルに薄くサラダ油を塗り、タマネギを敷いた上にシイラの切り身を乗せ、周りにキノコとネギを盛り付け、ニンジンを飾る。キノコに軽く塩を振り、日本酒大さじ1を振りかけたらホイルを閉じ、200度に熱したオーブンかオーブントースターで15～20分ほど焼く。焼き上がったらレモンスライスを乗せて完成

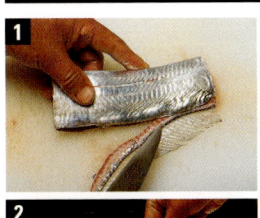

タチウオの塩焼き

　単純な料理ながら、魚のおいしさをストレートに味わえるのが塩焼きです。

　焼いているときにジュウジュウと音を立てて滴る脂は、より一層、食欲をそそるもの。

　特に、淡泊なわりに脂分も多い白身のタチウオの塩焼きは、ふわふわとした食感が絶品です。

　塩焼きを上手に焼き上げるには、塩の打ち方と焼き方に細心の注意が必要です。タチウオの場合も、塩焼き全般に関する注意は同様ですが、さばき方などは比較的簡単かもしれません。

　なお、タチウオには通称"銀箔"と呼ばれる皮がありますが、新鮮なものはこの部分にもおいしさがあるため、皮を引く必要はありません。

[材料] 4人分

90センチ級タチウオの筒切り
（15センチ長）…………4切れ
塩………………………適量
レモン、ショウガなど……適宜

[作り方]

①塩焼きなどに使う場合は、適当な大きさの筒切りにし、食べやすさを考え、背ビレの付け根の両サイドから浅く包丁を入れ、ヒレとともに小骨を取る

②1に軽く塩をして、30～60分くらい冷蔵庫で寝かせ、塩をなじませる

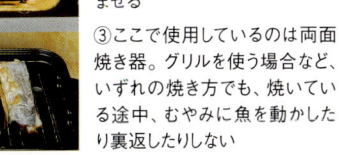

③ここで使用しているのは両面焼き器。グリルを使う場合など、いずれの焼き方でも、焼いている途中、むやみに魚を動かしたり裏返したりしない

ヤリイカの杉板焼き

細かな包丁目が柔らかな食感のカギ

さばき方は124ページ参照

1 身の表の皮を剥ぐ。エンペラとともに胴のスソの方へ引くと簡単に剥がせる。エンペラは皮がつながっている部分に包丁を入れて切り離す。また、エンペラ自体に付いている皮も剥いでおく

2 イカの身の内側には薄皮がある。イカ料理では、この薄皮を取り除くことが重要で、刺身などでは食感がよくなり、揚げ物などでは油の跳ねが少なくなって安全

3 皮を剥いだ身は軽く洗って汚れを拭き取り、3～4つに切り分ける。ゲソとエンペラも軽く洗ってから、適当な大きさに切り分けておく

4 身の表側には、2ミリ幅程度の包丁目を縦に入れておく。深さは身の厚さの1/2程度まで。ていねいに包丁目を入れることによって、より食感がよくなる

5 分量の漬け汁を入れた容器に、包丁目を入れたイカの切り身、ゲソ、エンペラを入れて10分ほど置く。ゲソとエンペラはイカで一番味がよいといわれる。同じタレに漬けて焼くと、身とは違ったおいしさ、食感が味わえる

6 フライパンを熱してサラダ油を敷き、包丁目を入れた表から焼く。丸く反り返るので箸でしっかり押さえ、特に表面はむらのないよう注意する。皿に盛り、付け合わせを添えて完成。網焼きにすると、また違った味が楽しめる

ヤリイカは、釣れたてなら刺身が一番でショウガ、焼き物にしても独特の香ばしさが出て、酒の肴に、お惣菜にと喜ばれる一品になります。この杉板焼きはイカの照り焼きともいえるもの。細かく包丁目を入れた身にタレをからませて焼くと、杉板の美しい木目模様に似た仕上がりとなります。どんなイカでも作れますが、とりわけ身の柔らかなヤリイカやマルイカ(ケンサキイカ)で作るのがおすすめ。包丁目を入れることでさらに柔らかな食感となります。食べる直前に、柚子やかぼす、レモンといった柑橘類の絞り汁をかけてもおいしいものです。

焼くときに身がクルッと丸まってしまいがちなので、箸でなるべく平らになるように押さえて仕上げるのがコツ。また、漬け汁にみりんが入っているので焦げやすいこともあり、ほどよく杉板模様に仕上がるよう、十分神経を使いましょう。ムラがなく、表面に焼きムラがなく、表面に焼き目がつくように。

[材料] 4人分

40センチ級ヤリイカ …… 1パイ

○漬け汁
醤油 …………… カップ1/3
日本酒 ………… カップ1/3
みりん ………… カップ1/3
サラダ油 ……… 大さじ3
砂糖(好みに応じて)
　　　　　　　 大さじ1～2

○付け合わせ
ショウガの酢漬け ……… 適宜
柚子、レモンなど ……… 適宜

レシピ集

揚げ物、焼き物

146

興津鯛の一夜干し

駿河湾で獲れたアマダイは"興津鯛"と呼ばれていますが、この呼び名は、アマダイの干物を好んだ徳川家康が命名したといわれています。

この興津鯛の料理としてよく知られているのが一夜干し。ウロコを取らず、そのまま開いて干すのが特徴です。

アマダイは水分が多くて柔らかい魚ですが、干物にすると塩の効果で旨みの成分が増し、余分な水分が飛ぶことで身が締まって旨みが凝縮されます。干物にするのは少々贅沢な気もしますが、これが一番おいしい食べ方というグルメも多くいますので、ぜひお試しを。

なお、身を食べたあとに残った皮とウロコを再度焼くか揚げるかすると、パリパリとしてまた違ったおいしさを楽しめます。

さばき方は118ページ、干物の作り方の基本は110ページを参照

[材料] 4人分

アマダイ（尾頭付き）	適宜
塩	適量
ハジカミ	適宜

[作り方]

①アマダイはウロコを取らず、内臓とエラを取り除き、さっと洗って水気を拭く。尾ビレの手前から尻ビレに沿って浅く包丁を入れたあと、同じ切り口から深く包丁を入れて腹開きにする。ウロコがついているので刃先が滑って手を切らないよう注意。中央の固い骨から少しずらしたところに包丁を入れて頭を開き、血合いなどの汚れをきれいに拭き取ったら、両面に塩を振る

②温度と湿度が高い夏の時期は、冷蔵庫のなかで一晩干す。湿度が低く涼しい時期なら、外で一晩干すか、昼間の晴天時に3〜4時間干す

カマスの干物

カマスはおいしい魚ですが、その身がやや水っぽく、ひと干しすることで味がグンとグレードアップするため、市場でも開きの干物が中心に売られます。

干物は塩の仕方、干し方で出来栄えが大きく変わります。魚が小さい場合は開きにくいので、"つぼ抜き"で臓を出し、丸干しにしましょう。

なお、暑い時期の干物作りは、冷蔵庫のなかに広げて干すのがおすすめです。

さばき方は116ページ、干物の作り方の基本は110ページを参照

[材料] 4人分

カマス	20尾
10％の塩水	750ml
大葉、大根おろし、ハジカミなど	適宜

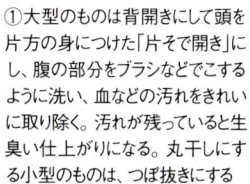

[作り方]

①大型のものは背開きにして頭を片方の身につけた「片そで開き」にし、腹の部分をブラシなどでこするように洗い、血などの汚れをきれいに取り除く。汚れが残っていると生臭い仕上がりになる。丸干しにする小型のものは、つぼ抜きにする

②開いて洗ったカマスに塩をする。濃度10％前後の塩水に漬けると失敗が少ない。漬ける時間は、開きなら30分程度、丸干しの場合はそれよりやや長めとする

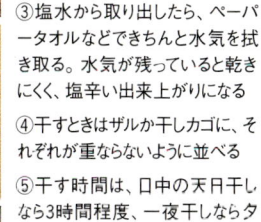

③塩水から取り出したら、ペーパータオルなどできちんと水気を拭き取る。水気が残っていると乾きにくく、塩辛い出来上がりになる

④干すときはザルか干しカゴに、それぞれが重ならないように並べる

⑤干す時間は、日中の天日干しなら3時間程度、一夜干しなら夕方から翌朝9時くらいまでが目安。開きの場合は、身側を上にして7割ほど干したところで裏返し、残りの3割は皮側を上にして干す。外で干すときは干しカゴを使い、鳥や猫などに注意する

蒸し物・煮物

釣り人ならではの新鮮な魚を生かして、身のホクホク感を楽しむ

蒸し物は、白身魚の淡泊なおいしさを味わうのに最適ですが、新鮮さが重要なので、まさに釣り人向きのメニューで、特に、姿を生かした料理は豪華な一品となります。

一方の煮物は、魚の旨味を余すことなく味わえるのが魅力。基本となる煮方をマスターすれば、それほど難しくなく作れます。

MENU

カンコの蒸し物 ピリ辛オイルがけ	148
クロソイの姿蒸し	150
アラの信州酒蒸し	151
アカムツの白ワイン蒸し煮	151
マルソウダのなまり節	152
マンビキの煮びたし	153
関東風メバルの甘辛煮	154
メバルの沢煮	155
イシモチの焼き煮	155
ハゼの甘露煮と昆布巻き	156
イイダコと大根の炊き合わせ	157
スルメイカの姿煮	157

カンコの蒸し物 ピリ辛オイルがけ

ゴマ油の風味と唐辛子の辛味が白身にベストマッチ

カンコとは大型のカサゴ、ウッカリカサゴの別名です。カサゴも大型になると、やや硬くしっかりした身となるので、切り身にして蒸すと、白身魚のおいしさがストレートに味わえます。

また、唐辛子を利かせてピリ辛にした熱々のオイルをかけると、カサゴの旨味がグッと増し、食欲をそそる一品となります。

なお、魚の蒸し物は、皮の下の脂身がなんともいえぬおいしさを出してくれますが、生臭さが出たり、ウロコが残っていたりすると、せっかくの味が台なしになってしまいます。

よって、釣れたての新鮮な魚を使って生臭さが出ないようにすることと、とくにヒレの付け根などのウロコをていねいに落とすことが、重要なポイントです。

[材料] 4人分

1キロ級カサゴ	1尾
塩	小さじ2／3
長ネギ（白い部分）	1本
サラダ油、ゴマ油	各大さじ3
レタス（サラダ菜でも可）	適量
アサツキ	適量
タカノツメ	大さじ1

148

さばき方は118ページ参照

1
カサゴ類はウロコが細かいので、出刃包丁を使ったほうがきれいに落とせる。腹に包丁目を入れたら、エラの周囲のつながった部分を包丁で切る

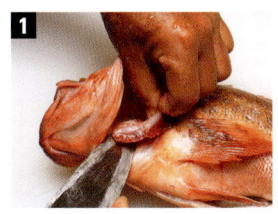

2
エラを指でつまんで引き抜くと、内臓もつながって出てくる。その後、腹のなかや全体を流水できれいに洗う

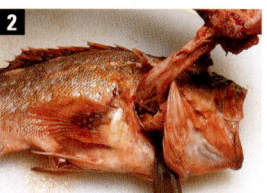

3
大型カサゴは、三枚におろしてから使う。中骨に身が残らないようていねいに包丁を使う

4
おろした半身から腹骨をすき切り、血合い骨を境に背と腹の2節に分け、さらにひと口大に切り分ける

5
切り身をバットに並べ、塩を全体にまんべんなく薄く振り、30分ほど冷蔵庫で寝かせる。これにより旨味が増し、よりおいしくなる

6
長ネギの白い部分を約6センチの長さに切り、縦に切れ目を入れて短冊状になった外側部分を細い千切りにする。これを氷水にさらしてカールさせ、軽く水気を切って使う

7
写真のように蒸しカゴを使うなどして切り身を浮かせるように並べ、蒸し器に入れる。蒸す時間は10～12分。身に串を刺して、すんなり通れば蒸し上がり

8
皿にレタスと蒸した身を乗せ、白髪ネギを天盛りにし、半量のタカノツメ、アサツキの小口切りを散らす。その上に、2種の油を混ぜ、半量のタカノツメを入れて軽く沸騰させたものを、食べる直前にかける

レシピ集

蒸し物・煮物

クロソイの姿蒸し

淡泊で上品な白身を中華で味わう

さばき方は118ページ参照

1 尾頭つきで皿に盛るので、ウロコを落としたのち、切り口が見えないよう腹の右側に隠し包丁を入れ、内臓やエラを処理する。その後、よく洗って水気を拭いておく

2 魚の左面にやや深の飾り包丁を4〜5本入れ、全体に適量の塩、コショウを振ったら、30分ほど冷蔵庫に入れておく

3 蒸し器に入れた皿に頭を左にして載せ、分量の紹興酒を回しかける。蒸すときの火加減は強火→強めの中火とし、時間はおよそ15分が目安

4 クロソイが蒸し上がったら、崩さないように注意しながら、スライスしたタマネギを敷いた皿に移す。その後、蒸したときの皿に残った汁を大さじ3ほどかける

5 ④の上に、白髪ネギ（千切りにした白ネギを氷水にさらしたもの。写真左）や小口切りにしたアサツキ、香菜（シャンツァイ）、タカノツメを散らす。中華風の蒸し物や刺身は、こうした薬味とタレで味が決まる

6 タレはゴマ風味のものがよく使われる。市販の点心のタレや中華ドレッシング、ポン酢醤油を使うと手軽だが、好みで自由に作るのもおすすめ。レモン汁などもよく合う

ソイは種類が多彩ですが、クロソイはこの仲間を代表する最高級魚です。30〜40センチの手ごろなサイズが多く、姿を生かした料理は、とりわけ豪華な一品となります。

ソイは上品な白身で身離れもよく、蒸し物にしても大変食べやすいもの。蒸すときに紹興酒をたっぷりかけると、より風味豊かに仕上がります。その上に、薬味としてネギやタカノツメ（赤唐辛子）をあしらい、酸味が効いたゴマ風味の甘口のタレをかければ、立派な中華料理の完成です。

タレは、市販の中華風ドレッシングなどを使うと手ごろです。その使い方は自由自在。甘口、辛口、酸味の強いものなど、自分の好みに合わせていろいろと試してみてもよいでしょう。

また、レモンやカボスなどの柑橘類の絞り汁もよく合うので、丁夫を凝らしたドレッシング、タレを作ってみるのもおすすめです。

[材料] 4人分

35センチ級クロソイ	1尾
塩、コショウ	適量
紹興酒	大さじ3
長ネギ（白い部分）	1本分
アサツキ	5〜6本
タカノツメ	3〜4本
赤ピーマン（パプリカ）	1/2個
玉ネギ	1/2個
香菜（シャンツァイ）	適量
炒りゴマ（白）	適量
レモン	適量
甘口の点心のタレなど	適量

アカムツの白ワイン蒸し煮

　アカムツは上品な白身魚ですが、全身にマグロのトロのように脂が乗っていて、もっともおいしい魚の一つといわれます。

　新潟県などではノドグロと呼ばれ、昔から親しまれていましたが、近年ではそのおいしさが全国的に知れ渡り、釣りでも食の世界でも人気が急上昇です。

　「ワイン蒸し煮」は、仕上げにハーブの一枝を飾り、フランス風の一品に仕上げる上品な煮物です。切り身を一度ワインで蒸し上げ、コンソメスープで煮ることで、この上ないおいしさが引き出されます。

さばき方は119ページ参照

[材料] 4人分

1キロ級アカムツ …… 1尾	タマネギのみじん切り … 1/2個分
マシュルーム …… 8個	オリーブオイル …… 大さじ2
ニンニクのみじん切り … 小さじ1	塩、コショウ …… 各適量
ハーブ(セルフィーユ) …… 1枝	白ワイン …… 1と1/2カップ
パセリのみじん切り …… 適量	コンソメスープ …… 200cc

[作り方]

①下処理したアカムツを三枚におろし、腹骨、血合い骨を除いて節取りしたら、皮付きのまま4切れに切り分ける

②切り身に飾り包丁を入れ、塩、コショウを振ったら30分ほど冷蔵庫で寝かせる

③フライパンにオリーブオイルを入れ、ニンニクとタマネギのみじん切りを炒める。これを器に移し、アカムツとマシュルームを入れ、たっぷりの白ワインをかけ、蒸し器に入れて強火で15分ほど蒸す

④温めておいたコンソメスープをかけ、さらに5〜10分蒸す。彩りのパセリを散らし、ハーブを添えて出来上がり

アラの信州酒蒸し

　山国の信州は、いわずと知れたそばの産地。そばは魚料理と縁が遠いと思われがちですが、ニシンそばなど、海の幸と組み合わせた料理がいろいろあり、その一つの信州酒蒸しは、懐石料理にも登場する名品とされています。

　山の幸と海の幸を合体させたこの料理で使う魚には、クセのない上品な白身魚が使われます。なかでも、オキスズキとも呼ばれるアラは高級魚で、近年は幻ともいわれるほど貴重です。立ち上るそばと魚、酒の香りが食欲をそそる一品となります。

さばき方は119ページ参照

[材料] 4人分

1.5キロ級アラ …… 1/2尾	だし昆布(8×8cm) …… 1枚
塩 …… 適量	日本酒 …… 1カップ
硬ゆでの信州そば …… 200グラム	白だし …… 1カップ
ナメコ …… 100グラム	(吸い物の2倍程度の濃のもの)
ワカメ …… 適量	長ネギ、三つ葉、ユズ皮 ‥ 各適量

[作り方]

①下処理したアラを節取りしたら、皮付きのまま一切れ80グラム程度の切り身にし、塩を振って冷蔵庫で30〜60分寝かせる

②切り身に串を打ち、皮面を中心に強めの火でほどよく焦げ目をつける。このときは中まで火が通らなくてもよい。串はすぐに抜くこと

③蒸し器に入れた皿にだし昆布を敷き、上にアラを乗せ、日本酒1/2カップを振りかける。その上に、硬めに茹でたそばを盛り、周りにナメコ、ワカメを散らしたら、強火で15分ほど蒸す

④残りの日本酒を入れただしを温めておき、これを器に注いでさらに5分ほど蒸す。最後に、ネギと三つ葉を散らし、ユズ皮を添えて完成

マルソウダのなまり節

青ものの釣りの定番外道をおいしく食べる

さばき方は119ページ参照

1 マルソウダを三枚におろし、腹骨を取ったら、皮が直接触れないよう割り箸などを敷いた蒸し器に並べ、強火で15分ほど蒸す。蒸し上がったらザルに並べて粗熱を取り、冷蔵庫内で12時間ほど干して水分を抜く

2 そぼろ煮は、なまり節を手で荒くほぐしたあと、包丁で細かく刻む。ほぐす際に血合いや骨を取り除くと食感がよくなる

3 鍋に分量の調味料と2を入れ、初めは落とし蓋をして中火にし、汁気が少なくなったら弱火～とろ火にして、焦がさないように注意しながら、絶えず炒るように混ぜて仕上げる

4 大根との炊き合わせは、なまり節をひと口大に切り分け、大根はやや厚めのいちょう切りにする。その後、なまり節を薄味のだし汁でさっと煮る

5 大根を薄味のだし汁で15～20分煮る。柔らかくなったところで、別に煮たなまり節を煮汁ごと鍋に移し、さらに4～5分煮て完成

6 かき揚げは、なまり節を適当に切ってほぐし、荒みじん切りにしたタマネギ、小さめの短冊に切ったエリンギと一緒に、天ぷらの衣に混ぜ合わせる

7 お玉ですくい、170度に熱した揚げ油にすべらせるようにそっと入れる。沈んだタネが浮いたら崩さないように数度裏返し、カラリとして揚げ色がついたら取り上げて油を切る

[材料] 4人分

〈なまり節〉
30～35センチ級マルソウダ……適量（蒸し器に入る量）

〈そぼろ煮〉
なまり節……………… 6～7本
日本酒、みりん、醤油
……………………… 各カップ1/2
砂糖………………… カップ1/4～1/2

〈大根となまり節の炊き合わせ〉
なまり節……………… 2本
大根…………………… 1/5本
だし汁、薄口醤油、砂糖
………………………… 適量

〈かき揚げ〉
なまり節……………… 2本
タマネギ……………… 1/2個
エリンギ……………… 1本
天ぷらの衣、揚げ油…… 適量

青ものの釣りの外道としておなじみのソウダガツオは、粗末に扱われがちですが、旨味成分が強く、料理次第でおいしく食べられます。鮮度が落ちると酸味、生臭みが出るので、新鮮なうちになまり節を作るのがポイントです。

なまり節とは、三枚におろしたカツオ類を強火で蒸して、軽く干し上げたもの。節を湯がいて作る方法もありますが、湯がくと旨味成分が逃げてしまうので、蒸したほうがはるかにおいしく出来上がります。また、皮の下においしい脂がたくさんあるので、皮はなるべく多く残すようにしましょう。

蒸し終わったらザルに広げて十分冷まし、そのまま冷蔵庫に入れて半日ほど置けば、ちょうどよく仕上がります。

なまり節を使った料理としては、作り方を紹介した三品のほか、なまり節の煮付け、キュウリやワカメなどとの和え物、中華風の炒め物などがあります。また、パスタの具としても最適です。

シイラを使った熊本県の郷土料理

マンビキの煮びたし

さばき方は119ページ参照

1 ウロコと頭を落として内臓を処理したら、三枚におろし、1人分120〜150グラムを目安として皮付きの切り身にする。なお、内臓を処理する際に真子が入っていたら、ていねいに取り出しておく

2 本来は、薄く塩をして冷蔵庫で6〜12時間寝かせるが、短時間で仕上げる場合は、やや強めの塩をして、湯引きの直前にいったん洗って塩を落とす

3 水に5％程度の酢を入れ、これを沸騰させたら、塩がなじんだ切り身をやや強めに湯引きする

4 ひと口大に切った真子を湯引きする。うまく湯引きすると、切り口がきれいにひらく

5 分量のだし汁を沸かし、シイラの身と真子を入れ、初めは中火にして煮始める。沸騰してきたら調味料を入れ、落とし蓋をしたら弱火にして20〜25分ほど煮る

6 煮上がる5分ほど前に、皮を剥き別茹でして柔らかくしたサトイモを鍋に入れる。落とし蓋が煮立った泡で軽く持ち上げられるような火加減にして、味をなじませるように煮る

"マンビキ"とは、ヒキが強いところから名づけられたシイラの別名です。日本ではシイラの食用価値が低く見られがちです。確かに小型のシイラは淡白すぎますが、メーター級ともなれば、ほどよい脂が乗り、特に夏場に釣れる真子を持ったメスにはよい値が付きます。

加藤清正公を祀る熊本県の藤崎八幡宮の秋祭り（ボシタ祭）では、初秋が旬で値段も手ごろなシイラを使った、庶民の祭りにふさわしい料理、マンビキの煮びたしが作られます。この料理は本来、熊本名物の肥後ズイキを一緒に煮付けますが、ズイキ芋は入手しにくいため、サトイモを使います。

おいしく作るコツは、切り身に塩をすることで、うまみ成分を増やすこと。また、煮る前に湯通しする際に、沸騰した湯に酢を入れて、シイラ特有のクセを取ります。そして、たっぷりのだし汁を使い、弱火で時間をかけて煮ることも大切なポイントです。

[材料] 4人分

3.6キロ級シイラ ………… 1/4身
（骨なしの切り身にして600グラム）
シイラの真子 ………… 1尾分
里芋 ………… 12個（約600グラム）
酢 ………… 大さじ4
だし汁 ………… 600cc
※鰹節の二番だしで可。味付け前のもの
だし昆布（10×10センチ）‥1枚
塩、醤油、日本酒 ……… 各適量

蒸し物・煮物

レシピ集

関東風 メバルの甘辛煮

覚えてしまえば簡単な煮魚作りの基本

さばき方は118、122ページ参照

1 ウロコが残っていると台無しなので、ヒレやエラの近くは特にていねいにウロコを落とす。隠し包丁を入れてエラと内臓を処理したら、腹のなかを含む全体を流水でよく洗い、左面に飾り包丁を入れておく

2 4種の調味料はすべて同量。1:1:1:1と覚えると忘れない。この分量は関東風の濃いめの味付けなので、薄味にする場合は醤油と砂糖の量を減らすか、水3/4カップ(他の調味料と同量)を入れてもよい

3 鍋に酒とみりんを入れて火にかけ、軽く煮立てたら、メバルを左面を上にして入れる

4 メバルに火が少し通ったら、砂糖、醤油を入れ、落とし蓋をする

5 煮立った泡で落とし蓋が軽く持ち上がる、中火程度の火加減を保つ。吹きこぼれないように注意

6 煮る時間は10分前後。途中、焦げ付きを防ぐために鍋を揺すってもよいが、魚には一切さわらないで煮上げる

7 ゴボウなどの野菜を入れる場合は、あらかじめ湯がいておいたものを煮上がる2〜3分ほど前に入れる

8 鍋から取り出すときはターナー(フライパン返し)と箸を使い、崩さないよう十分注意する

[材料] 4人分

23センチ級メバル	4尾
ゴボウ	1本
日本酒	3/4カップ
みりん	3/4カップ
砂糖	3/4カップ
醤油	3/4カップ

メバルはどんな料理にしてもおいしい魚です。平均的な大きさが20〜25センチなので、姿のまま焼いたり煮たりする料理に向いています。

煮魚で一番難しいとされるのは、煮崩れしないように形よく仕上げることと、好みの味になるように煮上げることですが、基本を覚えればそれほど難しくはありません。

煮崩れを起こさないためには、煮ている間、魚を裏返したりいじったりしないこと。軽い落とし蓋をして、煮立った泡が魚の上側にかぶる火加減(吹きこぼれるようでは強すぎ)で、10〜15分煮ます。

味付けは、関東風は甘辛く、関西風は薄味に仕上げます。関東風の場合、調味料のほかダシは一切使わず、魚から出る旨みを生かします。調味料は、酒、みりん、砂糖、醤油の4種類で、これらすべてが同量を基本として覚えましょう。

イシモチの焼き煮

　焼き煮とは、魚を素焼き(白焼き)にしてから煮た料理のこと。イシモチ(シログチ)は上品な白身の魚ですが、身がやや水っぽく、柔らかいため、軽く干して水気を飛ばし、さらにこれを素焼きにしてから甘辛く煮ると、香ばしさも出て、とてもおいしい煮魚となります。煮魚全般に共通しますが、上手に仕上げるには、落とし蓋をし、火加減に注意することが重要。火が強すぎると吹きこぼれるので、煮立ったら中火程度に火を弱めます。また、煮ている間に魚をいじらないことも大切です。

さばき方は118、124ページ参照

[材料] 4人分
- 27センチ級イシモチ………………………… 4尾
- ゴボウ……………………………………… 1本
- 日本酒、砂糖、醤油、みりん………………… 各1カップ

[作り方]

①ウロコを落としたら、腹の右側に隠し包丁を入れ、エラと内臓を取り除き、きれいに洗う。飾り包丁を入れたら、塩などをしないで、冷蔵庫内で一夜干し程度に乾かす。涼しい季節は外で一夜干しにしてもよい

②表面に少し焼き色がつく程度の素焼きにする。干しすぎ、焼きすぎは、身が固くなる原因。干し方、焼き方とも、ほどほどにする

③分量の調味料を鍋に入れ、調味料に火が通りはじめたら魚を入れ、落とし蓋をする。ゴボウはしんなりするまで別茹でし、魚が煮上がる2〜3分ほど前に脇に入れる

④煮立った泡で落とし蓋が少し持ち上げられ、魚の上まで煮汁がかぶる程度の火加減を保つ。魚は決して途中で裏返さないこと

メバルの沢煮

　関西風の煮魚"沢煮"とは、その材料の持つ旨味を大切にするため、薄味に仕立てた煮物で、メバルの上品な白身にもぴったり。たっぷりの煮汁を使い、その汁と一緒に具を食べます。

　"春告げ魚"の別名もあるクロメバルならば、ワカメと菜の花の芽、タケノコを添えると、春らしい一品に仕上がります。

　姿を生かして1尾丸のままを使うと、皿から尾が少し飛び出る盛り付けとなり、料理の豪華さを演出してくれます。

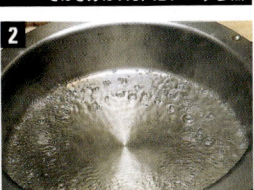

さばき方は118、124ページ参照

[材料] 4人分
- 23センチ級メバル………… 4尾
- 生ワカメ………………… 適量
- 菜の花の芽……………… 8本
- タケノコの水煮(小)……… 12本
- 鰹節と昆布のだし汁…… 600cc　※二番だしでよい
- 日本酒、みりん……… 各大さじ2
- 薄口醤油…………… 大さじ5〜6

[作り方]

①ていねいにウロコを落とし、エラと内臓を抜いて水洗いしたメバルに飾り包丁を入れる。その後、たっぷりの湯を鍋に沸騰させ、15秒ほどくぐらせて霜降り状態にする

②別鍋に日本酒とみりんを入れて軽く沸騰させ、メバルの左面を上にして入れる

③落し蓋をして中火で炊く。煮魚の場合の落し蓋は、軽くて煮崩れしにくいアルミホイルがおすすめ

④沸騰してきたら分量の薄口醤油とだし汁を入れ、再び落し蓋をして中火で約10分炊く。煮汁の泡が落し蓋を少し持ち上げ、魚の上にかぶる程度がよい。煮汁が吹きこぼれるようでは、火が強すぎる。煮上がる3分ほど前に別茹でしたワカメ、菜の花、タケノコを加えて完成

保存食にもなる佃煮風の一品

ハゼの甘露煮と昆布巻き

さばき方は122ページ参照

1 エラと内臓を処理し、軽く干したものを素焼きにする。中華鍋かフライパンで炒るように焼き上げるとよい。このあと、再び太陽の下でカラカラに干した"焼き干し"を保存する

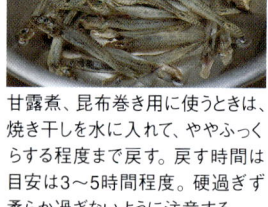

2 甘露煮、昆布巻き用に使うときは、焼き干しを水に入れて、ややふっくらする程度まで戻す。戻す時間は目安は3～5時間程度。硬過ぎず柔らか過ぎないように注意する

3 甘露煮は分量の日本酒、みりんに同量の水を入れて火にかけ、②のハゼを入れ、分量の半量の砂糖2種と全量の醤油を入れる。火加減は沸騰してきたら弱火にする

4 煮汁が半分ほどになったら、残りの砂糖2種を入れ、火加減をとろ火に弱め、落とし蓋をして時間をかけて煮る。これにより汁にトロミと艶が出る

5 決して吹きこぼれない火加減にし、2～4時間かけて煮上げる。特に後半は焦げつかないよう十分に注意しながら、ごくとろ火で仕上げる

6 昆布巻きは、大きさを揃えて切った昆布を水で割った日本酒に浸し、しんなりさせたら、②のハゼを芯にして巻き、戻したカンピョウでしばる

7 日本酒、みりん、水を入れ、⑥を入れて火にかける。初めは中火、沸騰したら弱火にし、落とし蓋をして1時間ほど煮て、昆布が柔らかくなったら砂糖、醤油を入れる

8 砂糖と醤油を入れたら、焦げつかないよう注意し、弱火～とろ火でじっくり煮る。30分ほどで煮上がるが、保存用にする場合はさらに1～2時間煮て、佃煮風に仕上げる

ハゼは釣魚のうちでも最小の部類に入りますが、その味は一級品。上品な白身は非常に軽く、どんな料理にもおいしい魚です。正月のおせち料理の材料として使うのにもおすすめで、秋にたくさん釣れたら、昔から行われている焼き干しにして保存します。

焼き干しとは、いったん軽く干したハゼを炒るように焼き、再びカラカラに干したもの。しかし、干し具合が悪いと長期保存ができないので、家庭ではこれをラップにくるんで、冷凍保存するとよいでしょう。

甘露煮や昆布巻きに使う場合は、カラカラのハゼをいったん水に戻して、しんなりさせてから使います。戻し方が意外に難しく、戻し過ぎると煮崩れしやすくなったり、戻しが足りないと硬い出来上がりになったりするため、ここで一番神経を使います。干し上がりの状態にもよりますが、水で戻す時間は3～5時間程度が目安です。

[材料] 4人分
〈ハゼの甘露煮〉
ハゼの焼き干し………30尾
赤ざらめ、醤油、みりん
　　………各1/2カップ
白ざらめ…………1/4カップ
〈ハゼの昆布巻き〉
ハゼの焼き干し………12尾
板昆布8×8センチ…12枚
かんぴょう(20センチ長)…12本
水………………………1カップ
日本酒、砂糖、醤油
　　………各1/2カップ
みりん…………2/3カップ

レシピ集

蒸し物・煮物

スルメイカの姿煮

イカ類のなかでももっともポピュラーなスルメイカは、料理のレシピも多彩です。

大型になると身が硬くなりますが、胴長25センチまでのものは柔らかく、姿のまま、煮たり焼いたりするのに最適です。

姿煮は小ぶりのスルメや初夏に釣れるムギイカ（スルメイカの小型のもの）で作ると、その身が柔らかく、食味は最高。煮すぎると硬くなるので、短時間で煮上げます。

また、生臭さを出さないため、慎重に足頭を引き抜き、胴のなかを洗ってから、ていねいに拭いてきれいにしておきます。

なお、ここに挙げた調味料の分量は、関東風のやや濃いめの味付けなので、薄味好みの場合は、醤油、砂糖の量を減らすか、水を2/3カップ程度加えるとよいでしょう。

さばき方は124ページ参照

[材料] 4人分
- 胴長23センチ級スルメイカ ……… 5ハイ
- 日本酒、みりん、砂糖、醤油 ……… 各2/3カップ
- 木の芽 ……… 適宜

[作り方]

①鍋に分量の調味料を入れ、軽く煮立てたら、しっかりと下処理したイカの胴と足を別々に入れる。このとき、身と足のそれぞれが、重ならないように入れること

②落とし蓋をして、煮汁が吹きこぼれず、泡がイカの上にかぶる程度の火加減で7〜8分煮る。煮ている途中はイカをいじらない

③すぐに火が通り、煮崩れてしまう肝は、火を止める1分前に入れる。大根などを炊き合わせてもおいしい。その場合、野菜類はあらかじめ別茹でしておき、肝を入れる少し前に入れる。煮上がったら、足を胴に差し込むようにして盛り付け、最後に木の芽をあしらって出来上がり

イイダコと大根の炊き合わせ

イイダコはマダコより身が柔らかく、特に、胴のなかに飯粒状の卵を持つ時期は、口に入れるとネットリとした食感がなんともいえないおいしさを味わえます。

塩で揉んで下処理し、塩を入れた湯でサッと湯がいたものを冷まして刺身としたり、別の料理に使ったりします。

煮物にする場合は、ユニークな形を活かし、下茹でしたら丸のまま煮るのが一番。柔らかいイイダコの歯ごたえが素晴らしく美味です。また、ここで紹介する大根のほか、相性がよい里芋などの野菜と炊き合わせるのもおすすめですが、いずれの野菜もかならず下茹でしておきましょう。

さばき方は125ページ参照

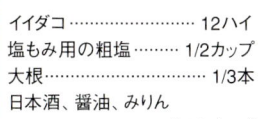

[材料] 4人分
- イイダコ ……… 12ハイ
- 塩もみ用の粗塩 ……… 1/2カップ
- 大根 ……… 1/3本
- 日本酒、醤油、みりん ……… 各1/2カップ
- 砂糖 ……… 1/3カップ（好みで調節）

[作り方]

①分量の調味料を火にかけ、下処理し、下茹でしたイイダコを入れる。煮る時間は吹きこぼれない程度の火加減で約10分

②煮る間は落とし蓋をしておく。途中、箸でいじりすぎると、皮が剥げて美しく煮上がらない。煮過ぎると身が硬くなってしまうので注意

③大根の場合は1センチ厚のいちょう切りにして、しんなりするまで下茹でしておく

④イイダコが煮上がる5分ほど前に、下茹でした大根を入れて味をなじませる。皿にバランス良く盛り付け、煮汁も一緒に注ぎ、木の芽などをあしらったら出来上がり

鍋物・ご飯物・汁物

魚のうまさを余すことなく、大勢で楽しもう

鍋は冬のアフターフィッシングを楽しむ最高の料理。野菜がたくさんとれるので、ヘルシーさ満点です。刺身を作ったあとのアラは、無駄なく食べたいもの。どんな魚でもおいしくできる潮汁などがおすすめです。寿司や鯛めしなどのご飯物もぜひ楽しんでみたい一品です。

MENU

根魚五目の寄せ鍋　外道つみれ入り	158
カワハギのちり鍋	160
マダコのしゃぶしゃぶ	161
ヒラメの寿司懐石	162
マダイのタイ飯	163
アオリイカのゲソ丼	163
イカめし	164
ひゅうがめし	164
カサゴの味噌汁	165
スミイカのスミ汁	166
アジの水なます	166
マコガレイのあらの味噌汁	167
マダイの潮汁	167

根魚五目の寄せ鍋 外道魚のつみれ入り

外道の小魚をつみれにして鍋の具に

寒い季節は、釣りから帰ったら温かい料理がほしくなるもの。そんなとき、鍋を囲んでの釣り談議は、アフターフィッシングの最高の楽しみといえるでしょう。

さて、浅場の根魚五目釣りでは、鍋によく合うクロメバルやカサゴはもちろん、外道としても淡白な白身の魚が釣れます。そこでおすすめなのが寄せ鍋です。

なお、寄せ鍋に使う材料は自由。よりこってりした味にしたい場合は、肉類やカニ、エビを入れても構いません。

外道魚は叩いてつみれにし、これを揚げれば、とびきりの鍋の具に変身します。釣果の無駄もなく、鍋の味にも変化がつき、おいしさもアップします。

醤油のほか、味噌、塩など、お好みの味付けも楽しめます。

[材料] 4人分

- 25センチ級メバル、カサゴ ………… 4～5尾
- 20センチ前後の外道魚 ………… 6～7尾
  （ここではササノハベラ、オハグロベラ、トラギス、アナハゼを使用）
- 鍋用具材 ………… 適宜
  （白菜、春菊、長ネギ、焼き豆腐、油揚げ、しらたき、ハマグリなど）
- だし汁（二番だし程度の薄めのもの） ………… 1.5リットル
- だし昆布（8×8センチ） ………… 1枚
- 日本酒、みりん ………… 適量
- 醤油 ………… 1.2カップ
- 薬味（モミジおろし、アサツキの小口切り） ………… 適宜

レシピ集

さばき方は122ページ参照

1 外道の小魚にもおいしい魚が多く、三枚におろしてつみれにすれば、立派な鍋の具となる。三枚におろした身は小骨が入ったままでも構わないので、まず細かく切り刻む。その後、出刃包丁で叩いていく

2 粘りが出るまで丹念に叩くと、小骨はまったく気にならなくなる。なお、この段階で少量の塩と、ひとたらし程度のみりんを加える

3 十分に叩いた身をすり鉢に移し、さらに粘りが出るまでする。この際、ショウガやネギなどの野菜類を細かく刻んだものを加えてもよい

4 すり鉢ですったつみれを直径3センチ程度のボール状にまとめ、片栗粉をまぶす

5 175度程度の揚げ油につみれを5〜6個ずつ入れ、表面がカラッとなる程度まで揚げる

6 主役となる魚（メバル、カサゴ）は、ウロコと内臓を取ったら水洗いし、大きめのぶつ切りにする。頭や中骨などのアラからはおいしいだしが出るので、頭は2つ割りにするなどして材料に加える

7 野菜類、春雨や焼き豆腐などの具材は、食べやすい大きさに切り分ける。具材全体の半量程度を鍋に入れ、残りは追加用として容器に盛って食卓に出す

8 食卓のコンロに鍋を乗せ、別に作って温めただし汁を八分目ほど張って火を付ける。初めは強火〜中火、煮立ったら弱めの中火で炊き続け、適宜、具を足しながら食べる

鍋物・ご飯物・汁物

カワハギのちり鍋

魚のうまみを存分に味わえるシンプルな鍋料理

さばき方は117ページ参照

1 カワハギは、頭を取り、各ヒレを切ったら、皮の端をしっかりつまんで皮を剥ぐ。頭を落とす際に、肝を傷つけないように注意しよう

2 目の下から口の下にかけて包丁を入れ、肝を取り出す。肝は下側にあるのでくずさないよう、つながっている部分を包丁で切って、ていねいに取り出す

3 肝にはにが玉（脾臓）がついている。これを潰すと味が台なしになってしまうので、潰さないように取りのぞく

4 身は、骨つきのままやや大きめのブツ切りにする。エラや内臓を取り除いた頭も材料とする

5 下茹でした白菜、そのほかの野菜類を食べやすい大きさに切り分け、③の肝、④の身を、一緒の皿に盛っておく

6 土鍋の底にだし昆布を敷き、その上に材料をバランスよく入れ、水を張る。食卓に置いたガスコンロの火にかけ、煮えたものから順に食べる

冬のカワハギは、さっぱりとした白身がよく太って、こってりとしたうまい肝も大きくなって、もっともおいしい時期を迎えます。

肝のおいしさを味わうため、刺身にすることが多いカワハギですが、寒い冬の釣りの疲れを癒すには、温かな鍋料理もまた格別です。

数々ある日本の鍋料理のなかでも、ちり鍋はその代表格。水にだし昆布を入れて炊くだけなので、魚の旨み、肝のおいしさをストレートに味わえ、カワハギをはじめとした白身の魚によく合います。魚のうまさを生かすため、具として入れる具材は、できるだけシンプルな野菜類を用意しましょう。

なお、つゆに味を付けていないので、ポン酢醤油にモミジおろしやアサツキなどの薬味を利かせて食べます。

肝はあまり火を通さないほうがおいしいので、ほかの具材に火が通ったあとに入れます。

[材料] 4人分

20センチ級カワハギ	6尾
白菜（芯を除く）	1/4玉
ほうれん草	1/2束
チンゲン菜	1/2束
しいたけ（大）	4個
えのきだけ	1パック
だし昆布	1枚
ポン酢醤油	適宜
モミジおろし、アサツキ	適宜

レシピ集

鍋物・ご飯物・汁物

マダコのしゃぶしゃぶ

半冷凍にして薄切りにするのがポイント
極上のプリプリ感が楽しめる

さばき方は125ページ参照

1 内臓を処理し、塩で揉んでぬめりを取り、十分に水洗いしたのち、足を切り取って串を刺す。その後、沸騰した湯で10〜15秒ほど湯引きし、すぐに氷水に入れて粗熱を取る

2 水気を拭いて冷凍室に入れ、半冷凍状態にする。完全に凍らせると切れないので、冷凍時間はおよそ2〜3時間が目安

3 冷凍している間に、野菜やキノコ類、しらたきなど、しゃぶしゃぶのほかの材料を準備しておく

4 半冷凍状態の足を、ひと切れがなるべく大きくなるよう、斜めのそぎ切りにして、薄い刺身にする

5 大皿に刺身をきれいに並べ、薬味などもバランスよく盛り付ける。大きな吸盤は盛り付けのアクセントとして使う

6 タコは強いだしが出ないので、昆布だしに薄めの鰹だしを加え、ごく薄く塩を入れたゆで汁を用意。卓上コンロで炊きながら、好みの薬味を入れたポン酢醤油で食べる

マダコはタコ類のなかでももっともおいしく、多彩な料理が可能ですが、ここでは、ちょっと変わった料理として、マダコのしゃぶしゃぶを紹介します。

しゃぶしゃぶは、肉でも魚でも、その身を薄切りにして使います。マダコは身が結構硬いので、できるだけ薄く切ると、食感が格段によくなります。

ところが、マダコは下処理自体は意外と簡単なものの、皮はゴムのごとく弾力があって実に切りづらく、これを生のままで薄切りにするのはかなり難しいもの。そこで、皮の部分のみを湯引きし、半冷凍状態にすると、かなり切りやすくなります。ただし、湯引きする場合は、身の内部には熱を通さないよう、十分に注意しましょう。

なお、"しゃぶしゃぶ"する際は、ほんの数秒だけ、さっとくぐらせる程度にすることも、おいしく食べるポイント。プリッと縮んだところを、薬味を利かせたポン酢醤油でいただきます。

[材料] 4人分
2キロ級マダコの足 …… 3〜4本
野菜類（大根、ニンジン、水菜、長ネギ、キノコ類など）…… 適宜
だし昆布（5×8センチ）…… 2枚
鰹節 …………………… 少々
ポン酢醤油 ……………… 適宜
薬味（モミジおろし、アサツキ、タカノツメなど）………… 適宜

ヒラメの寿司懐石

上品な白身を生かして、ちょっとおしゃれな一品に

さばき方は120ページ参照

1 薄造りの昆布締めの場合。皮を引いた節に斜めに包丁を入れて薄くそぎ切りにし、しんなりさせた昆布に重ならないように並べる。ごく薄く塩を振り、上にもしんなりさせた昆布をのせて密着させる

2 切り身を挟んだ昆布を、まな板などの平らなもので挟み、さらに煉瓦などの重石を乗せる。そのまま60～90分置き、昆布の味を染み込ませる

3 柵ごと昆布締めにする場合。ごく軽く塩をふった節全体を、しんなりさせた昆布でくるむようにする。この場合も昆布と身が密着するようにする

4 手まり寿司は、ラップの上に昆布締めにしたヒラメのひと切れを置き、丸く握ってワサビを付けた寿司飯(量は握りの約1.5倍)を乗せて、ラップごと丸く握る

5 握り寿司用のヒラメは、昆布締めにしていない節を左から薄くそぎ切りの刺身にする。エンガワは握った寿司飯より少し長めに切っておく

6 左手に刺身を置き、ワサビを塗ったら、右手で細長く握った寿司飯を乗せ、手際よく握って形を整える。エンガワは、握った寿司飯の周りに細く切った海苔を巻き、その上に数本をまとめて乗せて軍艦巻きにする

ヒラメは、釣れたら活かして持ち帰り、食べる直前に生け締めにして料理すると、透き通るような白身の美しさと、とりわけ上品な味わいを楽しめます。美食家もマダイより上と称するほどで、京懐石にもよく使われます。また、1.5キロ以上のヒラメなら、背ビレと腹ビレに沿って付いている"エンガワ"も大きく、この味も絶品です。とびきり美味なヒラメですが、昆布で締めるとさらに旨味が増し、お造りや寿司にするとまさに絶品。ここでは、ヒラメの昆布締めのお造りとエンガワをあわせて盛り付けた、しゃれた寿司懐石風の一品を紹介します。

なお、昆布締めは、幅の広いしっかりした昆布を日本酒に浸してしんなりさせ、十分に汚れを取ってから使います。薄造りで作る場合と、節のままで作る場合とがありますが、いずれも昆布と身を密着させるようにするのがポイントです。

[材料] 4人分

- 1.5キロ級ヒラメ … 半身(2柵)
- 昆布(10×20センチ) …… 3枚
- 日本酒 …………………… 適量
- 塩 ………………………… 少々
- 寿司飯 ……………… 4～5人分
  (米4合を、だし昆布を入れて炊き、寿司酢適量を入れ、ざっくり混ぜて冷まして使う)
- 海苔 ……………………… 適宜
- おろしワサビ …………… 適宜
- 飾り野菜(大葉、大根、パセリ、ボウフウ、紅タデ、小菊の花、アサツキ) ………… 各適宜

アオリイカのゲソ丼

数あるイカのなかで、もっともうまいとされるアオリイカは、とりわけ甘みがあり、釣れたての刺身は最高です。

また、ゲソ（頭と足）とエンペラもすばらしく美味で、大根とともに煮付けたり、タマネギや長ネギのざく切りと混ぜてかき揚げにしたりと、いろいろな食べ方が楽しめます。なかでも、きわめてシンプルで簡単に作れるのがゲソ丼です。

ゲソもエンペラもコリコリ感が強いので、食べやすい大きさ（ひと口大）に切り刻み、これをさっと湯がいて、熱々のご飯に乗せるだけ。茹ですぎると旨みが抜けてしまい、硬くなるので注意しましょう。

薬味としておろしショウガかおろしワサビを添え、生醤油をサッとかけて食べます。海苔の風味がよく合うさっぱりとしたこの料理では、刺身とは違ったアオリイカのおいしさを存分に楽しめます。

さばき方は124ページ参照

[材料] 4人分
- 0.8キロ級アオリイカのゲソとエンペラ ……………… 1杯分
- 刻み海苔 ……………… 2枚分
- 熱々のごはん（丼に軽く）…… 4杯
- おろしたショウガかワサビ ‥適量
- 生醤油 ……………… 適量
- 塩 ……………… 少々

[作り方]
①ゲソ、エンペラ（皮付きでも可）を、ひと口大に切り分ける

②たっぷりの湯を沸かし、塩少々を入れ、①を茹でる。時間は再沸騰してから約1分。茹ですぎると身が硬くなり、風味も抜けてしまう

③ざるに上げ、あら熱を取りつつ、余熱で余分な水分を飛ばす。熱々のご飯の上に刻み海苔を散らし、ゲソとエンペラを盛って完成

マダイの鯛めし

鯛めしは、各地で古くから作られているご馳走料理です。ご飯の上にマダイの雄姿がどーんとあるのがなんとも豪華で、鍋や釜の大きさにあったマダイが釣れたら、ぜひ作りたい一品です。

マダイの旨味を生かすため、昆布、日本酒、隠し味の醤油を入れる程度の味付けとし、クセのある野菜類などは入れないほうがおいしいとされます。大型のマダイの骨なしの切り身で作る場合は、頭と骨で薄味のスープを取り、この汁でマダイの切り身とともにご飯を炊きます。

なお、一番重要なのは、生臭さを出さないこと。塩をして1時間ほど寝かせ、さらに流水で洗うことで、生臭さが薄れて旨味も増します。

さばき方は118ページ参照

[材料] 4人分
- 30センチ級マダイ ……………… 1尾
- 塩 ……………… 適量
- 米 ……………… カップ4
- 水、だし汁 ……………… 各カップ2
- 日本酒、薄口醤油 …… 各大さじ2
- だし昆布（10×10cm）……… 1枚
- 銀杏、アサツキ ……………… 各適宜

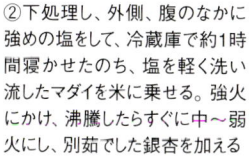

[作り方]
①鍋に、水、だし汁、醤油、酒（これらの合計は米と同量）と、だし昆布を入れる

②下処理し、外側、腹のなかに強めの塩をして、冷蔵庫で約1時間寝かせたのち、塩を軽く洗い流したマダイを米に乗せる。強火にかけ、沸騰したらすぐに中～弱火にし、別茹でした銀杏を加える

③20～25分で炊きあがり。火を止めて5分蒸らしたら、マダイを取り出し、骨を外して身をほぐす

④ご飯にほぐしたマダイの身を戻して全体を軽く混ぜ、小口切りにしたアサツキを散らして完成

ひゅうがめし

　ひゅうがめしとは、豊後水道に浮かぶ小島、日振島(ひぶりじま)を拠点とした伊予水軍に由来する愛媛県の郷土料理です。

　料理名は、日振がなまってひゅうがになったという説と、日向(宮崎県地方)伝来だからという説とがあり、たしかに宮崎県の郷土料理「冷や汁」にも似ています。

　魚の身を漬け込んだだし汁に、すりゴマや生卵を加えてごはんにかけるだけと、作り方は至って簡単。ごはんが炊けていれば火を使う必要がないので、船上で始まった漁師料理の延長線上にあるものといえるでしょう。

　アジを使うのが本当ともいいますが、地元の板前さんの話によると、魚はなんでもいいとのこと。ここではスズキを使ってみました。刺身が残ったときなどにおすすめの料理です。

[材料] 4人分
- 好みの魚の刺身 ······ 400～500g
- 卵 ································· 4個
- 熱々のごはん ············ 丼に4杯
- だし汁 ························ 600ml
- 醤油 ······················ 大さじ3～4
- みりん ······················· 大さじ2
- 万能ネギ ························· 適量
- 炒りゴマ ················ 大さじ4～6

[作り方]
①好みの魚をそぎ切りでやや薄めの刺身にする

②だし汁に醤油、みりん、日本酒を加え、タレを作る。これに刺身を30分ほど漬け込む

③みじん切りの万能ネギを加え、炒りゴマをすってたっぷりとかける。溶き卵を加えて完成。卵は全卵でも、黄身だけでもお好みで

イカめし

　ボート釣りでもおなじみのイカは、北海道で特によく獲れ、同地の郷土料理であるイカめしも全国区の人気です。なかでも、JR函館本線・森駅のイカめし弁当は有名です。

　胴長20センチ前後のものが身が軟らかくておいしいので、関東では、夏に釣れるマルイカが大きさ的にぴったり。

　なお、イカめしは、米を詰める前に胴のなかをきれいにするのがポイント。割り箸にキッチンペーパーを巻いたものを使うと、胴のなかの奥まできれいにできます。

さばき方は124ページ参照

[材料] 4人分
- 20センチ級マルイカ ············ 8尾
- うるち米、もち米 ········ 各カップ1
- 野菜(ニンジン、タケノコ、シイタケ、インゲンなど) ············ 各適量
- 日本酒、みりん、薄口醤油 ················ 各大さじ2
- 砂糖 ································ 適量
- ショウガ(10×10cm) ······· 適量

[作り方]
①なかに詰める米は、うるち米ともち米を半分ずつ。20センチ級のイカ8ハイに対して、米2合を目安にする。米はとぎ、野菜とゲソをみじん切りにする。野菜の量は、米の量に対して1/3程度

②足と内臓、軟骨を抜き、きれいに洗ったイカの胴に、米、野菜、ゲソをよく混ぜたものを詰め、爪楊枝で開口部をふさぐ。目一杯詰めると蒸している最中に破裂することがあるので、7～8割の量にする

③2を蒸し器に並べ、15～20分程度蒸す

④鍋にイカがひたひたになるくらいの煮汁(日本酒、みりん、薄口醤油が1:1:1。砂糖、ショウガを適量)を煮立て、蒸し上がったイカを入れ、落とし蓋をして15～20分程度煮れば完成。なかに詰めた米に煮汁の味が染み込むのがベストだが、味が物足りなければ、詰める前に野菜とゲソを甘辛く煮て、下味をつけてもいい

カサゴの味噌汁

魚と野菜の旨さをストレートに味わえる素朴な一品

さばき方は122、123ページ参照

1 最後に姿のままで盛りつける小ぶりのカサゴは、ウロコを取り、隠し包丁を入れて内臓とエラを処理したら、水洗いしたあとで薄く塩をして、30〜60分冷蔵庫で寝かせる

2 だし用のあらと雑魚はぶつ切りにし、水洗いしたら、姿のままのカサゴ同様、ごく薄く塩を施して冷蔵庫で寝かせる

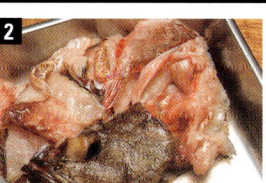

3 寝かせた姿のカサゴ、あらと雑魚を、沸騰した湯のなかで軽く湯通しする。その後、あらと雑魚は水洗いしてヌメリなどを取り除く

4 湯通ししたあらと雑魚を水から炊く。目安は、中火〜弱火で20分ほど。これらは味噌汁の具としても食べてもよいが、上品に仕上げる場合は取り除く。なお、炊いている間はアクが浮くので、これをまめにすくうこと

5 あらと雑魚の旨みが十分出たところにザク切りのネギ、分量のあわせ味噌、日本酒を入れる。味噌を入れたあとは、決して沸騰させないように注意する

6 湯通しした小ぶりのカサゴは、味噌汁のなかで2〜3分ほど火を通し、軽く味をなじませる。器に味噌汁を注いだあと、最後に姿のカサゴを崩さないように盛って出来上がり

刺身を作ったあとに残る頭や中骨などの魚のあらから取っただし汁に、いろいろな野菜を入れた味噌汁は、いかにも素朴な一品となります。白いご飯との相性もピッタリで、ついついお代わりがすすみます。

味噌汁は鍋にもつながる料理で、作り方次第ではちょっとしたご馳走にもなるもの。ぶつ切りにした魚を使うのは漁師風の一品ですが、小ぶりのカサゴを姿のまま椀に盛ると、豪華な感じに仕上がります。

ここでは、野菜を長ネギのみに限定し、カサゴの旨味と、さっぱりした長ネギの香りを味わいました。ただし、野菜の入れ方、使い方はお好み次第。大根、ゴボウなどの根菜類も味噌汁によく合います。

ぶつ切りにしたあらなどでだしを取る場合は、あらを多めに使ったほうがおいしいので、一緒に釣れた雑魚をぶつ切りにして入れてもよいでしょう。

[材料] 4人分
- 20センチ級カサゴ ……… 4尾
- 刺身などにしたあとのアラや雑魚のぶつ切り ……… 適量（だしをとるために使用）
- 長ネギ ……… 2本
- 田舎味噌と赤だし味噌 ……… 合計80〜100g（水の量によって調整）
- 日本酒 ……… 大さじ1

アジの水なます

イワシやアジなどを刻み、味噌や大葉を混ぜ込んで味を整えながら練るように仕上げた「なめろう」は、房州（千葉県）名物の漁師料理として有名です。イワシを使うと漁師風の素朴な味、アジを使うと少し上品な味と、使う魚によって違った味わいが楽しめます。イサキやタカベを使ってもおいしくできますし、複数の魚を混ぜてもいいでしょう。

さて、このなめろうを丸めて焼いたのが魚のハンバーグといった感じの「さんが」で、なめろうに氷水を注いで食べる冷や汁風のものを「水なます」（鱠とは魚の刺身を指す古語）といいます。

夏に食べる水なますは、忙しい船上で急いで食べる漁師の工夫で、炎天下の船の上で喉へ一気に通すと、この上ないご馳走となります。

さばき方は116ページ参照

[材料] 4人分

青もの各種	適量
（25センチ級アジの場合、4尾）	
長ネギ	1/2本
（タマネギ1/2個でも可）	
大葉	4枚
ショウガ	適量
味噌	適量
氷水	適宜

[作り方]

①魚は三枚におろして皮と腹骨を除き、適当な大きさの細切りにする。非常に細かくたたくのであれば、腹骨、血合い骨は除かなくても構わない

②細切りにした魚の身に、みじん切りにした長ネギと大葉、針ショウガ、味噌を加えてよく混ぜ、包丁でたたく。これでなめろうの完成。なめろうを丼に入れ、氷水を注げば水なますになる。水なますにする場合は、あまり細かくたたかないほうがよい

スミイカのスミ汁

寒い季節に旬を迎えるスミイカ（標準和名・コウイカ）は、釣り上げたときも料理するときも、そのスミの処理に悩まされるもの。このスミを余すことなく利用できるのが、地元では"白イカのお汁"と呼ばれる、沖縄名物の"スミ汁"です。

スミ汁作りの最大のコツは、弱火でじっくり炊き上げること。スミイカは強火で長く煮ると硬くなってしまうため、火加減には十分注意しましょう。

見た目がまっ黒なので、初めて見る人には抵抗があるかもしれませんが、高菜がスミのコクを引き立て、さっぱりした味に仕上がります。冷えた体を暖めるのにも最適な、風味豊かな一品です。

さばき方は124ページ参照

[材料] 4人分

700g級スミイカ	1杯
豚肉	250g
高菜もしくはからし菜	1/2束
だし昆布8×8cm	1枚
水	1リットル
塩	小さじ1
しょう油	少々

[作り方]

①包丁で吸盤をこそぎ取り、1本ずつに切り分けたゲソ（足）と、ゲソに太さを合わせた身やエンペラは、すべて5〜6センチに切る

②イカの量の1/2〜2/3の豚肉は、ひと口大に切る

③分量の水とだし昆布を鍋に入れて火にかけ、沸騰してきたら豚肉とイカを入れ、塩と少量の醤油で味を整える。その後、5分ほどでだし昆布だけ取り出し、アクをまめに取る

④たえず弱火にして1〜2時間煮込み、最後に刻んだ高菜を入れる。その後、スミ袋からイカスミ絞り入れ、5分ほど煮て完成

レシピ集

鍋物・ご飯物・汁物

マダイの潮汁

　魚料理のなかでも人気の高い潮汁は、濁りのない仕上がりにしたいもの。濁ると生臭さも出てしまうので、以下の注意点を守りましょう。

1. ベタ塩にして30分置いてから湯通しする
2. すぐに流水でよく洗い、ぬめりや汚れを取る
3. 分量の水とともに、水の段階からとろ火で炊く。決して火を強めず、沸騰させない
4. アクはマメにすくい取る

　これら4点を守れば、美味で透き通った潮汁を作ることができます。

さばき方は118、123ページ参照

[材料] 4人分
- 3キロ級マダイのあら………… 1尾分
- 塩(ベタ塩用)………… カップ2/3と小さじ1
- 水………… 1リットル
- だし昆布(8×8cm)………… 1枚
- 塩(味付け用)………… 適量
- 日本酒………… 大さじ1
- 醤油………… 小さじ1.5
- 三つ葉………… 適量
- ユズ皮………… 適量

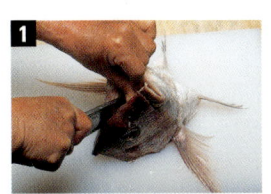

[作り方]

①二つに割った頭と中骨をひと口大に切り分け、強塩(ベタ塩)をし、30分置いたら30秒程度湯通しする

②湯通しを終えたら、すぐに流水で洗い、ぬめりや血などの汚れを落とす

③だし昆布とともに分量の水から火にかけ、絶対に沸騰させず、90度の湯温を保ってとろ火で30分炊く。昆布は10分ほどで取り出し、アクはマメにすくい取る。塩で好みの濃さに味付けし、日本酒と醤油は火を止める少し前に入れて味をみる。椀に注いだら三つ葉、ユズ皮を浮かせて出来上がり

マコガレイのあらで作る味噌汁

　マコガレイはカレイの仲間でもっとも美味とされます。産卵直後は身が痩せ、味も落ちますが、初夏のころはすっかり回復し、肉厚になります。白身で淡白なわりには脂の乗りもよく、冬のヒラメと優劣がつけがたいほどで、新鮮な身を薄造りにすると、透き通ったプリプリの身の旨さは最高です。

　さて、刺身にした際に残った頭や骨など、マコガレイのあらを味噌仕立ての汁にすると、上質なだしが出て、さっぱりとした上品な旨さが味わえます。

　ここではマコガレイの味を最大限に引き出すため、田舎味噌と粗みじんに切った万能ネギだけを入れたシンプルなものにしましたが、好みに応じて、ニンジンや大根などの根菜類を自由に入れても構いません。

さばき方は121、123ページ参照

[材料] 4人分
- 40センチ級マコガレイのあら………… 1尾分
- 水………… 1リットル
- 田舎味噌………… 70g
- 万能ネギ………… 3本

[作り方]

①さっぱりと仕上げるため、ひと口大に切ったあらを一度湯通しし、流水で洗っておく

②水を入れた鍋にあらを移したら、中火にかけてアクを取りながら10分ほど炊き、沸騰してきたら田舎味噌を溶き入れる

③再び沸騰してきたら、すぐに万能ネギを入れて火を止める

ボート釣りで出合う魚たち、全175種のプロフィール

釣魚図鑑

ボート釣りではさまざまな魚に出合います。
日本近海には数千種の魚が生息しており、そのうち釣りで出合う魚はおそらく500種あまりでしょう。
おなじみの魚も多いと思いますが、珍しい魚に出合うと、
「これはなんという魚？」「この魚はおいしいの？」といった疑問を持つこともあるでしょう。
魚を知ることは釣り人には欠かせません。
そして、知るほどに釣りの楽しさも増し、
アフターフィッシングもより充実したものになるはずです。

● この図鑑の使い方

魚の種別は、目（もく）、科（か）、属（ぞく）に分類されていますが、まったく違う種でも、似たような呼び名がつけられていたり、地方名や通称名があったりと、混乱することも多いかと思います。本欄では、同じ海域、同じ釣り方で釣れる魚を「なかま」としてまとめ、それぞれに種名（標準和名）と目、科、属を明記しました。なお、生息域は釣りによる記録に基づいており、大きさはその魚の最大とされる値を記しています。

なお、この図鑑には、イカ、タコ類は収録していません。それぞれの釣り方のページに記載した「魚図鑑」をご覧ください。

クラカケトラギス
[スズキ目 トラギス科 トラギス属]

■地域名：イシブエ（和歌山）、オキハゼ（高知）、トラハゼ（大阪） ■分布：千葉県、新潟県以南、以西。水深15〜70メートルの砂地底 ■大きさ：25センチ。やや深い海域にも生息し、アマダイ釣りでも出合う ●体の模様と色は虎に似る。天ぷら、フライは美味

アオギス
[スズキ目 キス科 キス属]

■地域名：ヤギス（東京湾）、カラカサ、ロウソク（徳島） ■分布：かっては東京湾、伊勢湾などにも生息していたが、近年は大分県の北部のみでしか生息が確認されていない。シロギスより浅い、沿岸の干潟を形成する海域におもに生息 ■大きさ：40センチ

キス、コチのなかま

通称キスは、釣りでもっともおなじみのシロギスを指す。シロギスを含むキス科の魚は日本で4種しかいない小グループ。トラギスは、キスとはつくものの、45種以上のやや大きなグループを形成するトラギス科の魚。通称メゴチと呼ばれるネズッポ科と、マゴチなどが属するコチ科は、大きさはともかく形は似ているが、それぞれスズキ目とカサゴ目に分かれ、まったく異なる種だ。ここでは、比較的近い海域で釣れる魚を一つのなかまとして紹介する。

オキトラギス
[スズキ目 トラギス科 トラギス属]

■地域名：イシブエ（和歌山） ■分布：千葉県、新潟県以南、以西。やや沖合の水深45〜80メートルの砂地底 ■大きさ：18センチ ●体色は赤味を帯び、体側に9本の褐色の横帯が入る。近似種のアカトラギスは体側の横帯が黄色で5本

トラギス
[スズキ目 トラギス科 トラギス属]

■地域名：イシブエ（和歌山）、イモハゼ（広島） ■分布：千葉県、新潟県以南、以西。水深10〜40メートルの砂地底 ■大きさ：20センチ ●トラギス属の標準種で、同属のなかでは比較的浅い海域に生息。顔の青い模様の形が、虎の模様に似ているのでこの名がある

シロギス
[スズキ目 キス科 キス属]

■通称名：キス ■地域名：キスゴ（西日本）、アカギス（徳島） ■分布：北海道南部以南の各地の沿岸。水深1〜50メートル程度の砂地底に少数の群れを作り回遊 ■大きさ：35センチ ●イソメ、小エビ類を食べる。夜や危険を感じた場合は砂に潜る。食味は美味

キス、コチのなかま ● マダイ、イサキ、ハタなどのなかま

ハナメゴチ
[カサゴ目 コチ科 ハナメゴチ属]

■分布：千葉県以南、以西。水深50～200メートルの砂地～砂礫地の底に生息。コチ科ではもっとも沖の深場に生息し、オニカサゴ（イズカサゴ）やアマダイ釣りでときおり釣れる ■大きさ：45センチ ●体形はやや薄く、顔の両脇のトゲが鋭い。イネゴチにやや似る

ヨメゴチ
[スズキ目 ネズッポ科 ネズッポ属]

■地域名：セキレン（高知）、キジノオ（駿河湾）、コチ（富山） ■分布：千葉県以南、以西。水深15～100メートルの砂地底 ■40センチ ●ネズッポの仲間のなかでは大型に育つ。瀬戸内にやや多く生息するが、関東では稀種。尾ビレがかなり大きく、けっこう美味

ネズミゴチ
[スズキ目 ネズッポ科 ネズッポ属]

■通称名：メゴチ（東日本）、ノドグサリ（西日本） ■地域名：ネズッポ（神奈川）、テンコチ（兵庫） ■分布：本州以南、以西の沿岸。水深2～50メートルの砂地底 ■大きさ：25センチ。ネズッポ属としてはやや大型 ●天ぷらが美味なメゴチとして高値で取り引きされる

マダイ、イサキ、ハタなどのなかま

マダイが属するタイ科の魚は13種しか存在せず、ほかの○○ダイと名づけられた魚たちは、鯛の名にあやかって名づけられたもの。イサキも日本近海にはそれほど多くはないが、世界的に見ると150種以上にも上る大グループを形成する。ハタ類も非常に大きなグループを形成するが、ここではマハタに近い種を取り上げた。この項で紹介する魚の大半は食味がよく、産業重要種も多い。

マゴチ
[カサゴ目 コチ科 コチ属]

■通称名：コチ ■地域名：ホンゴチ（和歌山）、シラゴチ（明石） ■分布：千葉県、新潟県以南、以西。水深5～40メートルの砂地底 ■大きさ：65センチ。コチ属では大型に育つ ●もっとも沿岸に寄る初夏～盛夏の産卵期が旬。生け締めしてすぐの薄造りは美味

トビヌメリ
[スズキ目 ネズッポ科 ネズッポ属]

■通称名、地域名：ネズミゴチに準じ、混称される ■分布：千葉県以南、以西。水深3～30メートルの砂地底 ■大きさ：23センチ ●東日本のメゴチと呼ばれる種のなかではかなり多く出合う。顔の下側の青と黄色の線模様（オスのみ）が美しい。ネズッポ同様、美味

マダイ
[スズキ目 タイ科 マダイ属]

■通称名：タイ（全国）、ホンダイ（関西、西日本） ■地域名：ハンツキ（瀬戸内）、チャリコ（関西） ■分布：沖縄を除く全国。水深10～300メートルの岩礁周りなど ■大きさ：100センチ ●日本を代表する魚で、慶事などに多く使う。全国的に地域名が少ない、タイ類の代表

イネゴチ
[カサゴ目 コチ科 イネゴチ属]

■通称名：ワニ、ワニゴチ ■地域名：メゴチ（瀬戸内の一部） ■分布：千葉県以南、以西。水深10～50メートルの砂地底 ■大きさ：55センチ ●マゴチに混ざって釣れるがやや沖合に多い。口、目が大きく、ワニゴチに似るので混称されている。けっこう美味

ヌメリゴチ
[スズキ目 ネズッポ科 ネズッポ属]

■通称名、地域名：ともにネズミゴチに準じ、混称される ■分布：東北地方以南、以西。水深15～100メートルの砂地底。やや外洋に多い ■大きさ：20センチ ●ネズッポ属は雌雄でヒレの模様、形が異なり、体色も微妙に異なるのが特徴

チダイ
[スズキ目 タイ科 チダイ属]

■別名：ハナダイ（東日本） ■地域名：エビスダイ（西日本）、チゴダイ（四国、九州） ■分布：マダイに準じるが、あまり深い海域には生息しない。やや変化ある砂地底にも群る ■大きさ：40センチ ●マダイによく似るが、尾ビレの縁が黒くないので区別は容易

メゴチ
[カサゴ目 コチ科 メゴチ属]

■分布：千葉県以南、以西。水深10～100メートルの砂地底 ■大きさ：35センチ。コチ科のなかではやや小型の種 ●ネズッポ属の通称メゴチと呼び名は混乱しがちであるが、本種が標準和名でメゴチと呼ぶコチの仲間。相模湾などでよく出合う。味はマゴチより劣る

ヤリヌメリ
[スズキ目 ネズッポ科 ネズッポ属]

■通称名、地域名：ともにネズミゴチに準じ、混称される ■分布：北海道以南、以西。水深5～70メートルの砂地底 ■大きさ：25センチ ●ネズミゴチに似るが背ビレが長く、釣り上げると異臭を発する。頭のトゲが槍状に尖る。匂いのため味は劣る

イスズミ
[スズキ目 イスズミ科 イスズミ属]

■地域名：ハトウオ（東京）、オサベ（和歌山）
■分布：千葉県以南、以西。沿岸近くの岩礁域　■大きさ：65センチ　●メジナにやや似るが、ウロコにある模様により、細い縦帯模様が目立つ。本稿で紹介する魚のうちでは、磯臭さが強く、まずいとされる

イシダイ
[スズキ目 イシダイ科 イシダイ属]

■地域名：ハス（関西）、サンバソウ（関西で幼魚）、シマダイ（全国で幼魚）　■分布：日本各地の水深5～70メートルの岩礁域　■大きさ：70センチ　●磯釣りの対象魚だが、近年は船釣りのほうがよく釣れる。幼魚ほど体側の縞模様が鮮やか

キダイ
[スズキ目 タイ科 キダイ属]

■別名：レンコダイ（全国）　地域名：レンコ（関西）、ベンコダイ（四国）　■分布：千葉県、新潟県以南、以西。水深50～100メートルの砂泥～砂礫地底。内海には少ない　■40センチ　●マダイに似るが体色が黄色みを帯び、チダイより体高がある。オスの老成魚は頭が武骨

イサキ
[スズキ目 イサキ科 イサキ属]

■別名：ウリンボ（幼魚）　■地域名：イサギ、イセギ（静岡ほか）、イッサキ（九州）　■分布：千葉県以南、以西から九州西岸。水深10～80メートルの岩礁域　■大きさ：55センチ　●初夏のころに産卵で浅い岩礁域に群れる。そのころが旬となり美味。夜間は上層に上がる

イシガキダイ
[スズキ目 イシダイ科 イシダイ属]

■別名：クチジロ（全国で老成魚）　■地域名：ササヨ（関東）、アナベ（和歌山）　■分布：千葉県以南、以西。沿岸近くの岩礁域　■大きさ：75センチ　●習性などはイシダイに似るが、生息域はやや南方系。体側の斑模様は若魚ほどはっきりしている。成魚は口が白い

クロダイ
[スズキ目 タイ科 クロダイ属]

■別名：チヌ　■地域名：カイズ（関東）、チンチン（関東）　■分布：沖縄を除く全国。水深5～60メートルの浅海域を好み、内海にも多い　■大きさ：60センチ　●体形はマダイに似るが体色が黒くこの名がついた。幼魚は当初オスでその後は雌雄同体、成魚は雌雄に分かれる

コショウダイ
[スズキ目 イサキ科 コショウダイ属]

■地域名：コロダイ（関西）、エゴダイ（静岡）、ギジ（東伊豆）　■分布：千葉県以南、以西の沿岸。岩礁域から付近の砂礫地底　■大きさ：65センチ　●イサキのように岩礁域に大きな群れを作ることは少ない。かなり美味で、高級料理にも使われる

メジナ
[スズキ目 メジナ科 メジナ属]

■別名：グレ（おもに西日本）　■地域名：クチブト（おもに関西）、クロ（九州）　■分布：北海道以南、以西の沿岸。岩礁周り。やや沖のマダイ釣りなどでも出合う　■大きさ：55センチ　●磯釣りで人気の魚。やや磯臭さがあるが、けっこう美味で、魚屋の店頭にも並ぶ

キチヌ
[スズキ目 タイ科 クロダイ属]

■別名：キビレ（全国）　■分布：クロダイに準じるが西日本に多い　■大きさ：50センチ　●クロダイによく似るが、ヒレが黄色みを帯び、とくに尾ビレ、臀ビレの黄色みが強い。クロダイ同様の性転換をする

シマイサキ
[スズキ目 シマイサキ科 シマイサキ属]

■地域名：シャミセン（和歌山）、キツネ（福岡）、タカバ（石川）　■分布：千葉県以南、以西の沿岸。浅い砂地底のほか、大きな河川の汽水域にも入る　■大きさ：33センチ　●口先は尖るが、体形がイサキにやや似ているためこの名があるが、分類上はまったくの別種

クロメジナ
[スズキ目 メジナ科 メジナ属]

■別名：オナガ（全国）、オキメジナ（関東）、オナガグレ（おもに関西）　■分布：千葉県以南、以西。沿岸からやや沖の岩礁周り　■65センチ　●メジナに似るが体形はやや長く、とくに尾ビレの付近は伸びる。エラ縁が黒いのがクロメジナ

ヘダイ
[スズキ目 タイ科 ヘダイ属]

■地域名：コキダイ（浜名湖）、シラタイ（和歌山）、セダイ（下関）　■分布：千葉県以南、以西。水深30～70メトルの砂礫地帯。生息数は西日本のほうが圧倒的に多い　■45センチ　●クロダイに似るが体形は丸みを帯びる。ウロコに黒点模様があり、細かな線模様に見える

ハナダイ、タナゴ、イシモチなどのなかま

ここに挙げたハナダイ類とは、正式にはハタ科の魚で、そのなかでも鮮やかな色彩の小型魚が中心。マダイの仲間である通称ハナダイとは異なる。イシモチ類とは、ネンブツダイなどの小型魚のグループで、一般名でイシモチと呼ばれるニベ科とはまったく違う仲間。ただし、呼び名を混同しがちなので、あえてニベ科の魚もひとまとめに紹介する。

クエ
[スズキ目 ハタ科 マハタ属]

■地域名：モロコ（関東、静岡）、アラ（九州）、マス（紀州） ■分布：千葉県以南、以西。沿岸から沖合の険しい岩礁域 ■大きさ：130センチ ●ハタ類には美味な魚が多いが、本種はとくに美味。相撲界では、ちゃんこの材料としてアラと呼び、もっとも高級な種

コトヒキ
[スズキ目 シマイサキ科 コトヒキ属]

■地域名：シャミセン（和歌山）、イノコ（山口） ■分布：千葉県以南、以西から沖縄県。習性はシマイサキに似て、汽水気にも入る ■大きさ：30センチ ●群れを作って鳴き合う音が琴の音に似るのでこの名がある。近似のヒメコトヒキは、背模様が直線

アカイサキ
[スズキ目 ハタ科 アカイサキ属]

■地域名：アカイセキ（高知）、オタマ（三重） ■分布：関東以南、以西。太平洋岸、水深50〜150メートルの岩礁域 ■大きさ：50センチ。メスは25〜30センチ程度 ●メスは成長するとオスに性転換する。体色は、メスは赤みが強く、オスは派手な黄色みを帯びる

アオハタ
[スズキ目 ハタ科 マハタ属]

■地域名：モロコ（八丈）、アラ（九州） ■分布：千葉県、新潟県以南、以西。沿岸近くの岩礁域 ■大きさ：60センチ。マハタ属では小型種 ●各地でマハタ属の地域名は混称され、とくに九州ではハタ類の良型、大型をアラと呼ぶことが多い

スズキ
[スズキ目 スズキ科 スズキ属]

■地域名：マダカ（中部）、ハネ（関西） ■分布：日本各地。沿岸、岩礁付近や内海、汽水域の、構築物周りを好む ■大きさ：100センチ ●セイゴ（小型）、フッコ（中型）と、成長の過程で名が変わる。近年はシーバスとも呼ばれ、ルアー釣りの対象魚として人気

ヒメコダイ
[スズキ目 ハタ科 ヒメコダイ属]

■別名：アカボラ ■分布：千葉県以南、以西。やや沖合で水深50〜100メートルの砂地底 ■大きさ：25センチ ●アマダイ釣りの際によく出合う小魚。小型魚だが、かなり美味

アカハタ
[スズキ目 ハタ科 マハタ属]

■地域名：アカバ（伊豆諸島）、アラ（九州） ■分布：千葉県以南、以西から沖縄県。沿岸に近い岩礁域 ■大きさ：55センチ ●体色が鮮やかな赤色。南方に生息するものは体側に白色斑と褐色斑が混ざる。けっこう美味だが、マハタの仲間ではやや味が劣る

ヒラスズキ
[スズキ目 スズキ科 スズキ属]

■地域名：モス ■分布：千葉県以南、以西。沿岸からやや沖合の岩礁周り ■大きさ：100センチ ●スズキに似るが、やや体高があり、尾ビレの切れ込みが少ない。釣り場は外海に面した荒磯がおもで、スズキのように内海には入らない。けっこう美味

カスミサクラダイ
[スズキ目 ハタ科 イズハナタイ属]

■別名：アカボラ ■分布：ヒメコダイに準じるが、相模湾では本種のほうが少ない ■大きさ：18センチ ●本種もアマダイ釣りでおなじみの外道魚。本種とヒメコダイ、アズマハナダイの3種をアカボラと呼ぶ

キジハタ
[スズキ目 ハタ科 マハタ属]

■地域名：アコウ（九州）、アコ（西日本）、アカアラ（関西）、クエ（西日本）、マス（三重） ■分布：東北地方以南、以西。沿岸近くの藻が茂る岩礁域。日本海に多い ■大きさ：45センチ ●堤防釣りでもねらえ、大変美味なので人気が高い

マハタ
[スズキ目 ハタ科 マハタ属]

■別名：カンナギ（老成した大型） ■地域名：アラ（九州）、クエ（九州）、モロコ（伊豆諸島） ■分布：北海道南部以南、以西。水深10〜200メートルの岩礁域 ■大きさ：150センチ ●若魚ほど体側の横縞がくっきりしている。ヒレの周りが白い。大型はクエ、モロコと混称

クロホシイシモチ
[スズキ目 テンジクダイ科 テンジクダイ属]
- ■通称名：イシモチ　■分布：ネンブツダイに準じる　■大きさ：10センチ　●ネンブツダイに近い海域に群れ、ときに両魚が混ざって群れることもある。体色も似ているが、目の上の模様が違い、本種のほうがやや黒味が強いものもいる

シキシマハナダイ
[スズキ目 シキシマハナダイ科 シキシマハナダイ属]
- ■地域名：ハナムロ　■分布：千葉県以南、以西の沿岸。水深40～100メートルの岩礁近く　■大きさ：30センチ　●やや深い海域のマダイやイサキねらいの折に釣れる。産卵期のオスはヒレが黄色く、鮮やかな婚姻色を呈する。けっこう美味

アズマハナダイ
[スズキ目 ハタ科 イズハナダイ属]
- ■別名：アカボラ　■分布：ヒメコダイに準じるが、水深150メートル程度の岩礁近くでも釣れる　■大きさ：17センチ　●アマダイ釣りの際にも釣れるが、ヒメコダイより少ない。アカボラと呼ぶ3種の魚のうちでは一番味が劣る

コスジイシモチ＆オオスジイシモチ
[スズキ目 テンジクダイ科 テンジクダイ属]
- ■通称名：スジイシモチ　■分布：千葉県以南、以西の各地。ネンブツダイと同じところに群れる　■大きさ：13センチ　●両種はよく似るが、コスジイシモチは体側の縦帯が7本なのに対し、オオスジイシモチは4本なので区別は容易

ウミタナゴ
[スズキ目 ウミタナゴ科 ウミタナゴ属]
- ■地域名＝コモチダイ　■分布＝北海道中部以南の各地　■大きさ＝25センチ　●ウミタナゴ属は、2007年の学会で、ウミタナゴ、マタナゴ、アオタナゴ、アカタナゴの4種に分類し直された。いずれも浅場に棲息し、5ミリ前後の子魚を直接生む卵胎生

サクラダイ
[スズキ目 ハタ科 サクラダイ属]
- ■通称名：キンギョ　■地域名：ウミキンギョ、オドリコダイ（和歌山）、オキイトヨリ（長崎）　■分布：千葉県以南、以西の沿岸。岩礁周り。春～夏にマダイやイサキの集まる海域に多く群れる　■大きさ：20センチ　●メスからオスに性転換し、体側の模様も変わる

シログチ
[スズキ目 ニベ科 シログチ属]
- ■一般名：イシモチ　■地域名：グチ（西日本）　■分布：東北以南、以西の沿岸。水深15～130メートルの砂地底　■大きさ：40センチ　●かつて、この魚の標準和名がイシモチだったこともあり、一般名として今も通用する。水っぽいので高級かまぼこの材料に使われる

オキタナゴ
[スズキ目 ウミタナゴ科 オキタナゴ属]
- ■地域名：コモチダイ　■分布：北海道以南、以西。沿岸。ウミタナゴよりやや沖合に生息するので、この名がある　■大きさ：18センチ　●ウミタナゴに似るが、体高が低い。体色の違いはあまり見られず、銀色がかった褐色

キンギョハナダイ
[スズキ目 ハタ科 ナガハナダイ属]
- ■通称名：キンギョ　■地域名：ウミキンギョ（高知）　■分布：千葉県以南、以西から沖縄県。沿岸近くからやや沖の岩礁付近　■大きさ：20センチ　●本種もメスからオスに性転換する。群れはメスが中心で、オスが欠けると強いメスがオスに変わる変わった魚

ニベ
[スズキ目 ニベ科 ニベ属]
- ■一般名：イシモチ　■地域名：クログチ、グチ（西日本）　■分布：シログチに準じるが、本種のほうがより沿岸の浅い海域に生息。サーフの釣りの対象となるイシモチは本種　■50センチ　●シログチに比べ身がしっかりしており、刺身などが美味

ネンブツダイ
[スズキ目 テンジクダイ科 テンジクダイ属]
- ■通称名：イシモチ　■分布：千葉県以南、以西の沿岸。水深5～100メートルの岩礁域に大きな群れを作る　■大きさ：10センチ　●テンジクダイの仲間は、頭に大きな耳石を持つので、イシモチと呼ばれる。通常、食用にはしないが、から揚げなどにするとけっこう美味

ナガハナダイ
[スズキ目 ハタ科 ナガハナダイ属]
- ■地域名：ヒメコダイ　■分布：千葉県以南、以西の沿岸。岩礁域に群れを作る　■大きさ：20センチ　●キンギョハナダイに似るが、背ビレの第2棘（きょく）が伸びる。キンギョハナダイは第3棘が伸びる。本種もメスの群れのなかの強いものが順にオスとなる

フエダイ、フエフキダイなどのなかま

フエダイ科は世界で100種以上、フエフキダイ科は70種近くおり、ともに大きなグループで、やや南方系の魚が多い。けっこう美味な魚、産業重要種も多い。フエダイ科の魚は日本にもかなり生息しており、市場でもよく見かける。フエダイ科をかってタルミ科としていた研究者もおり、また、チビキ科という科もあったほどで、分類は複雑。現在はハチビキ科が残っている。

ウメイロ
[スズキ目 フエダイ科 アオダイ属]

■別名：オキタカベ　■地域名：ウグイス（和歌山）、ウメロ（土佐）　■分布：相模湾以南、以西。外洋の水深30～100メートルの岩礁域に、ときに大きな群れを作る　■大きさ：45センチ　●青い魚体にウメが熟したような黄色が入るのでこの名がある

オオニベ
[スズキ目 ニベ科 オオニベ属]

■分布：南日本以南、以西の外海　■大きさ：80センチ　●ニベ科のなかでもっとも大型に育つ。宮崎県の沖が釣り場として有名。身がしっかりしてかなり美味

ハマダイ
[スズキ目 フエダイ科 ハマダイ属]

■別名：オナガ、オナガダイ　■地域名：アカチビキ（和歌山）、ハイジ（高知）　■分布：千葉県以南、以西から沖縄県。外洋の水深100～500メートルの岩礁域　■大きさ：100センチ　●尾ビレの先端が長く伸びるのでオナガと呼ぶ。多く獲れる沖縄県では最高の魚とされる

ヒメダイ
[スズキ目 フエダイ科 ヒメダイ属]

■通称名：オゴ、オゴダイ（関東、伊豆）、チビキ　■地域名：チイキ（高知）　■分布：千葉県以南、以西から沖縄県。外海の水深30～100メートルの岩礁域に群れる　■大きさ：45センチ　●関東では伊豆諸島に多く生息。近似種にオオヒメ、キンメヒメダイがいる

クロニベ
[スズキ目 ニベ科 クロニベ属]

■地域名：メイコ（駿河湾）　■分布：駿河湾付近以南、以西。水深70～120メートルの砂地～砂礫質底地　■大きさ：50センチ　●やや大型に育つ種で、駿河湾では時折釣れる。見た目はシログチに似るが、エラ蓋にある黒斑がなく、尾ビレの先がやや尖る。かなり美味

ハナフエダイ
[スズキ目 フエダイ科 ヒメダイ属]

■別名：ハナチビキ　■分布：千葉県以南、以西から沖縄県。外洋の水深50～150メートルの岩礁近く　■大きさ：40センチ　●関東方面では稀種であるが、奄美～沖縄海域に多く、市場でもよく見かける。美味

アオダイ
[スズキ目 フエダイ科 アオダイ属]

■地域名：アオゼ（静岡）、ウメイロ（高知）　■分布：伊豆諸島以南、以西から沖縄。外海の、水深50～150メートルの岩礁域　■大きさ：60センチ　●体形はマダイ型で、体色が青いのでこの名がある。死後、時間が経過すると褐色となる。大変美味

スズメダイ
[スズキ目 スズメダイ科 スズメダイ属]

■地域名：オセン（和歌山）、ネコノヘド（神奈川）　■分布：東北以南、以西の各地の沿岸。水深5～30メートルの岩礁域に群れる　■大きさ：10センチ　●一般には食用にしないが、福岡では鮮魚店にも並び、これをひと干しして焼いた料理「あぶってかも」が有名。美味

タカサゴ
[スズキ目 タカサゴ科 クマササハナムロ属]

■通称名：グルクン　■地域名：アカムロ（高知）、ハナムロ（九州）　■分布：紀伊半島南部以南、以西から沖縄の沿岸。水深20～50メートルの岩礁域、珊瑚礁域　■大きさ：25センチ　●沖縄県の県魚。同地では産業重要種で、市場にたくさん並ぶ。死後、赤くなる

シマアオダイ
[スズキ目 フエダイ科 アオダイ属]

■分布：アオダイに準じるが生息数はかなり少ない　■大きさ：60センチ　●アオダイによく似るが、生きているときは体側に3本の横縞白帯がくっきりしている。死後、時間が経過すると縞模様は薄くなり、アオダイと区別しにくくなる。大変美味

オヤビッチャ
[スズキ目 スズメダイ科 オヤビッチャ属]

■地域名：アブラウオ　■分布：千葉県以南、以西から奄美の沿岸。岩礁や堤防周り　■大きさ：10センチ　●体形はスズメダイに似るが、釣り上げたときの印象はイシダイの幼魚と間違う。近似のロクセンスズメダイは尾ビレにも黒色の暗色帯が入る

アジ、サバなど青もののなかま

アジ類は世界で200種以上いて、ブリやカンパチもこの仲間に入る。サバ類も世界には50種以上存在し、マグロ類など大型になる魚たちも含まれる。一般にもなじみ深く、産業上でも重要種とされるものがたくさんいる。釣りでおなじみの魚も多いが、意外に似ている種もおり、釣り人でも、アレッ? と思うものがいるはず。シイラ、イワシ類なども含め、ここでは俗に青ものと呼ばれる魚たちをまとめた。

シロダイ
[スズキ目 フエフキダイ科 メイチダイ属]

■地域名：シルイユー（沖縄）　■分布：南日本以南、以西の沿岸。水深15～50メートルの岩礁、珊瑚礁域　■大きさ：60センチ　●体色が白みを帯びたタイ型なのでこの名がある。ただし、メイチダイやタマメイチのほうが体色の白みがより強く、本種は黒点が散る

ハチビキ
[スズキ目 ハチビキ科 ハチビキ属]

■通称名：アカサバ（関東）　■地域名：チビキ　■分布：千葉県以南、以西から沖縄県。水深100～300メートルの岩礁周り　■大きさ：80センチ　●深い海域の釣りで出合う。ヒキが強烈で釣り味はよいが、食味はやや劣る。身の色もマグロのように赤い

マアジ
[スズキ目 アジ科 マアジ属]

■一般名：アジ（全国）　■通称名：ジンタ（関東で幼魚）　■地域名：ヒラアジ（関西）、アカアジ（広島、和歌山）、メダマ（東京）　■分布：日本全域。沿岸からやや沖の、水深2～150メートルの岩礁周り　■大きさ：60センチ　●キアジ、シロアジ、クロアジと分けられる

フエフキダイ
[スズキ目 フエフキダイ科 フエフキダイ属]

■通称名：タマミ　■地域名：クチビ（関西）　■分布：伊豆諸島以南、以西の沿岸。岩礁域　■大きさ：50センチ　●フエフキダイ属の標準種。全国的に生息数は少なく、ハマフエフキの方が普通に見られる。口先が尖る。けっこう美味

ローソクチビキ
[スズキ目 ハチビキ科 ローソクチビキ属]

■分布：千葉県以南、以西の外洋。水深50～150メートルの岩礁域。中層も回遊する　■大きさ：35センチ　●ハチビキに似るが、小型。漁業者でもハチビキの子魚という人がいるぐらい似ている。体色は若干淡い赤色

マルアジ
[スズキ目 アジ科 ムロアジ属]

■通称名：アオアジ（おもに東日本）　■地域名：マル（関西）　■分布：関東以南、以西の沿岸。おもに岩礁周りに群れるが、砂地の海域にも回遊　■大きさ：35センチ　●マアジ同様、白いもの、青みが強いものなど個体差がある。幅があるものはマアジに見間違える

ハマフエフキ
[スズキ目 フエフキダイ科 フエフキダイ属]

■地域名：クチビ（関西）、メイチ（高知）、タマン（沖縄）　■分布：千葉県以南、以西の沿岸。水深5～50メートルの岩礁域　■大きさ：50センチ　●フエフキダイに似るが、体側に青色の薄い線状の模様が入るので区別は容易。けっこう美味

メイチダイ
[スズキ目 フエフキダイ科 メイチダイ属]

■地域名：メダイ　■分布：千葉県以南、以西の沿岸。水深10～50メートルの岩礁域　■大きさ：60センチ　●目を横切る黒色の帯模様が1本入るのでこの名があるが、成魚はこれが薄れる。やや磯臭いが、けっこう美味

ムロアジ
[スズキ目 アジ科 ムロアジ属]

■通称名：ムロ（ほかのムロアジ属も総称した呼び名）　■地域名：マムロ（和歌山）　■分布：千葉県以南、以西。沿岸から外洋。中層を中心に上層まで群れる　■大きさ：60センチ　●体側の黄線が目立つ。近似種にモロ（やや緑色）、クサヤムロ（体側の縦線が青色）がいる

アミフエフキ
[スズキ目 フエフキダイ科 フエフキダイ属]

■地域名：クチビ　■分布：千葉県以南、以西の沿岸。水深10～50メートルの岩礁域や砂礫地底　■大きさ：35センチ。同属としては小型種　●背ビレの第3棘（きょく）がやや伸びる。フエフキの仲間はオオフエフキ、ホオアカクチビなど多彩な種がいて、同定が難しい魚たち

タマメイチ
[スズキ目 フエフキダイ科 メイチダイ属]

■通称名：シロダイ　■分布：伊豆諸島以南、以西から沖縄の沿岸。水深10～50メートルの岩礁、珊瑚礁域　■大きさ：60センチ　●沖縄ではシロダイと区別しないで扱われることもある。かなり美味

釣魚図鑑

- フエダイ、フエフキダイなどのなかま
- アジ、サバなどのなかま

ヒラマサ
[スズキ目 アジ科 ブリ属]
■地域名：ヒラス（西日本）、ヒラソ（山陰）　■分布：北海道以南、以西の各地の外洋に面した沿岸や沖合、水深30〜70メートルの岩礁近くを回遊　■大きさ：180センチ　●ブリに非常に似ている魚で区別しにくい。上顎の後端の上角が丸いのがヒラマサ。ブリは角

ナンヨウカイワリ
[スズキ目 アジ科 ヨロイアジ属]
■地域名：ヒラアジ（各地）、ヒラガーラ（沖縄）　■分布：伊豆諸島以南、以西。外洋に面した岩礁周り　■大きさ：80センチ　●体形はカイワリよりも、俗にヒラアジ形と呼ばれる魚に似る。ヒレ先が長く伸びる。カイワリは大変美味だが、本種はかなり劣る

オアカムロ
[スズキ目 アジ科 ムロアジ属]
■通称名：オアカ　■地域名：アカムロ（和歌山、四国）、アカアジ（鹿児島）　■分布：千葉県以南、以西。沿岸からやや沖合。中〜下層を回遊　■大きさ：40センチ　●体形はムロアジに近いが尾ビレが赤い。体形がマアジに近くて尾が赤いのは別種のアカアジ

ツムブリ
[スズキ目 アジ科 ツムブリ属]
■地域名：オキブリ（三重）、マルハマチ（和歌山）　■分布：千葉県以南、以西から世界の暖海。おもに中〜上層を広く回遊　■大きさ：150センチ　●ブリ、ヒラマサに似るが、頭がスマートで尾ビレも長い。体側には黄色と青の縦帯模様が入る。ブリより味は劣る

ギンガメアジ
[スズキ目 アジ科 ギンガメアジ属]
■通称名：メッキ（カスミアジなど含む、同属の若魚の総称）　■地域名：ヒラアジ（各地）　■分布：紀州南部以南、以西。沖縄の外洋　■大きさ：80センチ　●本来、亜熱帯〜熱帯に生息するが、若魚は黒潮に乗って本州各地に到達。温暖化で越冬するものもいるようだ

メアジ
[スズキ目 アジ科 メアジ属]
■地域名：カメアジ（和歌山）、トッパクアジ（高知）　■分布：千葉県以南、以西の沿岸。岩礁付近や、その近くの砂地底付近を回遊　■大きさ：30センチ　●マアジに似るが体高があり、丸味を帯び、目が大きい。マアジに比べるとやや味は落ちる

マサバ
[スズキ目 サバ科 サバ属]
■一般名：サバ（全国）　■地域名：ホンサバ（東京など）、ヒラサバ（西日本、九州）、ヒラス（長崎）　■分布：日本全域の水深10〜300メートルのエリア。下、中、上層と広く群れで回遊する　■大きさ：55センチ　●体はやや平たいが、体高があるものはとびきり美味

ブリ
[スズキ目 アジ科 ブリ属]
■別名：ワカシ、イナダ、ワラサ（成長過程での呼び名）、ハマチ（関東では養殖もの、関西ではイナダ、ワラサクラスを指す）　■地域名：アオ（東北）、メジロ（関西）、ガンド（北陸）　■分布：沖縄を除く全国。若魚は沿岸にも寄る　■大きさ：120センチ　●冬のブリは超美味

シマアジ
[スズキ目 アジ科 シマアジ属]
■地域名：ヒラアジ（熊本）、コセ（和歌山）　■分布：東北以南、以西の外洋に面した沿岸。水深5〜100メートルの岩礁付近を回遊　■大きさ：100センチ　●日本の食用魚ではマダイ、マグロと並ぶ最高級に扱われる魚。2〜3キロ級のものがもっとも美味

ゴマサバ
[スズキ目 サバ科 サバ属]
■地域名：マルサバ（各地）、ドンサバ（九州）　■分布：北海道中部以南、以西の各地。マサバに準じる　■大きさ：60センチ　●体側の下側、腹の白い部分にゴマ模様が入る。個体差があり目立たないものもいる。背ビレの棘数が9本ならマサバ、11本はゴマサバ

カンパチ
[スズキ目 アジ科 ブリ属]
■地域名：カンパ（東京）、アカブリ（伊豆）、アカハナ（和歌山）　■別名：ショゴ（東日本で若魚）　■分布：東北以南、以西の各地。沿岸から沖の水深10〜200メートルの岩礁付近を回遊　■大きさ：180センチ　●ブリ属のなかではもっとも大型に育ち、美味

カイワリ
[スズキ目 アジ科 カイワリ属]
■地域名：カクアジ（神奈川）、ベンケイ（高知）　■分布：関東、佐渡ヶ島以南、以西の沿岸。水深10〜100メートルの岩礁近くから付近の砂地底に群れで回遊　■大きさ：50センチ　●体色はシマアジ似であるが、黒味を帯びたものもおり、別種かという話題もある

サワラ
[スズキ目 サバ科 サワラ属]

■別名：サゴシ（各地）　■地域名：ヤナギ（瀬戸内）　■分布：東北以南、以西の沿岸。中〜上層を広く回遊　■大きさ：100センチ　●海水温が低い時期は海底近くを回遊するが、春以降は中〜上層に上がり、旬を迎えて釣期となる。大型ほど美味

クロマグロ
[スズキ目 サバ科 マグロ属]

■通称名：ホンマグロ（各地）、メジ、メジマグロ（おもに東日本）　■地域名：ヨコワ（若魚）、シビ、クロシビ（東北、静岡）、カキノタネ（東日本で幼魚）　■分布：北海道南部以南、以西。大海の下〜上層を広く回遊　■大きさ：300センチ　●マグロ属のというより、魚の王者。美味

カツオ
[スズキ目 サバ科 カツオ属]

■一般名：ホンガツオ（各地）　■地域名：マガツオ（四国、九州）、カツ（東北）　■北海道東南沿岸以南、以西の各地。大海の中〜上層を大きな群れで広く回遊　■大きさ：100センチ　●典型的な紡錘形の魚体で、泳ぐスピードが速い。腹のスジは海中では見えにくい

シイラ
[スズキ目 シイラ科 シイラ属]

■別名：マンリキ、マンビキ（各地）　■地域名：マンサク（山陰）、カナヤマ（長崎）　■分布：東北以南、以西の大海の上層を広く回遊　■大きさ：180センチ　●釣り上げて海面に上がってくると、黄色、緑が強く現れて美しい。大型のオスは頭が異常に隆起する

キワダ（キハダ）
[スズキ目 サバ科 マグロ属]

■通称名：キメジ（おもに東日本で小型）　■地域名：シビ、イトシビ（西日本）　■分布：関東以南、以西。大海の下〜上層を広く回遊　■大きさ：180センチ　●ヒレが黄色みを帯び、長く伸びる。成魚ではその特長がより大きい（写真は若魚）。クロマグロより味は落ちる

ヒラソウダ
[スズキ目 サバ科 ソウダガツオ属]

■通称名：ソウダ（各地）　■地域名：ウズワ（関東、静岡）、メジカ（関西）、ヒラ（四国ほか）　■分布：カツオに準じる　■大きさ：50センチ　●マルソウダと区別しないで単にソウダと呼ぶことが多い。マルソウダより体高があり、食味は大変に美味

マイワシ
[ニシン目 ニシン科 マイワシ属]

■地域名：イラゴ、ナナツボシ　■分布：日本各地の大海からときに湾内に至るまで、中〜上層を群れで回遊　■大きさ：25センチ　●体側に点模様が7つほど並ぶ。水温の低いときは水深100メートル以上に潜ることもある。新鮮、上質なものは大変美味

ビンナガ
[スズキ目 サバ科 マグロ属]

■通称名：ビンチョウ、ビンチョウマグロ　■地域名：トンボ、トンボシビ（中部、関西、四国）、ヒレナガ（福岡、富山）　■分布：東北以南、以西。大海の中〜上層を回遊　■大きさ：100センチ　マグロとしては小型種　●水っぽく不味で、ツナ缶に加工される

マルソウダ
[スズキ目 サバ科 ソウダガツオ属]

■通称名、地域名はヒラソウダと混称　■分布：ヒラソウダに準じる。両種が混ざって回遊することもある　■大きさ：40センチ　●体形は側扁せず、丸いのでこの名がある。ヒラソウダより血の気が多く、血合いなどを生で食べると中毒するので、刺身には向かない

ウルメイワシ
[ニシン目 ニシン科 ウルメイワシ属]

■地域名：ドロメ（四国）　■分布：本州沿岸の岩礁域から砂地域まで広く回遊。小さな湾にも群れが入る　■大きさ：30センチ　●干物のメザシは本種がよく使われる。釣れたての新鮮なものは刺身も大変美味

イソマグロ
[スズキ目 サバ科 イソマグロ属]

■地域名：イソンボ（全国）、タカキン　■分布：千葉県以南、以西、沖縄県。外洋に面した大海を広く回遊　■大きさ：150センチ　●マグロの仲間ではもっとも沿岸に寄り、外洋に面した磯からの釣りの対象魚。かなり水っぽく、身も柔らかいので、あまりおいしくない

スマ
[スズキ目 サバ科 スマ属]

■通称名：スマガツオ（各地）　■地域名：ヤイト（西日本ほか）、シブワ（神奈川）　■分布：東北以南、以西の各地。中〜上層を群れで回遊。カツオ、ソウダの群れにも混じる　■大きさ：100センチ　●ヒラソウダにやや似るが、胸ビレ付近に数個の黒点がある。美味

釣魚図鑑

アジ、サバなどのなかま

カサゴ、メバルのなかま深海の根魚など

フサカサゴ
[カサゴ目 フサカサゴ科 フサカサゴ属]

■通称名、地域名：イズカサゴに準じ、混称される　■分布：千葉県以南、以西の沿岸。岩礁周りから砂礫地。イズカサゴよりやや浅い海域　■大きさ：28センチ　●イズカサゴによく似るが、ややズングリしている。近似種にコクチフサカサゴ（口が少し小さい）がいる

カサゴ
[カサゴ目 フサカサゴ科 カサゴ属]

■地域名：ガシラ（関西）、アラカブ（九州）、ホゴ（中国、四国）、ハチメ、ハチカサゴ（中部、新潟）　■分布：北海道南部以南、以西の各地の沿岸。浅いところから沖の100メートル程度の岩礁域　■大きさ：40センチ　●体色は褐色〜赤みが強いものなどさまざま。美味

カタクチイワシ
[ニシン目 カタクチイワシ科 カタクチイワシ属]

■通称名：シコ、シコイワシ（各地）、シラス（稚魚）　■地域名：セグロイワシ、ドロメ（四国）　■分布：日本各地の沿岸。中〜上層に群れ、小さな湾の堤防周りにも回遊　■18センチ　●イワシのうちでは生命力が強く、生きエサとして使われる。新鮮なものはかなり美味

アヤメカサゴ
[カサゴ目 フサカサゴ科 カサゴ属]

■地域名：オキアラカブ（西日本）、アカガシラ（和歌山）　■分布：千葉県、新潟県以南、以西。水深30〜150メートルの岩礁域　■大きさ：40センチ　●体形はカサゴに似るが、体色は黄色みが強く、判別に迷うことはない。身が硬く、カサゴのなかではやや味が劣る

ウッカリカサゴ
[カサゴ目、フサカサゴ科 カサゴ属]

■通称名：カンコ（おもに東日本で大型のもの）、カサゴ（各地）　■地域名：カサゴと混称　■分布：東北以南、以西。水深20〜150メートルの岩礁域　■大きさ：60センチ　●カサゴと区別しにくいが、本種は体側のまだら模様に縁取りがある。体色もカサゴ同様にさまざま

サヨリ
[ダツ目 サヨリ科 サヨリ属]

■地域名：カンノウオ（九州）、ハリヨ（新潟）、ヨロズ（兵庫）　■分布：沖縄を除く日本各地。内海を好み表層を泳ぐ　■大きさ：40センチ　●すらりと細い体形で、下顎が著しく突き出る。新鮮なうちは寿司ネタなどに使い、大変美味

ユメカサゴ
[カサゴ目 フサカサゴ科 ユメカサゴ属]

■通称名：ノドグロ、ノドグロカサゴ（各地）　■分布：千葉県、新潟県以南、以西。水深60〜500メートルの岩礁付近や砂礫地　■大きさ：60センチ　●カサゴの仲間ではもっとも深いところまで生息し、もっとも大型に育つが、普通は30センチ未満。かなり美味

イズカサゴ
[カサゴ目 フサカサゴ科 フサカサゴ属]

■一般名：オニカサゴ、オニ（各地）　■地域名：オコゼ（三浦）、オキオコゼ（関西）　■分布：関東以南、以西。水深50〜200メートルの岩礁周りから砂礫地　■大きさ：55センチ　●釣りではオニカサゴとして有名。ヒレの棘が鋭く、強い毒を持つので扱いに注意。美味

アカカマス、ヤマトカマス
[スズキ目 カマス科 カマス属]

■地域名：シャクハチ　■分布：アカカマスは日本全国、ヤマトカマスは千葉県以南、以西。ともに浅い岩礁域を好むが、アカカマスは季節により水深100メートル以上に潜る　■大きさ：50センチ、30センチ　●両種の違いは体色と腹ビレの位置。開きの干物が美味

ミノカサゴ
[カサゴ目 フサカサゴ科 ミノカサゴ属]

■地域名：ミノオコゼ、ミノイオ　■分布：北海道南部以南、以西の各地。沿岸近くの浅い岩礁周り　■大きさ：30センチ　●ヒレが大きく、泳ぐ姿は優雅。ヒレ先には大変強い毒を持つので、取り扱いは厳重注意。水族館で人気。ほとんど食用にしないが美味

オニカサゴ
[カサゴ目 フサカサゴ科 オニカサゴ属]

■地域名：オニオコゼ（高知）　■分布：千葉県、新潟県以南、以西。沿岸近くの浅い岩礁域　■大きさ：35センチ　●こちらが標準和名でいうオニカサゴ。釣りでオニカサゴと呼ばれるイズカサゴに比べると生息数はかなり少なく、相模湾では稀少。ヒレ毒に厳重注意。美味

カサゴ、メバルのなかま深海の根魚など

カサゴもメバルもともにカサゴ目 フサカサゴ科の魚たち。両種は世界で350種近くもいる非常に大きなグループである。ほとんどが岩礁域や砂礫地の海底にピタリと付いていたり、その海域の海底近くを中心に群れを作る魚で、いわゆる根魚と呼ばれる。近似の魚としては、カジカやホウボウ、カナガシラがいる。いずれも白身で、美味なもの、重要産業種が多く、食の世界で知られたものも少なくない。

キンメダイ
[キンメダイ目 キンメダイ科 キンメダイ属]

■一般名：キンメ ■地域名：アカギ（三崎）、アカダイ（静岡） ■分布：北海道東部以南から紀州沖。水深200〜600メートルの大陸棚から深海 ■大きさ：60センチ ●大きな目が金色に輝くのでこの名がある。よく似たフウセンキンメ、体高のあるナンヨウキンメがいる

ウケクチメバル
[カサゴ目 フサカサゴ科 メバル属]

■通称名：アコウメバル ■分布：カタボシアカメバルに準じる。ただし生息水深は100〜250メートルとやや浅い ■大きさ：25センチ ●体色はやや黄色みを帯び、目の後ろの黒く太い帯模様から、バンダメバルと呼ぶ釣り人もいる。身が硬くおいしくない

メバル
[カサゴ目 フサカサゴ科 メバル属]

B型

■一般名：クロメバル ■地域名ハツメ、ハチメ（北陸、新潟）、ソイ（東北） ■分布：北海道以南の各地の沿岸。水深2〜70メートルの岩礁域や藻場 ■大きさ：40センチ ●体色が銀、金、赤、黒と違いがあり、現在はA、B、C型に分けられている。それぞれ異なったDNAを持つ

ギンメダイ
[ギンメダイ目 ギンメダイ科 ギンメダイ属]

■通称名：アゴナシ（三浦、伊豆） ■分布：関東以南、以西の沖合。水深200〜400メートル ■大きさ：30センチ ●下顎が薄く、横から見た際に見えにくいので、見えないので、アゴナシと呼ばれる。水っぽく、あまりおいしくない

キツネメバル
[カサゴ目 フサカサゴ科 メバル属]

■一般名：ソイ、マゾイ（各地） ■分布：北海道以南は茨城、日本海側は山陰までの沿岸。水深20〜150メートルの岩礁域 ■大きさ：45センチ ●メバルの仲間だが、体形や雰囲気がソイに近いので、一般にもソイとして扱われている。大変美味

ウスメバル
[カサゴ目 フサカサゴ科 メバル属]

■通称名：オキメバル（東日本） ■地域名：ハチメ、アカハチメ（新潟ほか） ■分布：東北以南、以西。水深30〜200メートルの岩礁域や変化のある砂礫地 ■大きさ：45センチ ●メバルの仲間ではやや大型に育つ。沖の深みに多いので、オキメバルといわれ美味

ムツ
[スズキ目 ムツ科 ムツ属]

■通称名：クロムツ ■地域名：ギンムツ、キンムツ（神奈川、静岡） ■分布：北海道中部以南、以西の各地。やや沖の水深30〜500メートルの険しい岩礁域 ■大きさ：90センチ ●体色が黒く、カラスとも呼ばれる。標準和名でいうクロムツとは別種だが、ともに美味

クロソイ
[カサゴ目 フサカサゴ科 メバル属]

■地域名：クロハチメ（新潟）、ハツメ（富山）、クロメバル（和歌山） ■分布：日本各地の沿岸。水深5〜70メートルの岩礁域や堤防周り ■大きさ：50センチ ●東京湾や瀬戸内にも生息するが、日本海の北方に行くほど生息数が多い。大変美味

トゴットメバル
[カサゴ目 フサカサゴ科 メバル属]

■通称名：オキメバル（東日本） ■地域名：ウスメバルに準じる ■分布：関東以南、以西。沿岸からやや沖の、水深30〜150メートルの岩礁域 ■大きさ：30センチ ●ウスメバルに似るが、体色はやや黄色みを帯び、背の褐色斑は濃い。かなり美味

アカムツ
[スズキ目 ホタルジャコ科 アカムツ属]

■別名、地域名：ノドグロ（新潟ほか日本海側） ■分布：東北以南、以西の各地。沿岸から沖合の水深30〜400メートルのなだらかな岩礁周り ■大きさ：60センチ ●近年までスズキ科とされていたが、ホタルジャコ科に移された。素晴らしく美味で、高値の魚

アコウダイ
[カサゴ目 フサカサゴ科 メバル属]

■一般名：アコウ（各地） ■通称名：メヌケ（各地で、深海に棲み釣り上げると目が飛び出る赤い魚の総称） ■分布：東北以南、以西から紀州 ■大きさ：65センチ ●大変美味。よく似た魚にホウズキがいるが、これはホウズキ属の魚で、本種とは尾ビレの形が異なる

カタボシアカメバル
[カサゴ目 フサカサゴ科 メバル属]

■通称名：アコウメバル ■分布：千葉県以南、以西から紀州沖まで。水深200〜300メートルの岩礁域 ■大きさ：30センチ ●古くからアコウメバルと呼ばれ、漁師もアコウの子としたり、研究者もウケクチメバルの2型としていたが、2004年に魚名がつけられ新種登録された

釣魚図鑑

カサゴ、メバルのなかま深海の根魚など ● アマダイ、イトヨリ、ホウボウなどのなかま

ソコイトヨリ
[スズキ目 イトヨリダイ科 イトヨリダイ属]

■地域名：キイトヨリ（高知）、ハフボチョ（和歌山）　■分布：イトヨリダイに準じる　■大きさ：30センチ　●イトヨリに似るが腹が太くぽっちゃりしているのですらりとしていない。体側の黄色い縦線は4本。イトヨリより味はやや劣るが美味

アカアマダイ
[スズキ目 アマダイ科 アマダイ属]

■一般名：アマダイ（各地）　■地域名：グジ（京都、和歌山）、オキツダイ（静岡）、アカグジ（関西）　■分布：千葉県以南、以西。沿岸近くの、水深40〜120メートルの砂地底　■大きさ：50センチ　●やや水っぽいが食味は大変美味。開きのひと干しの焼き物はとくに美味

ワキヤハタ
[スズキ目 ホタルジャコ科 オオメハタ属]

■通称名：シロムツ（各地）　■地域名：デンデン（静岡）　■分布：関東以南、以西。水深120〜300メートルの岩礁周りから砂礫地　■25センチ　●非常によく似たオオメハタ（臀ビレの付き方が鋭角）がいて、判別が難しい魚。やや水っぽいが、一夜干しはかなり美味

タマガシラ
[スズキ目 イトヨリ科 タマガシラ属]

■地域名：フナ（沼津）、ウミフナ（三重）、アカナ（鹿児島）　■分布：千葉県以南、以西。水深15〜50メートルの砂地底　■大きさ：23センチ　●シロギス釣りや浅い海域のアマダイ釣りのおり釣れる。小型魚であるがけっこう美味

シロアマダイ
[スズキ目 アマダイ科 アマダイ属]

■通称名：シラカワ（おもに関西）　■地域名：シラグチ（京都）、グズナ（大阪）、オキツダイ（静岡）　■分布：千葉県および北陸の以南、以西の沿岸。アカアマダイよりもう少し浅い海域に多い　■大きさ：65センチ　●3種のアマダイのうちでもっともおいしく、高値がつく

メダイ
[スズキ目 イボダイ科 メダイ属]

■地域名：ダルマ　■分布：東北以南、以西のやや沖合。水深50〜300メートルの大陸棚で、変化ある岩礁域　■大きさ：100センチ　●深い海域で釣る魚は、水圧の変化に弱いものが多いが、本種は海面下まで激しく抵抗するので釣り味は最高

ホウボウ
[カサゴ目 ホウボウ科 ホウボウ属]

■地域名：カナガシラ（紀州、九州）、キミヨ（青森、新潟）　■分布：北海道南部以南、以西の沿岸。水深10〜100メートルの砂地底　■大きさ：55センチ　●ホウボウ科の魚の共通した特長は大きな胸ビレ。本種はとくにその色が美しい。美味

キアマダイ
[スズキ目 アマダイ科 アマダイ属]

■一般名：アマダイ（各地）　■地域名：グジ（京都）、キアマ（高知）　■分布：アカアマダイに準じるが、もう少し深場に生息　■大きさ：35センチ　●アマダイ3種のうちでは一番味が劣るとされるがかなり美味。開きをひと干した「興津鯛」は本種ともいわれるが、定かな説ではない

チカメキントキ
[スズキ目 キントキダイ科 チカメキントキ属]

■地域名：カゲキヨ（千葉、神奈川、和歌山）、メヒカリ（和歌山）、アカメ（鹿児島）　■分布：関東以南、以西の太平洋岸。水深15〜100メートルの岩礁付近を回遊　■大きさ：45センチ　●岩礁域の海底付近から、ときに中層以上に上がる。けっこう美味

トゲカナガシラ
[カサゴ目 ホウボウ科 カナガシラ属]

■地域名：カナンド（紀州）、ガシラ（福岡）　■分布：千葉県以南、以西の沿岸。水深10〜50メートルの砂地底　■大きさ：25センチ　●多彩なカナガシラの仲間のなかでも、胸ビレがとりわけ大きくもっとも美しい。標準種のカナガシラの胸ビレは、あまり模様がなく、色も赤黒い

イトヨリダイ
[スズキ目 イトヨリダイ科 イトヨリダイ属]

■地域名：イトヒキ（若狭）、ヒナイイオ（富山）、アカナ（鹿児島）　■分布：千葉県以南、以西の沿岸。水深30〜70メートルの砂地底　■大きさ：45センチ　●体側に7本の黄色い縦線が美しい。尾ビレの上葉の先が糸状に伸びるのでこの名がある。かなり美味

アマダイ、イトヨリ、ホウボウなどのなかま

この3種は近似ではないが、いずれも砂地底に生息し、同じ釣りで顔を見せるのでまとめて紹介。あまり大きなグループではないが、魚店でもよくお目にかかる魚が多い。ほかに、浅場に生息の根魚であるがアイナメなどカサゴに近い魚たちも入れてある。これらもおいしい魚が多く、釣りでも食の世界でも人気が高いものが少なくない。マニアックな釣りの対象魚もいるが、全般に初心者にも比較的釣りやすい。

マガレイ
[カレイ目 カレイ科 ツノガレイ属]

■一般名：カレイ　■地域名：クチボソ（北海道ほか）　■分布：北海道から関東北部の沿岸。水深20～100メートルの砂地底　■大きさ：35センチ　●マコガレイと区別しにくいが、マコガレイには目と目の間にウロコがあるので区別できる。裏の尾の近くが黄ばむ。美味

スケトウダラ
[タラ目 タラ科 スケトウダラ属]

■地域名：スケソ、メンタイ（東北）　■分布：日本海各地、宮城県から北海道の沿岸。水深150～300メートルの大陸棚　■大きさ：60センチ　●マダラより水っぽく、味は劣るが、真子（タラコ）はとびきり美味で高値が付く。明太子は韓国の唐辛子を使うので博多の名産品

アイナメ
[カサゴ目 アイナメ科 アイナメ属]

■地域名：アブラコ（北海道）、アブラメ（西日本）、ネウ（東北）　■分布：北海道から九州までの各地の沿岸。比較的浅い岩礁域　■大きさ：60センチ　●北国に多く、水温の低い季節のほうが活性が高まり、冬の釣りものとして人気が高い。かなり美味

ムシガレイ
[カレイ目 カレイ科 ムシガレイ属]

■地域名：ミズガレイ（北海道、東北）、キクアサバ（新潟）　■分布：日本各地の沿岸。水深20～150メートルの砂地底　■大きさ：40センチ　●カレイの仲間では体色がやや薄く、体側に小判状の斑紋が目立つ。口がやや大きい。水っぽいが干すと最高に美味

カレイ、ヒラメのなかま

カレイ目は、裏と表のある特殊な体形の魚。卵からふ化した直後は普通の魚のように体の両側に目があるが、体長が1センチ程度のころから目の移動が始まり、種による違いはあるが4～5センチに育つと完全に片側に寄る。腹を手前に置くと、カレイは右、ヒラメは左に目があるが、一部のカレイ（ヌマガレイ）は、ヒラメのように左になるものもいる。表側は褐色系で黒くなり、裏側は真っ白になる。

クジメ
[カサゴ目 アイナメ科 アイナメ属]

■地域名：アブラコ（北海道）アイナメと混称　■分布：北海道南部から長崎県までの沿岸　■大きさ：30センチ　●アイナメに似るが本種のほうがやや外洋性で、内海のほうが少ない。尾ビレが丸みを帯びる。アイナメより食味はやや落ちる

ヒラメ
[カレイ目 ヒラメ科 ヒラメ属]

■通称名：オオグチガレイ（各地）、ソゲ（40センチ未満）　■地域名：オオガレイ、ヒダリガレイ（山陰）、ホンガレイ（徳島）　■分布：日本各地の沿岸から沖合。水深10～200メートルの岩礁近くの砂地底　■大きさ：100センチ　●カレイに比べ口が大きい。フィッシュイーター

マコガレイ
[カレイ目 カレイ科 ツノガレイ属]

■一般名：カレイ　■地域名：シロシタガレイ（大分）、クチボソ（新潟）、アカガレイ（瀬戸内）　■分布：北海道から九州北部の沿岸。水深5～100メートルの砂地底。比較的穏やかな内湾を好む　■大きさ：50センチ　●重要産業種で、もっとも美味なカレイとされる

ホッケ
[カサゴ目 アイナメ科 ホッケ属]

■地域名：ホッキ、ボッキ（おもに北海道。頭に冬、春などの季節名をつけることが多い）　■分布：対馬、茨城県以北の沿岸。普通は水深100メートル前後に群れるが、春の産卵時は沿岸の浅い海域に寄る　■大きさ：40センチ　●水っぽいので干物にする

タマガンゾウビラメ
[カレイ目 ヒラメ科 ガンゾウビラメ属]

■地域名：テビラ（関西）、フナベタ（新潟）　■分布：北海道南部以南、以西の各地。沿岸近くの水深50～100メートルの砂地底　■大きさ：20センチ　●小型種で、ムシガレイにやや似ている。体は薄いがひと干しした風干しは、若狭カレイのようで美味

イシガレイ
[カレイ目 カレイ科 イシガレイ属]

■一般名：カレイ　■地域名：イシモチ（北海道）　■分布：日本全国の沿岸。砂地底。マコガレイの生息域に近い海域　■大きさ：60センチ　●近海のカレイの仲間では大型に育つ。体側の表に骨質板という石状のウロコが上下にあるのでこの名がある。かなり美味

マダラ
[タラ目 タラ科 マダラ属]

■地域名：ホンダラ　■分布：日本海各地、茨城県以北のやや沖。水深100～400メートルの大陸棚　■大きさ：120センチ　●北国を代表する魚で、郷土料理は多い。白子はとくに美味だが、アニサキスが付きやすい魚なので注意が必要